Publié sous la direction de la
SECTION HISTORIQUE DE L'ÉTAT-MAJOR DE L'ARMÉE

Colonel A. GRASSET

LA
GUERRE D'ESPAGNE
(1807-1813)

TOME III

(Avec 18 croquis dans le texte et, hors texte, 4 portraits, 1 plan et 1 carte)

ÉDITIONS BERGER-LEVRAULT

LA GUERRE D'ESPAGNE

OUVRAGES DU MÊME AUTEUR

LA GUERRE D'ESPAGNE (*1807-1813*). Publiée sous la Direction de la Section historique de l'État-major de l'armée.

Tome I. — **Invasion du Portugal et de l'Espagne** (octobre 1807-mars 1808). Un volume in-8, avec 4 planches, 7 états, 1 carte et 3 croquis hors texte. Berger-Levrault. 1914.

Tome II. — **Le soulèvement de l'Espagne** (avril-juin 1808). Un volume in-8, avec 1 carte et 4 croquis hors texte. Berger-Levrault. 1925.

La doctrine allemande et les leçons de Moukden. Un volume in-8. Lavauzelle. 1906. *Ouvrage couronné par l'Académie Française.*

Malaga, province française (*1810-1812*). D'après la correspondance du général Maransin. Lavauzelle. 1907.

Vingt jours de guerre aux temps héroïques. *Carnet de route d'un commandant de compagnie (août 1914). Ouvrage couronné par l'Académie Française.* Un volume in-12, avec une carte et un croquis. Berger-Levrault. 1919.

Préceptes et Jugements du Maréchal Foch. Extraits de ses œuvres et précédés d'une étude sur la vie militaire du Maréchal. Un volume in-12, avec un portrait. Berger-Levrault. 1920. 12e édition.

Le Maréchal Foch. *Sa doctrine. Ses campagnes.* Un volume in-12, avec un portrait et 6 cartes. Berger-Levrault. 1920.

Franchet d'Espérey. Collection France-Amérique. Un volume in-12. Crès. 1921.

LA GUERRE EN ACTION. *Série couronnée par l'Académie Française* (Berger-Levrault).

1. — *Un combat de rencontre.* **Neufchâteau** (*22 août 1914*). Préface du général Buat. Un volume grand in-8, avec 5 croquis. 1923. 6e édition.

2. — *Le 22 août 1914 au 4e corps d'armée.* *****Ethe**. Un volume grand in-8, avec 1 carte et 15 croquis. 1924. 4e édition.

3. — *Le 22 août 1914 au 4e corps d'armée.* ******Virton**. Un volume grand in-8, avec 1 carte et 16 croquis. 1925. 3e édition.

4. — **Verdun.** *Le premier choc à la 72e division. Brabant, Haumont, le bois des Caures (21-24 février 1916).* Un volume grand in-8, avec 1 carte et 15 croquis. 1926.

5. — **Montdidier.** *Le 8 août 1918 à la 42e division.* Un volume grand in-8, avec cartes.

6. — *Surprise d'une division.* **Rossignol—Saint-Vincent.** Un volume grand in-8, avec cartes et croquis.

Verdun, vu du champ de bataille. Petit in-8, 2 cartes, 28 photographies. Tallandier.

En préparation.

La guerre en action. Le dernier combat. A Vrigne-Meuse avec la 163e division, les 10 et 11 novembre 1918.

DON JOSEPH NAPOLÉON, ROI D'ESPAGNE
ET DES DEUX INDES

Publié sous la Direction de la
SECTION HISTORIQUE DE L'ÉTAT-MAJOR DE L'ARMÉE

Colonel A. GRASSET

LA GUERRE D'ESPAGNE
(1807-1813)

TOME III

(Avec 18 croquis dans le texte et, hors texte, 4 portraits, 1 plan et 1 carte)

PARIS
ÉDITIONS BERGER-LEVRAULT
5, Rue Auguste-Comte (VIe)
1932

Copyright by Editions Berger-Levrault, Paris, 1932.

Tous droits de traduction, de reproduction et d'adaptation réservés pour tous pays.

INTRODUCTION

Le tome II de cet ouvrage a paru en 1925. D'après Eschyle, « le temps n'épargne pas ce que l'on fait sans lui » et une aussi haute référence suffirait pour laisser espérer que notre travail échappera longtemps à l'oubli.

Malheureusement, il serait inexact de dire que sept ans ont été exclusivement consacrés à la rédaction de ces quelque 300 pages ! En réalité, le manuscrit était prêt depuis 1926.

Mais le public, civil ou militaire, penché sur la dernière grande épopée, était hypnotisé par elle, comme le papi'lon par un phare éblouissant. Il ne voulait plus entendre parler que d'elle, lire d'autre histoire que celle-là !

Aujourd'hui, on revient à l'ancien. On s'aperçoit que ce qui a été, depuis 1914 jusqu'à aujourd'hui, a toujours été, à quelques innovations près; que l'histoire — sans doute parce qu'on ne sait l'étudier qu'avec parti pris et que, par suite, on en néglige les enseignements — est un perpétuel recommencement; que nos arrière-grands-pères ont commis les mêmes fautes et se sont heurtés à peu près aux mêmes difficultés que nous; que donc il y a toujours quelque chose de pratique à glaner, même dans l'*Iliade*...

Et voici le tome III de la Guerre d'Espagne.

Nous rappellerons que le premier volume de cette œuvre, paru en 1914, exposait la situation politique, économique et militaire de l'Espagne en 1807; la conquête et l'occupation du Portugal par Junot; l'escamotage des places fortes de

Navarre, d'Aragon et de Catalogne et l'arrivée de Murat à Madrid, à la tête de deux corps d'armée, au moment même où le peuple espagnol, indigné de la capitulation de la Cour, enlevait la couronne à Charles IV par la révolte d'Aranjuez et proclamait roi l'infant Ferdinand.

Le deuxième volume, paru en 1925, montre Napoléon confisquant, à Bayonne, la couronne d'Espagne qu'il donne à son frère Joseph, et élaborant une Constitution qu'il prétend faire accepter par la nation espagnole. Sur quoi, toute l'Espagne, malgré la défaillance des pouvoirs publics, se soulève en une semaine, à la voix de ses prêtres et de ses moines. Éparpillées dans tout le pays, les colonnes françaises sont surprises partout et partout tenues en échec : devant Saragosse, devant Valence, à Andujar, tandis que la résistance s'organise, en Vieille Castille et en Galicie, en Andalousie et en Aragon.

Dans le tome III, nous nous trouvons déjà en présence d'événements décisifs. La victoire de Bessières à Medina de Rio Seco ouvre au roi Joseph les portes de Madrid, mais moins d'une semaine plus tard, la défaite de Dupont à Bailen oblige le « roi intrus » à évacuer précipitamment sa capitale, cependant que Valence repousse Moncey et que Saragosse résiste aux efforts de tout un corps d'armée.

Traîné de conseil d'enquête en conseil d'enquête et finalement traduit devant une haute cour de justice, le malheureux Dupont sera, de cette catastrophe, la victime expiatoire qu'exigeait l'orgueil blessé de l'Empereur.

Et pourtant, le coupable, ce n'était pas Dupont, c'était bien Napoléon, dont l'orgueil, au lendemain de Friedland, l'avait fait se lancer en aveugle dans une aventure sans issue; imaginer la bouffonnerie constitutionnelle de Bayonne; envoyer à Madrid, pour suppléer ce fou de Murat, malade de désappointement parce qu'il n'était pas roi, « l'homme à poigne » qu'était Savary !

Napoléon ne pouvait pas comprendre cela à son époque. En réalité, la guerre d'Espagne va être la première des grandes guerres nationales. Une armée embryonnaire et des milices soutenues par le patriotisme, exacerbé jusqu'à la fureur, de tout un peuple, avant même que les Anglais n'aient réalisé un effort militaire dans la Péninsule, vont réussir à faire échec à l'armée la plus aguerrie et la mieux commandée du monde, et cela, en attendant, avec une indomptable ténacité, que les événements leur permettent d'en triompher définitivement.

Enseignements d'une valeur imprescriptible, autant dans leur philosophie que dans les détails d'une exécution compliquée et qui suffiraient, à défaut de tout autre intérêt, pour conserver à l'étude approfondie de cette période extraordinaire des guerres napoléoniennes, une valeur puissante d'actualité.

Avril 1926.

ABRÉVIATIONS

A. E. . . . . Archives des Affaires Étrangères.
A. H. G. . . Archives Historiques de la Guerre.
A. N. . . . . Archives Nationales.
B. N. . . . . Bibliothèque Nationale.
Corresp. . . . Correspondance de Napoléon Ier.
Corr. Mil. . . Correspondance Militaire.
D. G. . . . . Dépôt de la Guerre de Madrid.
Leg. . . . . Legajo (liasse).

LA GUERRE D'ESPAGNE

(1807-1813)

TOME III

LIVRE VII

MEDINA DE RIO SECO

CHAPITRE I

SAVARY, GÉNÉRAL EN CHEF A MADRID

SOMMAIRE

Savary à Madrid — Situation de l'armée, le 16 juin 1808 — Madrid en état de siège — Comment Savary comprend sa mission — Impossibilité où il est de la remplir — Il prépare la défense de Madrid — Murat quitte Madrid. — Savary, commandant de l'armée. — Fautes de Savary. — Murat part sur une litière le 29 juin.

Quand le duc de Rovigo arriva à Madrid, le 16 juin au soir, la situation générale, en Espagne, était loin d'être rassurante. La partie du pays occupée ou traversée par les troupes françaises était en pleine insurrection et les renseignements vagues recueillis dans les régions non encore visitées, ne permettaient pas le moindre doute sur l'esprit qui pouvait y régner.

Les corps français étaient éparpillés. Madrid était occupé par les divisions Gobert et Morlot, du corps de Moncey, et par 3.000 hommes de la Garde impériale. Le maréchal Moncey lui-même, envoyé d'abord en observation à Cuenca avec la division Musnier, venait de partir pour Valence, où la révolte paraissait déclarée. La division de cavalerie de ce corps d'armée était disloquée, la brigade Privé étant en Andalousie avec le général Dupont.

Les nouvelles du général Dupont, lancé vers Séville, avec la division Barbou et la division de cavalerie Frésia, étaient devenues fort rares. On savait qu'il s'était emparé de Cordoue, mais, depuis lors, un mystère profond entourait ses mouvements, et la veille de l'arrivée de Savary à Madrid, le 15 juin, la division Vedel, la 2e de ce corps d'armée, avait quitté Tolède pour se porter, à toute éventualité, jusqu'à Andujar. La division Frère, la 3e du corps de la Gironde, était toujours disponible à l'Escorial.

Le maréchal Bessières avait son quartier général à Burgos, mais il se trouvait là avec à peine un millier d'hommes, car il avait dû disloquer ses brigades pour tâcher de réduire les foyers d'insurrection qui se déclaraient sur tous les points de la Haute-Espagne. Il avait des garnisons à Pampelune et à Saint-Sébastien; la valeur d'une brigade était arrêtée devant Saragosse qui résistait et il fallait agir vigoureusement et jouer serré entre Valladolid, Santander et Logroño, où les insurgés avaient de grandes forces. Le maréchal demandait même des renforts, car il allait avoir devant lui une nouvelle armée qui s'organisait en Galice.

Le général Duhesme était à peu près bloqué dans Barcelone, et obligé, au surplus, de tenir la division Chabran prête à intervenir vers Saragosse (1).

Madrid, où était, en somme, le gros des forces françaises : pas tout à fait 20.000 hommes, était fort peu sûr. Les esprits y étaient tellement montés qu'il avait fallu y proclamer l'état de siège. Les rassemblements y étaient interdits, les réunions privées aussi et les gens nouvellement arrivés dans la capitale

---

(1) Emplacements des troupes des armées d'Espagne le 16 juin 1808 (A. H. G.).

devaient s'inscrire à l'État-major du commandant d'armes. La population avait été avertie par voie d'affiches que si un trouble quelconque se manifestait, la ville serait détruite à coups de canon (1).

En attendant, on travaillait à faire du Retiro une forteresse. Le général Léry, commandant le génie de l'armée, avait reçu dans ce but une somme de 30.000 francs (2) et Murat avait décidé que les états-majors de l'artillerie et du génie, l'intendant général, le payeur général et les divers services de l'armée s'y installeraient à partir du 18 juin (3), afin de laisser aux troupes la liberté de leurs mouvements en cas d'événement.

Murat était malade. On avait dû le transporter, le 26 mai, à la Floride, une villa des ducs d'Albe, située sur les rives du Manzanares, à quelques kilomètres de la capitale, loin de tout bruit, et il était incapable de rien faire, ni de donner aucun ordre. Dès le lendemain de son arrivée, Savary comprit bien qu'il aurait tout à diriger, mais il sentit aussi immédiatement qu'il aurait à compter, chez les ministres espagnols comme dans l'État-major du Grand-Duc, avec des amours-propres froissés. Par tempérament, il n'était pas homme à s'embarrasser de ces subtilités et l'idée qu'il aurait à donner des ordres à des maréchaux n'était pas, non plus, pour lui déplaire : « *Cela ne m'arrêtera pas, je vous en réponds*, se hâta-t-il d'écrire à Berthier, *et le service de l'Empereur marchera avant toutes les petites considérations particulières* (4). »

Au surplus, il comptait briser sans peine rivaux ou ennemis et sa première impression fut nettement optimiste : « Il faudrait être bien abandonné de la fortune, écrivait-il encore au major général, le 18 juin, pour ne pas pulvériser toutes les insurrections avec l'armée que l'Empereur a dans ce pays-ci (5). »

---

(1) Belliard à Grouchy, Madrid, 11 juin (A. H. G., Corr. Mil., 6/8).
(2) Berthier à Napoléon, Bayonne, 16 juin (*ibid.*), pour approbation de cette dépense.
(3) Belliard à Grouchy, Madrid, 17 juin (*ibid.*).
(4) Savary à Berthier, Madrid, 17 juin, minuit (A. H. G., Corr. Mil., 6/9).
(5) Savary à Berthier, Madrid, 18 juin, minuit (A. H. G., Corr. Mil., 6/9).

Il n'allait pas tarder à s'apercevoir que, d'une part, l'insurrection était dure à réduire et que sourdement, ouvertement même quelquefois, son action d'homme de confiance de l'Empereur était paralysée par la mauvaise humeur du Grand-Duc et par la jalousie de Belliard.

Alors qu'il eût fallu à Madrid un commandement ferme, décidé et libre d'entraves, en mesure de satisfaire dans le plus bref délai aux demandes d'appui qui affluaient de toutes parts, c'est à Murat, malade à la campagne, mais toujours seul Commandant en chef des armées, qu'étaient tout d'abord communiqués les courriers, même les plus urgents. Murat prenait une décision ou n'en prenait aucune, suivant son état du moment, et seulement après cette formalité de convenance, les dépêches étaient présentées à Savary, à Madrid, avec tout le retard que l'on peut imaginer.

Un jour, le 19 juin, le Grand-Duc s'est trouvé si bien qu'il est monté à cheval et a parlé de partir lui-même au secours de Dupont avec les deux divisions de Madrid, de sorte que Belliard s'est empressé de mettre à profit cette circonstance pour signifier à Savary son inutilité. Il lui a déclaré tout net « que le Grand-Duc se portant bien, il avait travaillé avec lui et allait faire opérer le mouvement qu'il avait ordonné », que, d'ailleurs, le duc de Rovigo ayant été envoyé à Madrid sans aucun caractère, il n'avait rien à lui déférer (1).

L'Empereur était fort embarrassé. Il ne voulait rien briser; car Murat était dans son rôle en prenant seul ses décisions; Belliard, dans le sien, en obéissant au Grand-Duc... et évidemment, Savary, venu à Madrid avec des instructions dont le sens échappait à tout le monde, ne pouvait y apparaître que comme un rouage inutile.

Le 23 juin, il trouva un expédient. Il autorisa son beau-frère, si sa santé se rétablissait d'une manière définitive, à envoyer Savary commander la division Frère, portée au secours de Moncey (2). De cela, Murat ne fit rien, bien entendu, car lui non plus ne voulait rien briser.

---

(1) Savary à Berthier, Madrid, 19 juin (6 h. soir) et 20 juin (minuit) (A. H. G., Corr. Mil., 6/9).

(2) Berthier à Murat, Bayonne, 23 juin (A. H. G., Corr. Mil., 6/9).

En fait, tenu à peu près à l'écart de la direction des opérations militaires, Savary, faute de mieux, s'employa à préparer la défense de Madrid. Toute une brigade, c'est-à-dire 1.500 ou 1.800 travailleurs, dirigés et surveillés par les colonels et par les généraux, fut chargée de l'organisation du *Retiro*, que Savary comptait bien voir terminée en quinze jours. Il s'agissait d'installer dans ce réduit tous les services de l'armée, avec une brigade entière et le matériel, même avec une manutention de 4 ou 5 fours capables de fournir chacun 500 rations par jour. On devait transporter là 33 canons, 14 obusiers et 51 quintaux de poudre trouvés à Ségovie, ainsi que 19 quintaux de poudre et 1.945 boulets trouvés à Alcala (1).

Mais sans que l'Empereur ait eu à intervenir davantage, autrement que par une simple allusion assez discrète dans une lettre de Berthier (2), la crise du commandement ne va pas tarder à se dénouer toute seule, à la satisfaction de Savary. Décidément, le grand-duc de Berg, loin de se rétablir, va de plus en plus mal et ne peut matériellement plus s'occuper d'aucune affaire. Le 22 juin, La Forest, enfant terrible, annonce à Champagny que le Prince a eu une violente attaque de nerfs en recevant une lettre de Joseph qui le priait de lui continuer ses services, quand il serait arrivé à Madrid. Et l'ambassadeur de conclure que Joseph devrait se hâter de venir prendre possession de son trône; que les affaires ont besoin de sa présence et que Murat, réellement terrassé par la maladie, veut absolument partir (3).

Donc, le 26 juin, l'Empereur autorise son beau-frère à quitter Madrid. Il se mettra en route, accompagné d'un de ses aides de camp, en annonçant qu'il va au-devant du roi d'Espagne. Il doit par un décret laisser l'intérim du gouvernement à la Junte, composée du Conseil et des ministres, sous la prési-

---

(1) Savary à Berthier, Madrid, 18 juin, minuit; Savary à Belliard, Madrid, 17 et 19 juin (A. H. G., Corr. Mil., 6/9); *Mémoires du duc de Rovigo*, t. III, p. 384; rapport du général Drouot, directeur des parcs, Madrid, 18 juin (A. H. G., Corr. Mil., 6/9).
(2) Berthier à Murat, Bayonne, 24 juin (Le Brethon, *loc. cit.*, n° 3403).
(3) La Forest à Champagny, Madrid, 22 et 23 juin (A. E., vol. 675, Espagne, fol. 156, p. 74).

dence d'un de ses membres. Le général Savary, qui reste à la tête des affaires, aura entrée et voix délibérative à la Junte; l'ancien État-major du Grand-Duc, avec son chef, le général Belliard, continueront leurs fonctions auprès de lui, de sorte que le général Savary « se trouvera commander l'armée, dont le roi d'Espagne sera général en chef » (1).

Une lettre à Belliard, datée du même jour, adresse le même ordre formel au chef d'État-major, qu'il déclare le chef d'État-major du général Savary, et précise : « L'Empereur verra tout ce qui arrivera de bien comme une gloire commune au général Savary et à vous (2). »

Savary, chez qui le tact n'était pas la qualité maîtresse, n'a pas attendu cette investiture pour affirmer péremptoirement sa prise de pouvoir.

Le 25 juin, il s'est installé dans les appartements de Ferdinand, froissant ainsi profondément ceux des grands d'Espagne qui paraissaient le mieux disposés à l'égard des Français. Il a en outre affecté un ton si tranchant et si arrogant dans ses relations avec ces personnages, qu'il les a, du coup, complètement éloignés de lui.

La Forest note avec désespoir ces fautes graves et signale au ministre leur grave danger, à une époque où la situation du pays est si troublée. Il explique comment le nouveau maître de l'heure, non content d'occuper les appartements de Ferdinand, s'est plu à y rétablir une étiquette royale, forcée jusqu'au ridicule, se faisant servir à genoux (3)...

Murat a signé son dernier décret, le 29 juin, et est parti de la Floride, en grande hâte, sans retourner à Madrid, sans même revoir Savary. Il a désigné le général O'Farrill, ministre de la Guerre, comme président de la Junte suprême (4), et trop malade

---

(1) Berthier à Murat, Bayonne, 26 juin (Le Brethon, *loc. cit.*, n° 3404).
(2) Berthier à Belliard, Bayonne, 26 juin (A. H. G., Corr. Mil., 6/9).
(3) La Forest à Champagny, Madrid, 25 juin (A. E., vol. 675, Espagne, fol. 219, p. 93). *Mémoires de la duchesse d'Abrantès*, t. VII.
(4) Décret du 29 juin (A. E., vol. 675, Espagne, fol. 245, p. 105).

pour supporter les trépidations d'une voiture, il file vers la frontière, emporté dans une litière par les chasseurs de sa compagnie basque (1).

L'Espagne est donc confiée à Savary, mais il n'y a déjà plus une faute à y commettre, au point de vue militaire comme au point de vue politique. Même, pour réparer celles qui ont été accumulées jusque-là, il faudrait, avec de très grands moyens, autre chose que le bon sens et la bonne volonté d'un Joseph Bonaparte.

---

(1) Ducéré, *Éphémérides impériales : Les journées de Napoléon à Bayonne.*

CHAPITRE II

LA CONSTITUTION DE BAYONNE

SOMMAIRE

Joseph arrive à Bayonne, le 7 juin. — Soumission de la Junte espagnole de Bayonne. — L'Empereur remanie la Constitution. — Ouverture de la session, le 15 juin. — Le statut constitutionnel. — La dernière séance de la Junte de Bayonne. — Joseph entre en Espagne, le 9 juillet. — Le retour de Murat.

Pendant ce temps, à Bayonne, les affaires s'étaient déroulées et terminées exactement comme l'Empereur l'avait décidé. La famille royale d'Espagne était partie contente pour Compiègne et pour Valençay, et Joseph allait arriver pour être proclamé roi d'Espagne et prêter serment, devant une Junte espagnole, à une Constitution consacrant la régénération de la vieille monarchie de Charles-Quint. Pour Joseph, le départ de Naples avait été précipité. Il semble bien que le roi n'ait réellement été pressenti de la décision prise par l'Empereur à son égard que par une lettre du 18 avril où, après l'avoir initié à la situation des affaires d'Espagne, ce dernier lui donnait ce simple avis : « Il ne serait pas impossible que je vous écrivisse, dans cinq ou six jours, de vous rendre à Bayonne... Cependant, jusqu'à présent, cela n'est pas encore certain (1)... »

Le 10 mai, « cela » était tout à fait certain, et l'appel était rédigé. Même, dans sa hâte fébrile de tout terminer, l'Empereur précisait à son frère qu'il recevrait cette lettre le 19 ; qu'il quitterait Naples le 20, *en grand secret*, sous le prétexte d'aller conférer avec lui dans le Nord de l'Italie, laissant le commandement des

---

(1) Napoléon à Joseph, Bayonne, 10 mai (*Corresp.*, n° 13763). Nous ne connaissons aucun document qui permette d'adopter l'opinion contraire de M. Frédéric Masson (*Napoléon et sa famille*) qui veut que Joseph ait été pressenti depuis longtemps.

troupes au maréchal Jourdan « et la régence à qui il voudrait », et qu'il serait à Bayonne le 1ᵉʳ juin (1).

L'estafette portant cette lettre étant resté onze jours en route, Joseph fut averti seulement le 21. Il ne put donc, même en faisant diligence, plus que ne l'aurait autorisé sa dignité royale, quitter Naples que le 23, et il arriva à Bayonne seulement le 7 juin.

Ce retard s'accordait d'ailleurs parfaitement avec les circonstances, car la Junte de Bayonne, qui se réunissait fort lentement, nous savons avec quelles difficultés, était loin d'être au complet.

Les députés présents paraissaient, il est vrai, animés du meilleur esprit et parfaitement déterminés à approuver toutes les décisions de l'Empereur, quelles qu'elles fussent.

Ils avaient même consenti à écrire sous sa dictée une adresse à la Junte générale de Madrid, réponse à la proclamation par laquelle Palafox soulevait à cet instant l'Aragon. Réponse très digne et empreinte d'une haute sagesse, que le prince de Castelfranco et deux autres députés offrirent d'aller porter aux révoltés. Heureusement pour eux, ces hauts personnages ne donnèrent aucune suite à un projet aussi téméraire (2).

Un décret du 6 juin avait nommé Joseph Napoléon roi d'Espagne et des Indes (3). Le 7, l'Empereur sortait de Bayonne, allant au-devant de son frère, et dès le lendemain, il le conduisait au château de Marracq où les députés espagnols lui furent présentés.

Dans des discours soigneusement revus, mis au point et même quelquefois modifiés par l'infatigable Maret, chacun de ceux-ci mit aux pieds du nouveau Roi les protestations les plus sincères de loyalisme et d'amour (4).

Pourtant, dès ce moment l'Empereur avait des doutes très sérieux sur l'enthousiasme des Espagnols à accepter le nouveau

(1) Napoléon à Joseph, Bayonne, 10 mai (*Corresp.*, n° 13844).
(2) Napoléon à Murat, Bayonne, 6 h. soir (*Corresp.*, n° 14066).
(3) Décret du 6 juin 1908 (A. N., AF ɪᴠ 2242).
(4) DE PRADT, *Mémoires historiques sur la Révolution d'Espagne* (p. 148 et seq.).

régime. Le 2 juin, en lui renvoyant le projet de statut constitutionnel avec les observations du Conseil de Castille et de la Junte de Gouvernement (1), Murat, empruntant le style de La Forest, lui avait écrit :

« Le projet de constitution a été trouvé si beau ici qu'il est impossible qu'il ne produise pas l'effet désiré quand il sera connu. Mais il est nécessaire que, dans ce projet, il ne soit pas question de contingent à fournir, de suppression de l'Inquisition, de réforme de moines, ni d'indiquer qu'il n'y aura que des Espagnols ou naturalisés espagnols qui pourront remplir des emplois. Tous ces articles pourront s'arranger par des convent'ons particulières à l'assemblée générale de Bayonne ou avec le nouveau Roi (2). »

Et l'Empereur avait remis son projet sur le métier, y travaillant nuit et jour, s'éclairant surtout pour cela de l'opinion d'un député à l'esprit très ouvert : don Pablo Arribas, fiscal de la Chambre des Alcades de *Casa y Corte* (3).

Il fallut moins insister sur les principes égalitaires, affirmer plus explicitement les droits de la Couronne, assurer les majorats des Grands d'Espagne, accorder des garanties politiques et religieuses, conserver certains privilèges provinciaux, respecter les couvents.

L'Empereur accepta tout cela, pour aller vite, parce que les nouvelles d'Espagne devenaient inquiétantes et qu'au surplus, les observations ou demandes d'explications présentées par des gens pourtant bien résolus à lui plaire, lui prouvaient l'impossibilité de faire accepter à l'Espagne un gouvernement d'apparences libérales, pour lequel l'opinion n'était pas mûre. Son but était maintenant d'offrir aux Espagnols éclairés l'illusion d'un régime libéral; de ne pas effaroucher les populations par des réformes dont elles ne comprenaient pas le sens et de donner à l'Europe l'impression qu'il dotait l'Espagne d'un régime moderne, en lui évitant une révolution (4).

---

(1) Voir t. II, p. 50.
(2) Murat à Napoléon, La Floride, 2 juin, minuit (*Corresp. de Murat*, n° 330).
(3) Champagny à Napoléon, Bayonne, 16 juin (A. N., A F IV 1680).
(4) Pierre Conard, *loc. cit.*, p. 62.

Ainsi, le statut constitutionnel remanié devint un nouveau document en 68 articles, sur lequel la Junte de Bayonne allait être appelée à se prononcer.

Dans les journées qui précédèrent l'ouverture des sessions de la Junte, l'entourage de l'Empereur connut des heures de fièvre. Les nouvelles les plus graves ne cessaient d'arriver de la Péninsule où des désordres éclataient partout en même temps. Murat était malade et en attendant l'arrivée de Joseph, les rênes du gouvernement n'étaient tenues par personne. Le Portugal semblait s'agiter aussi et les députés portugais de Bayonne, dont l'esprit était plus ouvert aux idées de réforme que l'Empereur ne l'eût désiré, demandaient une constitution pour leur pays.

Le 15 juin, jour fixé pour l'ouverture de la session de l'Assemblée, 75 députés seulement étaient présents, sur 150 qui avaient été convoqués (1).

La session fut ouverte tout de même, dans le palais du Vieil Évêché, sous la présidence de d'Azanza, conseiller d'État, ministre des Finances.

Les débats furent ternes, ainsi qu'on pouvait s'y attendre. Les trois premières séances furent consacrées à la vérification des pouvoirs des divers députés. Pendant ce temps, le nouveau projet de statuts s'élaborait. Il ne comprenait que 68 articles le 9 juin; le 20, il était terminé et en comptait 126. Rédigé en français, il fut traduit en espagnol, lu dans les deux langues et distribué, le 22, aux députés.

Le 23 juin, une commission fut nommée, qui eut la charge de recevoir et de classer les observations des députés, et le 27, quand cette commission eut achevé ses travaux, les articles furent discutés l'un après l'autre, en séance, jusqu'au 30 juin, date à laquelle le projet définitif fut soumis à la décision de l'Empereur.

A vrai dire, il n'y eut pas de discussions : à peine la présentation de quelques *desiderata*, timides dans le fond, mesurés dans la forme, ainsi qu'il convenait à des gens dont le principal souci était de ne pas se compromettre.

Les observations ainsi présentées, l'Empereur les examina

---

(1) A. E., vol. 675, Espagne, fol. 138, p. 141.

sommairement dans son cabinet; il agréa les unes, il rejeta les autres, sans plus de commentaires, et le 6 juillet, tout était terminé.

Joseph porta alors, de sa propre main, quelques corrections sur la minute du statut constitutionnel, pour faire figure de l'avoir rédigé, et il le signa.

Qu'était cette œuvre? — Sans contredit, un travail consciencieux, où se lisait à chaque page le souci très évident d'introduire de plain-pied en Espagne les conquêtes les plus précieuses de la Révolution française et le fruit des expériences législatives du Consulat.

Les bienfaits étaient multiples : séparation des pouvoirs judiciaire et administratif; fixation nette des attributions des tribunaux et spécialisation des juges; introduction en Espagne des codes et du jury; régularisation des services administratifs et spécialisation des fonctionnaires; liberté de conscience; suprématie de l'État laïque, entraînant une importante restriction des droits et des privilèges de l'Église; égalité de tous les Espagnols devant l'impôt; abolition des privilèges des Grands; restriction des majorats; morcellement de la grande propriété; accès de tous les sujets méritants aux plus hauts emplois publics; rétablissement des antiques *Cortès*, rendant à la nation la vie constitutionnelle qu'elle avait connue autrefois, et qu'elle avait perdue par son indolence et par l'incapacité de ses rois.

Dès les premiers jours, l'Empereur dut bien se faire quelques réflexions sur la fragilité de son œuvre, en constatant que même les députés de Bayonne, dont l'idéal était surtout de ne pas lui déplaire, se refusaient à souscrire : les nobles à l'abolition des privilèges, et les prélats à la restriction des droits de l'Église. Le projet fut modifié dans ce sens, au point de respecter l'*Inquisition;* mais à cette irréductibilité de députés soumis, était-il possible de s'illusionner sur l'accueil qu'allaient faire au statut, en Espagne, des gens fanatiques, esclaves aveugles de leurs prêtres, non préparés à de semblables réformes (1).

---

(1) Pour cette analyse de la Constitution de Bayonne, nous nous sommes inspirés du remarquable ouvrage de M. P. Conard, *La Constitution de Bayonne*.

Heureusement, là n'était pas la question, pour le moment ; il y avait des baïonnettes françaises à Madrid, capables d'imposer silence aux récalcitrants. Ce qu'il fallait, c'était aller vite, pour ne pas laisser à la masse des esprits le temps de s'échauffer, aux résistances le temps de prendre corps et de s'organiser.

Le 7 juillet, la Junte de Bayonne tenait sa douzième et dernière séance. Cette séance fut solennelle. Sur une estrade recouverte d'un dais, un trône avait été dressé, et à côté, un autel. Le duc de Hijar, grand-maître des cérémonies, dirigea, ce jour-là, le cérémonial qui fut impressionnant.

En corps, l'assemblée était venue recevoir le Roi à l'entrée du Vieil Évêché. Au milieu d'une poignante émotion, vraie ou simulée, Joseph prononça un discours où il dit le bonheur qui attendait son peuple fidèle.

Puis, la Constitution fut lue et approuvée à l'unanimité des 91 Espagnols présents, et le président Azanza répondit au Roi, l'assurant de la reconnaissance et de l'inviolable amour de la Nation.

Le Roi prêta serment à la Constitution ; les évêques et les prêtres présents prêtèrent serment comme lui. Enfin, après le départ de Joseph, la Junte décida de faire frapper une médaille pour commémorer cette grande journée, et d'aller tout de suite, en corps, remercier l'Empereur d'avoir ainsi réalisé le bonheur de l'Espagne.

Tout était terminé... Champagny se hâta d'annoncer l'heureux événement à La Forest et sa lettre au diplomate concluait : « Les moments les plus difficiles sont passés... » Hélas ! Ils commençaient à peine, au delà des Pyrénées (1).

Le nouveau Roi quittait la France le 9 juillet et entrait en Espagne. Murat était depuis six jours près de Bayonne, dans la propriété de Langa, sur la Nive, que l'Empereur avait louée pour lui et où Caroline était arrivée le 26 juin.

Il ne vit pas Joseph, qu'il considérait comme son rival heureux,

---

(1) Champagny à La Forest, Bayonne, 7 juillet (A. E., vol. 675, Espagne, fol. 324 ; Pierre CONARD, *La Constitution de Bayonne*, p. 52 et suiv.

et porté là en litière, il y demeura enfermé, sans que personne y connût sa présence, hormis l'Empereur. Le 10 juillet, après le départ du Roi d'Espagne, l'Empereur vint voir son beau-frère et conféra longuement avec lui. Il était, dit-on, très rêveur et de fort mauvaise humeur, quand il rentra à Bayonne, après cette entrevue.

Quant à Murat, remis sur pied, il montait en voiture le jour même et partait pour Barèges, où il allait rétablir l'équilibre de ses nerfs (1).

---

(1) DUCÉRÉ, *Éphémérides impériales : Les Journées de Napoléon à Bayonne.*

CHAPITRE III

L'EFFORT INSURRECTIONNEL DE L'ESPAGNE DU NORD

SOMMAIRE

Efforts de La Cuesta, pour reconstituer une armée à Benavente. — La défense des Asturies. — Blake et l'armée de Galice. — Réunion des armées de Blake et de La Cuesta. — Manque d'entente entre Blake et La Cuesta. — Mouvements de l'armée espagnole, du 10 au 14 juillet. — Concentration à Medina de Rio Seco.

Depuis sa défaite de Cabezon, La Cuesta était à Benavente où s'étaient ralliés la plupart des fuyards de ses unités improvisées. Le point de ralliement était bien choisi. Couvert par l'Esla, dont des postes tenaient les passages, il était à l'abri des incursions de la magnifique cavalerie de Bessières, l'arme que redoutaient le plus les levées espagnoles, encore sans consistance. En outre, Benavente était un important nœud de routes qui permettait de gagner Salamanque par Zamora; le Portugal par Puebla de Sanabria; la Galice et le port de La Corogne, par Astorga; enfin Léon et Oviedo, directement en quelques heures. De toutes ces régions et d'Angleterre, le capitaine général de de Valladolid était en droit d'escompter d'importants renforts et des secours de toute nature.

Il ne fallait pas moins que cette espérance pour maintenir La Cuesta dans une région où la trop grande proximité de l'ennemi paralysait tous les efforts; aussi, pour lui faire accepter l'idée insupportable à son orgueil, de laisser l'étranger maître incontesté du chef-lieu de sa capitainerie. Le vieux général déployait, au demeurant, la plus vigoureuse activité. Il avait appelé à lui tout ce que la Castille contenait d'hommes capables de porter une arme; et les volontaires affluaient.

On les exerça avec de vieux fusils et des piques, en attendant les armes qui devaient venir des arsenaux de Galice. On en forma des *tercios*, à 3 bataillons, qu'encadrèrent tant bien que mal de vieux soldats échappés de Cabezon ou retirés dans la province, ainsi que des gens influents du pays, choisis parce qu'ils paraissaient offrir des garanties d'énergie et quelque aptitude au commandement.

La Junte de Léon, dont le territoire était aussi immédiatement menacé que celui de la Vieille Castille, secondait La Cuesta de tout son pouvoir. Elle lui envoya 3 bataillons de volontaires, forts chacun de 800 hommes et encadrés à peu près comme les tercios de Valladolid.

Avec 100 gardes du corps, 200 carabiniers royaux et 300 cavaliers du régiment de *Reina*, cela fit une dizaine de mille hommes, à qui le colonel Zayas, chef d'état-major de La Cuesta s'efforça, par des exercices journaliers, de donner quelque consistance (1). En même temps le capitaine général adressait un appel pressant à toutes les Juntes voisines : d'Oviedo, des Asturies, de Galice. Cet appel était appuyé par les instances de la Junte de Léon qui suppliait les provinces moins exposées, de ne pas abandonner Léon aux pillages des Français.

---

(1) Situation de l'*armée* dite *de Castille*, le 13 juillet.
Commandant en chef : lieutenant général don Gregorio de la Cuesta.

1re division	Régiment de Covadonga, venu des Asturies	2 bat.	1.500 h.
	1er bat. de volontaires de Léon.	1 bat.	800 h.
	2e — . —	1 bat.	800 h.
	Gardes du corps (1 escadron) .		100 ch.
	Carabiniers royaux (1 escadron)		160 ch.
2e division	3e bat. de volontaires de Léon.	1 bat.	800 h.
	Tercios de Castille	3 bat.	2.100 h.
	Régiment de cavalerie de *Reina* (2 esc.).		300 ch.
		6.000 h.	560 ch.

(D. G., Leg 10, n° 360.)

Ces états, reproduits sans observation par Arteche (*loc. cit.*, t. II) nous paraissent donner des effectifs inférieurs à la réalité. Les tercios ne sont comptés que pour 3 bataillons, alors que ces unités comportaient *chacune* 3 bataillons. C'est donc sans doute 9 bataillons à 800 hommes qu'il faut lire, au lieu de 3 et l'effectif des tercios de Castille devient 7.200 hommes au lieu de 2.100, ce qui paraît plus vraisemblable, étant donné l'enthousiasme du peuple. L'effectif total serait ainsi de 10.800 fantassins et 560 chevaux. Aucune preuve n'existe d'ailleurs de cette interprétation, mais le chiffre de 10.000 est admis par Arteche (*loc. cit.*, t. II, p. 251).

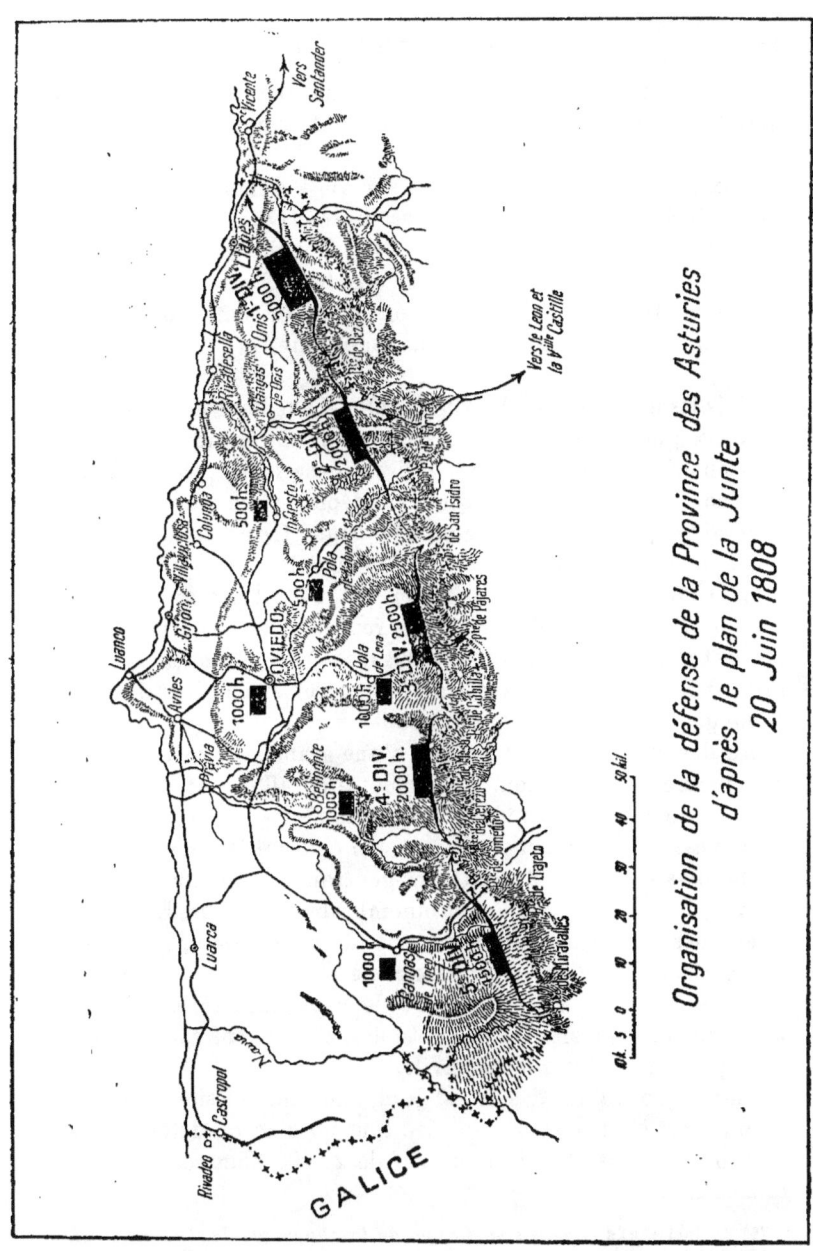

La Cuesta, lui, réclamait un appui militaire, des vivres, des munitions, des effets d'habillement et de campement, de l'argent...

Aux Juntes de Vieille Castille, sur qui s'étendait directement son autorité de capitaine général, il prescrivit, par un ordre du 17 juin, que le produit de toutes les contributions perçues au compte du Trésor royal fût affecté aux frais généraux de l'armée et que les frais de l'administration locale fussent couverts par des dons et par des souscriptions volontaires (1).

Mais les demandes de La Cuesta allaient se heurter, à peu près partout, hors de la Vieille Castille et du Léon, au vieil esprit particulariste des provinces, qui ne désarmait pas, en dépit de l'enthousiasme patriotique, en dépit même du sentiment général bien net que l'étranger ne pourrait être chassé d'Espagne que par l'union intime de tous les Espagnols.

La Junte d'Oviedo, nous l'avons dit, s'était proclamée *Junte Suprême*. Elle ne voulut donc pas reconnaître la suprématie de la Junte de Valladolid et n'envisagea par conséquent pas un instant la possibilité d'avoir à obtempérer aux ordres du capitaine général de la Vieille Castille.

Au demeurant, elle fit preuve d'une grande activité, et, sous sa vigoureuse impulsion, les volontaires affluèrent aux lieux de ralliement qui leur avaient été indiqués.

Ici aussi, les cadres manquaient. On pourvut largement à tous les besoins en créant 2 capitaines généraux, de nombreux généraux et brigadiers ainsi que d'innombrables colonels. Le patriotisme des nouveaux promus était hors de doute, mais leur inexpérience des questions militaires était profonde.

Les emplois de lieutenants et de capitaines furent donnés à des officiers retraités, à des notables, à d'anciens sous-officiers ou caporaux rendus à la vie civile.

Vaille que vaille, dès le 20 juin, une Commission militaire réunie à cet effet, mettait sur pied tout un plan de défense de la province, faisant état d'un effectif de 20.000 hommes.

---

(1) Rafael GRAS, *Zamora en tiempo de la Guerra de la Independencia (1808-1814)* (p. 68).

Plan tout à fait enfantin, à la vérité, consistant à éparpiller 15.000 hommes, répartis entre 5 divisions, sur une ligne jalonnée par les cols des montagnes, depuis les confins de Santander jusqu'à ceux de la Galice. C'était un front de 180 kilomètres...

Derrière cette première ligne dont les éléments, séparés par des rochers et des précipices infranchissables, ne pouvaient se soutenir les uns les autres en aucune manière, 5 réserves partielles, dont les effectifs variaient entre 500 et 1.000 hommes étaient disposées de manière à soutenir chacune des divisions. Oviedo était gardée par une garnison de 1.000 hommes (1).

Cet étrange dispositif, application intégrale de la théorie du cordon, était voué à la défensive passive, puisqu'aucune masse de manœuvre sérieuse n'existait nulle part; au désastre irrémédiable aussi, puisqu'un succès de l'ennemi, remporté dans l'un quelconque des dix ou douze défilés qui constituaient autant de points également vulnérables de ce vaste front, coupait la ligne espagnole en deux tronçons incapables de se ressouder.

Quoiqu'il en fût de la valeur de la conception, ceux dont elle était l'œuvre avaient foi en elle et quand La Cuesta demanda des renforts à Oviedo, personne ne fut d'avis de lui en accorder. Les membres de la Junte des Asturies estimaient que le capitaine général de Vieille Castille commettait une faute grave en exposant en plaine des troupes sans chefs, sans instruction, mal organisées et mal outillées, aux manœuvres de la redoutable armée du maréchal Bessières. Ils auraient voulu que toutes les levées et toutes les ressources de la Vieille Castille fussent réunies dans les montagnes des Asturies où on aurait certainement opposé aux Français une résistance victorieuse.

Comme moyen transitoire, l'idée n'était certainement pas mauvaise; mais elle devenait tout à fait condamnable si l'on songe que la Junte d'Oviedo n'envisageait pas autre chose qu'une résistance passive prolongée indéfiniment, dans son alvéole, en attendant les secours lointains et problématiques, non encore promis d'ailleurs, du reste de l'Espagne et de l'Angleterre. Le pays, si misérable, pourrait-il même, en tout état de cause, assurer la subsistance d'effectifs de quelque importance ?

---

(1) D. G., Leg. 10, n° 360.

Au total, La Cuesta ne rêvait que d'une offensive vigoureuse pour chasser les Français de son domaine de la Vieille Castille; la Junte d'Oviedo ne concevait rien au delà d'une résistance passive prolongée, dans les défilés de ses montagnes, garantissant de l'invasion le sol des Asturies.

Pourtant, sur les instances du capitaine général de Valladolid, et en considération pour le caractère national de la cause, la Junte d'Oviedo finit par envoyer à La Cuesta le régiment de Covadonga, fort de 3 bataillons, l'un des meilleurs. Mais la Junte suprême ne devant abdiquer la moindre parcelle de son autorité entre les mains de personne, il fut bien spécifié que les ordres que le général en chef aurait à adresser au régiment de Covadonga, le seraient tous au nom de la Junte des Asturies (1).

Un autre régiment, commandé par le comte de Toreno, maréchal de camp improvisé, fut de même envoyé à Léon, mais avec la mission d'observer les mouvements des Français, s'ils s'acheminaient vers les Asturies (2).

En Galice, les préparatifs militaires étaient poussés avec une fiévreuse activité et avec succès, car les ressources étaient considérables en hommes instruits et non instruits. L'arsenal de la marine du Ferrol, l'un des trois plus grands arsenaux de l'Espagne, pouvait fournir à profusion des canons et des armes; la fabrique de boulets de Santiago, approvisionner en munitions une grande armée.

Donc, derrière la chaîne de montagnes dite « de Léon » qui, du mont Teleno au mont Suspidon, constitue une puissante barrière, franchissable seulement aux cols de Manzanal et de Fuencebadon, Blake, le nouveau général en chef choisi par la Junte de Galice, recevait, incorporait et instruisait les volontaires qui, de tous les points de la province, affluaient dans la plaine de Villafranca del Vierzo.

Après avoir épuré les effectifs, supprimé de nombreuses unités qui, sans cadres expérimentés et sans valeur militaire, n'avaient

---

(1) D. G., Leg. 10, n° 360; Arteche, *loc cit.*, t. II, p. 271.
(2) Toreno, *Historia del levantamiento, guerra y revolucion de Espana*, t. I, p. 196.

aucune cohésion et n'étaient pas utilisables, des six divisions créées par Filangheri, il en avait fait quatre et une avant-garde. Les régiments actifs cantonnés en Galice et ceux échappés du Portugal, dont les effectifs avaient été complétés par les meilleurs éléments de la masse d'insurrection, constituaient près des trois quarts de cette armée, dont la valeur était par conséquent des plus sérieuses.

L'avant-garde fut placée sous le commandement du comte de Maceda. Elle comprenait 3 bataillons et demi d'infanterie, 2 escadrons de cavalerie, 25 sapeurs et 6 pièces de canon.

La 1re division, commandée par don Felipe Cagigal, comptait 14 bataillons et demi d'infanterie et 5 pièces de canon.

La 2e division, commandée par le brigadier Rafael Martinengo, mettait en ligne 12 bataillons et 5 pièces.

La 3e division, commandée par le brigadier de la flotte don Francisco Riquelme, avait 10 bataillons et 5 pièces.

La 4e division, commandée par le maréchal de camp marquis de Portago, 10 bataillons et 5 pièces de canon.

Un détachement spécial, placé sous le commandement du marquis de Villadares, colonel du régiment d'Orense, fort de 3 bataillons et 60 cavaliers, était chargé de surveiller la coulée de Puebla de Sanabria, conduisant au Portugal (1).

---

(1) C'étaient : *Avant-garde* : 1/2 bataillon volontaires de *Catalogne*, 1/2 bataillon volontaires de *Gerone*, 2 compagnies volontaires de *Navarre* ; Grenadiers des régiments de *Saragosse*, *Mayorque*, *Aragon* et volontaires de la *Corogne* (8 compagnies formant 2 bataillons) ; comme cavalerie, 1 escadron de *Montesa*, 2 escadrons de *dragons de la Reine* et quelques *carabiniers royaux* ; comme artillerie, un détachement du *4e régiment* et une compagnie d'artillerie de marine, avec 6 pièces ; au total, 3 bataillons 1/2, 3 escadrons 1/2, 15 sapeurs, 6 pièces.

1re division : 2 bataillons de *Provinciaux de Galice*, 3 bataillons de *Rey*, 2 bataillons d'*Hibernia*, 2 bataillons 1/2 de *Mayorque*, 1 bataillon provincial de *Buenos-Aires*, 1 de *Salamanque*, 1 de *Mondonedo*, 1 de *Tuy*, 1 de *Pontevedra*; un détachement du *4e régiment d'artillerie* ; au total 14 bataillons 1/2 d'infanterie et 5 pièces.

2e division : bataillon *Volontaires de Vitoria*, 2 bataillons *Navarre*, 2 bataillons *Sevilla*, 2 bataillons *Naples*, 2 bataillons *Leon*, 1 bataillon *Segovie*, 1 bataillon *Oreuse*, 1 bataillon *Betanzos* ; au total 12 bataillons et 5 pièces avec un détachement d'*artillerie de marine*.

3e division : bataillon *volontaires de Navarre*, 3 bataillons de *marine*, 2 bataillons *Volontaires de la Corogne*, 2 bataillons *Volontaires de Valladolid*,

Au total, c'était un ensemble de 50 bataillons, avec seulement 3 escadrons et 26 pièces de canon.Les effectifs de cette armée, il est bien difficile de les évaluer. Les états officiels fixent avec détails un effectif de 25.000 hommes, dont 12.000 soldats de troupes actives, et par conséquent, seulement 13.000 volontaires. Mais pour accepter ces chiffres, il faudrait admettre, ce qui est difficile, que le mouvement insurrectionnel n'eut pas, en réalité, l'ampleur signalée et célébrée par tous les historiens espagnols.

D'autre part, Arteche lui-même, qui reproduit sans commentaires les états officiels, signale que l'afflux des volontaires porta bientôt l'armée à 40.000 hommes (1). Et, comme le principe de Blake avait bien été de compléter à 800 hommes les bataillons existants, nous sommes amenés à conclure que l'effectif total des 50 bataillons de l'armée de Galice ne devait pas, en réalité, être très inférieur au chiffre total reconnu par Arteche.

Le nouveau général en chef de l'armée de Galice partageait entièrement les appréhensions militaires de la Junte des Asturies et ses sentiments de prudence. Malgré l'importance de ses effectifs, il n'avait nulle envie de les hasarder en rase campagne. Timidité naturelle, manque de confiance en soi et dans des soldats improvisés, tout cela, mérite ou faiblesse, y était. Blake d'ailleurs, avait des qualités d'ordre et de méthode qui faisaient de lui un intendant plutôt qu'un chef de guerre, et il n'avait pas tort en pensant que près des deux tiers de son armée avaient besoin d'acquérir de la cohésion.

Il avait un plan offensif parfaitement viable, cependant. Il rêvait, après avoir fait de son armée un instrument de guerre

---

1 bataillon de *Monterey*, 1 bataillon de *Compostela* ; au total 10 bataillons d'infanterie et 5 pièces, avec un détachement du *4ᵉ régiment d'artillerie*.

4ᵉ division : bataillon *littéraire de Santiago*, 2 bataillons de *Grenadiers de l'armée*, 2 bataillons de *Principe*, 2 bataillons de *Tolède*, 2 bataillons d'*Aragon*, 1 bataillon de *Lugo*, 1 bataillon de *Santiago* ; au total 10 bataillons d'infanterie, avec 5 pièces et un détachement du *4ᵉ régiment d'artillerie*.

Colonne d'Oreuse : 1 bataillon 1/2 de *Léon*, 1/2 bataillon de *Principe*, 1 bataillon d'*Oreuse*, 60 cavaliers *Montesa* ; au total 3 bataillons, 1/2 escadron.

D. G. Leg. 10, nº 360.

(1) ARTECHE, *loc. cit.*, t. II, p. 258.

convenable, de se glisser derrière l'Esla dont on aurait tenu les passages, jusqu'à Zamora, pour, de là, suivant les circonstances, marcher ou bien sur Valladolid avec La Cuesta, pour battre Bessières, ou bien droit sur Madrid, couvert par les montagnes, pour dégager le centre de la Péninsule, tandis que La Cuesta immobiliserait Bessières en Vieille Castille (1).

Prise immédiatement, cette dernière détermination eût été susceptible d'entraîner des résultats décisifs et nous dirons comment, à l'heure même où le général espagnol en envisageait la possibilité, l'Empereur, avec un sûr instinct de divination, prescrivait de Bayonne les mesures nécessaires pour y parer.

La parade eut donc lieu et Madrid fut couverte en temps utile, mais l'heure de la décision ne sonna pas pour Blake et, aux premiers jours de juillet, rien n'avait bougé encore dans le Vierzo. De son quartier général, transporté à Manzanal d'où il avait des vues sur la plaine, le général perfectionnait l'instruction de son armée et faisait soigneusement reconnaître le cours de l'Esla par des officiers de son état-major (2).

Il faut dire que l'armée de Galice était dans de fort mauvaises conditions pour acquérir la cohésion qui lui manquait. Le pays où elle était entassée, misérable et privé de toute ressource, se trouva vite dans l'impossibilité de suffire au ravitaillement d'effectifs aussi considérables, et les volontaires, campés en plein air par des nuits dont la température différait de 30 degrés de celle des jours, sans vêtements chauds, sans couvertures, sans vivres, sans vin, souffraient cruellement et encombraient les hôpitaux (3).

Blake, qui craignait plus l'ennemi que la misère ou la famine, n'en persistait pas moins dans son expectative prudente, et, aux derniers jours de juin, il éconduisait encore nettement le colonel Zayas, chef d'état-major de La Cuesta, venu lui demander, de la part du capitaine général, une intervention immédiate en Vieille Castille.

---

(1) D. G., Leg. 10, n° 360.
(2) J. Moscoso, officier d'état-major de l'armée de Galice, *Mémoires sur la campagne de la gauche de l'armée en Espagne, de 1808 à 1812*, manuscrit (D. G.).
(3) D. G., Leg. 10, n° 360.

Mais Zayas ne se tint pas pour battu. Du quartier général de Blake, il se rendit à la Corogne, où la Junte de Galice, émue par l'assassinat de Filangheri, ne redoutait rien tant que l'exaltation du peuple et le plus léger soupçon de mollesse. Cette assemblée terrorisée réserva donc au fougueux colonel, que la population acclamait, un accueil favorable.

Il ne lui restait plus aucune ressource militaire, ayant tout donné pour la constitution de l'armée de Blake, mais soucieuse de prouver sa bonne volonté, elle envoya à Blake l'ordre d'entrer au plus vite en campagne. Elle lui envoyait en même temps 2 millions de réaux pour qu'il pût se procurer ce qui lui manquait encore pour agir (1).

Blake mit donc son armée en mouvement, le 5 juillet, vers Benavente où était La Cuesta. Pourtant, persuadé, malgré tout, que l'on courait à un désastre, il crut agir sagement en laissant toute la division Martinengo (la 2e), forte d'une dizaine de mille hommes avec 5 canons, au port de Manzanal, pour servir de repli en cas de malheur (2). C'était s'affaiblir gravement. Un seul régiment, le moins bon, eût suffi pour remplir le but cherché et couvrir la Galice contre un raid de cavalerie, impossible dans ces gorges.

Le 9 juillet, la jonction était opérée avec l'armée de Castille et les deux armées se portaient en avant sans désemparer.

Le 10, les quartiers généraux de La Cuesta et de Blake étaient à Villalpando, avec la division Gagigal (1re) de l'armée de Galice, et l'avant-garde de cette dernière armée était à Villamayor.

Deux divisions tenaient le cours du Valderaduey, affluent du Duero, et se trouvaient ainsi couvrir le rassemblement des 3e et 4e divisions de Galice et de l'armée de Castille, dont les têtes de colonne étaient encore sur l'Esla, à Benavente et au pont de Bizarra.

L'armée ainsi réunie, qui comptait une quarantaine de mille hommes, n'était pas sans valeur. Il y avait là plus de 15.000 vieux soldats, qui étaient certainement supérieurs à la

---

(1) TORENO, *loc. cit.*, t. I, p. 197.
(2) D. G., Leg. 10, n° 360.

moyenne des conscrits de Bessières. Sa cavalerie était inexistante, il est vrai, ce qui était grave devant Lasalle, mais son artillerie était excellente, meilleure que celle des Français et fort bien servie.

Sa véritable faiblesse était dans le manque d'harmonie qui existait entre les généraux commandant l'armée de Castille et l'armée de Galice. La Cuesta, depuis longtemps un des capitaines généraux les plus en vue de l'Espagne, était à la tête de l'embryon d'armée de Castille, et Blake, le colonel d'hier tout nouvellement promu, commandait l'armée de Galice, quatre fois plus forte que la première.

La Cuesta, d'un autoritarisme altier et cassant n'admettait aucune autre manière de voir que la sienne et ne reconnaissait à personne le droit de lui soumettre un avis. Audacieux au surplus, il ne voyait la victoire que dans une offensive, tête baissée, et avait une confiance excessive dans l'enthousiasme de ses volontaires, tandis que Blake, exagérément prudent, ne marchait qu'à contre cœur, certain de courir à un désastre si l'on était attaqué en rase campagne par la redoutable cavalerie française.

Accentuant le grave inconvénient de cette dualité de commandesdement, il faut souligner l'esprit particulariste des contingents diverses provinces : Asturies, Galice, Leon, Castille, plus préoccupés chacun du sort de leur clocher que du salut de l'armée (1).

Autant de facteurs qui allaient imprimer aux opérations et jusqu'à la bataille qui devait les clore, un caractère de décousu tout à fait fâcheux.

A peine la réunion faite, et sans tenir aucun compte de l'avis de Blake, dont il connaissait la répugnance à agir, La Cuesta à qui incombait le commandement en chef nominal, donna donc des ordres pour marcher immédiatement à l'ennemi.

Les Français se trouvaient derrière la Pisuerga, entre Valladolid et Palencia. On pouvait les tourner par Valladolid ou les aborder de front par Palencia.

Valladolid était très faiblement tenue par des détachements volants et la conquête facile de cette capitale de la Vieille Castille

---

(1) ARTECHE, *loc. cit.*, t. II, p. 272 et suiv.; TORENO, *loc. cit.*, t. I p. 197 et suiv.

effacerait la honte de Cabezon. Valladolid prise, on remonterait le cours de la Pisuerga, à travers une région mamelonnée et coupée de nombreux cours d'eau, qui permettait d'aborder Palencia sans avoir trop à redouter la cavalerie française.

De Benavente, on pouvait aussi marcher sur Palencia, par Medina de Rio Seco; mais c'était aller droit au gros de l'ennemi, à travers une large plaine, la *tierra de Campos*, très favorable aux évolutions de la cavalerie.

Chacun des deux généraux exécuta donc le plan suivant son caractère. La Cuesta achemina l'armée de Castille sur Palencia, par Medina de Rio Seco; Blake choisit pour l'armée de Galice, la route de Valladolid.

D'ailleurs, exagérément prudent jusqu'au bout, Blake, déjà affaibli de la division Martinengo (2e), laissa encore en arrière le division Riquelme (3e), forte aussi d'une dizaine de mille hommes et de 5 canons, avec mission de tenir, à Benavente, la coupure de l'Esla. De sorte qu'il entamait l'opération sur Valladolid avec à peu près la moitié de son armée : environ 25.000 hommes et 16 canons.

Le 12 juillet, il est à Castromonte, avec l'avant-garde de Maceda. La division Cagigal (1re) est à Villabragima et à Tordehumos. La division Portago (4e) suit à une journée. La Cuesta, avec l'armée de Castille, est à Medina de Rio Seco.

Là, on a des nouvelles de l'ennemi : de Palencia, des coureurs français se seraient portés sur Ampudia.

La Cuesta reste donc à Medina de Rio Seco, le 13, et il observe, arrêtant aussi Blake dans ses cantonnements de la veille. Seule, l'avant-garde de Maceda pousse ce jour-là jusqu'à Villanubla et envoie des cavaliers dans Valladolid, pour annoncer l'arrivée de l'armée libératrice.

Mais le 13 au soir, les renseignements sur l'ennemi se précisent. Le maréchal Bessières lui-même serait à Palencia avec de grandes forces et l'armée française marcherait sur Medina de Rio Seco.

Ordre est tout de suite donné à toutes les divisions espagnoles de rallier Medina de Rio Seco (1).

---

(1) D. G., Leg. 10, n° 360.

CHAPITRE IV

LES PRÉCAUTIONS, FACE A LA GALICE

SOMMAIRE

Les projets de l'Empereur, le 25 juin. — Dispositions prises par Bessières aux derniers jours de juin. — Inquiétudes de l'Empereur au sujet de la Vieille Castille. — Bessières concentre ses forces à Palencia. — Savary plus préoccupé de l'Andalousie que de la Vieille Castille. — Notes de l'Empereur pour le général Savary. — Désillusion de Joseph en entrant dans son royaume. — Instructions de l'Empereur au roi Joseph.

Nous avons quitté le corps du maréchal Bessières, le 25 juin, au lendemain de l'expédition heureuse de Santander. A ce moment, le général Merle était à Santander avec les brigades Darmaignac et Gaulois; les brigades Ducos et Sabatier venaient de recevoir l'ordre de se porter sur Melgar, pour se rapprocher de Lasalle; Lasalle, avec les 10e et 22e chasseurs, était à Palencia, tenant par des détachements Valladolid et les localités environnantes. A Burgos, avec le maréchal, il y avait le détachement de la Garde impériale, fort de 1.500 hommes; à Aranda, le 1er régiment de marche d'infanterie, en avant-garde sur la route de Madrid.

L'Empereur prépare de sérieux renforts à Bayonne, mais c'est surtout pour faire escorte au roi Joseph jusqu'à Madrid. Le 4e et le 15e de ligne sont arrivés de Rennes, le 10 juin (1). Avec deux régiments de la Garde de Paris, qui sont en route, et 5 ou 6 pièces de canon, cela doit former une belle division de vieilles troupes, que commandera le général Mouton, et à la tête de laquelle le Roi entrera en Espagne (2).

---

(1) Napoléon à Savary, Bayonne, 25 juin (*Corresp.*, n° 14133.)
(2) Le général Mouton est parti de Madrid pour Bayonne le 25 juin (Belliard à Berthier, Madrid, 26 juin, A. H. G., Corr. Mil., 6/9; Napoléon à Berthier, Bayonne, 22 juin, *Corresp.*, n° 14141).

Pourtant, l'Empereur est attentif aux mouvements signalés en Galice et dans les Asturies. Le 25, il demande à Bessières des renseignements sur les chemins de Palencia à Leon et de Leon à Oviedo : « Il faut marcher là en force, écrit-il. Aussitôt que Saragosse sera pris, non seulement le général Verdier retournera avec ce qu'il a, mais je dirigerai encore sur Burgos beaucoup d'autres troupes (1). »

« Dès que Saragosse sera pris »... c'est-à-dire que, dans l'esprit de l'Empereur, tant que la situation ne sera pas éclaircie en Aragon, il ne faut pas s'engager dans de nouvelles aventures à l'ouest. En attendant, il approuve le maintien de Merle à Santander, d'où l'on surveille les Asturies et le Ferrol; il approuve aussi le renforcement de Lasalle par les brigades Ducos et Sabatier. Ce sont là des précautions. La seule opération qui semblerait opportune de ce côté pour lui, serait la marche sur Zamora et sur Salamanque de la division Loison, de l'armée de Portugal, qui, de concert avec Lasalle, assurerait la tranquillité de ces régions (2).

Les derniers jours de juin, des renseignements précis, arrivés à Burgos, montrent de grandes concentrations de troupes dans le Leon et en Galice. La Cuesta aurait, dit-on, 10.000 ou 12.000 hommes et 80 canons; 20.000 hommes seraient partis d'Oviedo pour Valladolid; 36.000 hommes seraient arrivés à Astorga avec Filangheri; la division espagnole d'Oporto se serait révoltée, enlevant le général Quesnel; le Portugal serait soulevé ainsi que Badajoz; l'escadre de Cadiz serait prisonnière; Dupont et Moncey auraient été battus; l'ambassadeur de Russie à Madrid ne reconnaitrait que Ferdinand VII comme roi (3)...

Simples bruits méritant confirmation, mais étant donné ce qui se passe ailleurs dans la Péninsule, on ne saurait les négliger. Dès le 24 juin, Bessières est décidé à marcher.

Sabatier et Ducos reçoivent donc l'ordre de quitter Santander

---

(1) Napoléon à Berthier, Bayonne, 25 juin, 6 h. soir (*Corresp.*, n° 14132).
(2) Berthier à Bessières, Bayonne, 26 juin (A. H. G., Corr. Mil., 6/8).
(3) Lettres particulières adressées par Bessières à Berthier le 25 juin (A. H. G., Corr .Mil., 6/9); Maru (un agent) à Bessières, Burgos, 27 juin (*ibid.*).

le 25, avec 4 pièces de canon. Ils rallieront Lasalle à Melgar. Le maréchal compte se porter avec la Garde à Palencia où il appellera Merle, resté jusque là à Santander et le général Bonnet viendra garder Burgos, pendant l'absence du maréchal, avec 400 hommes des dépôts. La division Loison, de l'armée de Portugal, doit être appelée à Miranda de Duero et à Bragance et le général Verdier reçoit l'ordre de se porter sur Soria, dès que Saragosse aura capitulé, pour pouvoir de là, au gré des événements, se diriger sur Valladolid ou sur Madrid, Enfin, le maréchal ne manque pas d'envisager l'éventualité de la marche sur Madrid d'une partie des forces de l'armée de Galice, par le sud de la Sierra de Guadarrama (1).

Le 28 juin, la menace espagnole se précise. Les reconnaissances de Lasalle ont rencontré l'ennemi à Medina de Rio Seco, à Paredes de Nava et à Carrion; il y a des gros de troupes actives et de milices à Mayorga, à Benavente et à Leon.

Burgos n'est vraiment plus en sûreté : il faut lui donner de l'air, et l'heure d'agir va bientôt sonner.

Ordre est donné à Lasalle de tenir la plaine, en cas d'attaque et de se replier en combattant sur Torquemada. Dans la lettre où il rend compte à Murat des dispositions projetées, Bessières rêve déjà de bataille et prévoit la rencontre avec les insurgés. A son sens, voici quelle sera la physionomie de cette campagne : Les trois bataillons de Lasalle iront au devant du maréchal arrivant de Burgos avec la Garde; quant à Lasalle, il ira lui-même, avec ses cavaliers, au devant de Ducos et de Sabatier venant de Santander, et après les avoir ralliés, tombera dans le flanc et sur les derrières de l'ennemi; une charge balaiera tout. Merle partira de Santander, le 30, avec le bataillon du 47e, les Suisses, les deux compagnies du 86e, laissant le général Gaulois assurer la pacification de cette région avec le seul régiment des légions de réserve, et il s'arrêtera à Reynosa, en attendant qu'on ait besoin de lui (2).

Le 29 juin, les autorités de Valladolid et celles de Santander prêtent un serment solennel de fidélité au roi Joseph, mais on

---

(1) Bessières à Berthier, Burgos, 24 juin (A. H. G., Corr. Mil., 6/9).
(2) Bessières à Murat, Burgos, 28 juin, 4 h. soir (A. H. G., Corr. Mil., 6/9).

sait positivement que les troupes de Galice sont arrivées à Benavente depuis le 27, et que des masses s'y concentrent. Lasalle demande que la marche de Sabatier et de Ducos soit accélérée. L'ordre est donc expédié aux deux généraux d'être à Palencia le 1er juillet et de rallier Lasalle le 2, à 8 heures du matin. Le maréchal prescrit aussi à Merle de quitter immédiatement Santander, en y laissant Gaulois avec le régiment des légions de réserve.

C'est que la situation est loin d'être claire, à Santander aussi. La province a bien envoyé 10 députés à Bayonne, mais l'évêque s'est enfui dans les montagnes, où il soulève les populations. Il a quitté les habits sacerdotaux et on l'a vu avec « un habit brun, un petit chapeau à trois cornes, deux pistolets attachés à la ceinture et un coutelas pendu à un mauvais baudrier »...

Burgos pourra se défendre. Le château a été organisé et armé, le mieux possible. L'Empereur voulait y voir des pièces de gros calibre; on en a fait venir 16 de Pancorbo; mais les munitions n'existent pas pour ces canons. On dispose en revanche de 2 pièces de 8, de 4 pièces de 16 et de 2 pièces de 4, toutes approvisionnées à 200 coups. On a relié le château à l'église par un palissadement. (1).

Le 30 juin, à 11 heures du matin, on apprend par le corregidor de Palencia que La Cuesta a réuni 20.000 hommes à Benavente. Une masse est signalée aussi dans la région de Lugo, avec avant-garde à Villafranca. Mais en attendant que la chute de Saragosse permette le déclenchement d'une offensive en Vieille Castille, la réunion de Ducos et de Sabatier à Lasalle, qui doit s'opérer le 2 juillet à 8 heures du matin, parera à l'imprévu de ce côté (2).

Pourtant, dès le 1er juillet, l'Empereur s'alarme d'une concentration de forces espagnoles aussi importantes, à portée de la veine jugulaire de son armée d'Espagne. A son sens, Saragosse ne représente qu'un danger plus lointain. Les gens d'Aragon ont reçu une bonne leçon et selon toute probabilité, ils demeure-

---

(1) Bessières à Napoléon, Burgos, 29 juin, midi (A. N., A. F. IV 1606).
(2) Bessières à Berthier, Burgos, 30 juin, 11 h. matin (A. H. G., Corr. Mil., 6/9).

ront pendant quelque temps figés derrière leurs murailles; mais du côté de la Vieille Castille, une offensive de La Cuesta pourrait bien compromettre les affaires.

« Écrivez au maréchal Bessières, écrit-il le 1er juillet, à 11 heures du soir, après avoir lu les rapports du duc d'Istrie, qu'il me paraît nécessaire de repousser le rassemblement de Benavente; mais, pour cet effet, il faut que le général Lasalle soit appuyé des troupes du général Merle et de celles de Burgos... »

Il prescrit, en même temps, que Savary ait, à Madrid, une colonne prête à se porter sur Benavente et tienne des troupes disponibles pour appuyer, soit Vedel passé en Andalousie, soit Bessières, en Castille (1).

A Bessières, il témoigne sa satisfaction pour avoir rapproché Merle et Ducos de la Vieille Castille. Il l'informe que la division Mouton, forte de trois régiments de « troupes superbes », sera à Vitoria, le 2 juillet, immédiatement utilisable, si les circonstances ne permettent pas de la laisser reposer quelques jours. Et en lui donnant des nouvelles de Saragosse, dont le siège n'avance pas, comme il le désirerait, il l'engage à porter tout de suite une partie de ses forces à mi-chemin entre Palencia et Burgos « afin d'être à Palencia en une petite marche ».

... « Faites multiplier les partis, conclut-il, et ne laissez faire aucun mouvement à l'ennemi sur la route de Madrid (2). »

Ces instructions ne sont pas encore arrivées à Burgos que le maréchal est déjà en garde, prêt à faire face à La Cuesta, ou à menacer Leon et la Galice, suivant les instructions données par l'Empereur, le 25 juin (3).

Dès le 1er juillet, il a envoyé à Lasalle les hommes disponibles des 17e et 18e régiments provisoires, et 60.000 cartouches. Il compte qu'ainsi, avec 2 régiments de cavalerie, les 13e, 17e et 18e régiments provisoires, 8 pièces de canon, 50 cartouches par homme et 105.000 cartouches en réserve, le général sera en mesure, après avoir laissé à ses troupes quelques jours de repos,

---

(1) Napoléon à Berthier, Bayonne, 1er juillet, 11 h. soir (*Corresp.*, n° 14148).
(2) Napoléon à Bessières, Bayonne, 1er juillet (*Corresp.*, n° 14149).
(3) Bessières à Napoléon, Burgos, 2 juillet (A. N., A. F. iv 1606).

de se porter au besoin sur Leon. Merle, qui sera à Reynosa le 3, pourra l'appuyer (1).

En attendant, on a fait tout le possible pour assurer la réussite de l'expédition de Galice. Les routes ont été très sérieusement reconnues, qui conduisent dans cette région : route de Palencia à Benavente par Medina de Rio Seco, reconnue praticable pour l'artillerie; route de Benavente à Ponferrada, praticable aussi, mais seule de toute cette région; route de Leon à Oviedo, taillée dans le roc et inutilisable pour des canons; route de Palencia à Leon, praticable. Partout, il semble bien que les récoltes, encore sur pied, pourront assurer la subsistance des troupes.

Tout compte fait, avec les 4.000 hommes des 4ᵉ léger, 15ᵉ de ligne, du bataillon de la Garde de Paris, la Garde et le bataillon du 14ᵉ qui est à Vitoria, les 1.500 hommes de Merle, les 4.200 hommes de Lasalle, le maréchal disposera de 13.000 hommes. C'est plus qu'il ne lui en faut. Quant à Merle, il pourra rester à Reynosa jusqu'à la prise de Leon, puis il se portera sur Leon, pour surveiller Oviedo, tandis que le gros poussera vers la Galice (2).

Mais à l'heure même où le maréchal élabore ce plan, il ne peut déjà plus être question d'une expédition dans le Leon. L'ennemi se renforce rapidement et d'une manière inquiétante en Vieille Castille. On signale d'importants mouvements entre Villafredos et Medina de Rio Seco. On parle de 60.000 à 100.000 hommes concentrés à Benavente. Lasalle se montre inquiet aussi du côté de Mayorga où il dirige de fortes reconnaissances (3). Nouvelles sans doute fort exagérées, mais dont on ne peut pas ne pas tenir compte. Il faut être prêt à tout.

Qu'on ait à se porter vers Medina de Rio Seco ou vers Leon, on gagnera toujours du temps, en concentrant à Palencia les 13.000 hommes et les 31 canons dont on dispose. Mouton vient d'arriver à Vitoria, Merle est à Reynosa; l'ensemble peut être réuni le 11 ou le 12, au plus tard le 13.

Jour est pris. Mouton quittera Vitoria le 5 juillet. Il sera,

---

(1) Bessières à Berthier, Burgos, 1ᵉʳ juillet (A. H. G., Corr. Mil., 6/10).
(2) Bessières à Napoléon, Burgos, 2 juillet (A. N., A. F. IV 1606).
(3) Bessières à Berthier, Burgos, 2 juillet (A. H. G., Corr. Mil., 6/10); renseignements d'un courrier venu de Benavente, San-Antonio, 2 juillet, midi (*ibid.*).

LES PRÉCAUTIONS, FACE A LA GALICE

le 8, à Burgos, où il séjournera. Merle, appelé de Reynosa, sera aussi à Burgos le 8 ou le 9. Le maréchal partira avec eux et avec les forces de Burgos, le 10, de sorte que tout le monde sera à Palencia le 13 (1). A Palencia, on pourra du reste entrer en communication avec la division Loison, qui doit venir du Portugal dans cette région (2).

Pendant ces opérations, la sécurité des communications de l'armée sera assurée par des troupes venues de France. Le bataillon de la Garde de Paris, arrivé à Vitoria, restera dans cette ville, et le 2e bataillon du dépôt des régiments provisoires, appelé de Saint Sébastien, s'enfermera dans la citadelle de Burgos (3).

Tous les jours maintenant, tandis que la concentration de nos forces s'exécute, une offensive contre les forces espagnoles de Castille apparaît plus nécessaire. Le 4 juillet, La Cuesta est à Tordesillas et Bessières estime que si le général espagnol est allé là, ce n'est que pour être en mesure de pousser sur Ségovie et ainsi de gagner la route de Madrid. Un bruit dit bien qu'il s'agirait pour lui de tendre la main par Zamora aux insurgés d'Andalousie, mais trop de raisons font ressortir l'invraisemblance d'un pareil projet, pour qu'on s'y arrête une minute. Quoi qu'il en soit, l'essentiel est d'agir vite et de mettre immédiatement cette masse ennemie hors d'état de manœuvrer (3).

Le Grand-Duc de Berg, voyageant dans une litière portée par des chasseurs basques (4), est passé à Burgos le 4. Il paraissait aller « beaucoup mieux » (5). Il s'est déclaré de l'avis du maréchal au sujet de la possibilité d'un mouvement de l'ennemi sur Ségovie, mais il ne semble pas s'être intéressé très particulièrement à des affaires dont le soin ne le concernait plus (5).

Le maréchal a-t-il chance de se faire mieux entendre à Madrid ?

Là, c'est Savary qui dirige désormais les opérations mili-

---

(1) Bessières à Berthier, Burgos, 2 juillet (A. H. G., Corr. Mil., 6/10).
(2) Bessières à Berthier, Burgos, 4 juillet (*ibid.*).
(3) Bessières à Berthier, Burgos, 4 juillet (*ibid.*).
(4) E. Ducéré, *Éphémérides impériales : Les journées de Napoléon à Bayonne* (B. N.).
(5) Bessières à Berthier, Burgos, 5 juillet (A. H. G., Corr. Mil., 6/10).

taires. Or Savary est plus préoccupé, à cette heure, de l'Andalousie que de la Vieille Castille. Il sait que l'insurrection s'organise au sud de la Sierra Morena et qu'elle dispose de grands moyens, en hommes et en armes, de sorte que Dupont, arrêté à Andujar, peut se trouver compromis. Donc, après avoir poussé la division Vedel au delà des montagnes, il vient d'envoyer la division Gobert à Manzanarès.

Ainsi, il ne lui reste plus, le 8 juillet, pour garder Madrid, que le détachement de la Garde impériale, 500 cuirassiers et la division Morlot, du corps de Moncey, réduite à moins de 3.000 hommes par le détachement de 1.500 hommes et de 6 pièces de canon sur la route de Burgos. Et c'est dans ces circonstances que lui est parvenu un ordre du major général, lui prescrivant d'envoyer à Valladolid pour le 11, au secours de Bessières, 1.200 hommes d'infanterie, 1 régiment de cuirassiers et 5 pièces de canon (1).

Il a objecté la faiblesse de ses effectifs; le danger de sa situation avec des rassemblements ennemis à Talavera; l'inutilité du mouvement demandé, puisqu'une colonne, partie de Madrid le 9, ne pourrait être à Valladolid que le 15, quand Bessières annonce son entrée en campagne pour le 7 (2)...

Bref, il n'a rien fait, et Berthier, que l'impatience de l'Empereur aiguillonne, insiste encore le 11 juillet. Le major général spécifie cette fois qu'il ne faut pas s'engager en Andalousie; que le point important, c'est tout d'abord la Galice, puis l'Aragon (3).

Or, de cela, justement, Savary persiste à n'être nullement convaincu, et s'il finit, le 14 juillet, par faire partir le renfort réclamé depuis le 5 (4), il ne cache pas son sentiment au major général :

« Nous ne sommes point engagés dans l'Andalousie, lui écrit-il avec humeur, le 14 juillet; nous sommes seulement en mesure

---

(1) Berthier à Savary, Bayonne, 5 juillet 1808 (A. H. G., Corr. Mil., 6/10).
(2) Savary à Berthier, Madrid, 8 juillet 1808 (A. H. G., Corr. Mil., 6/10).
(3) Berthier à Savary, Bayonne, 11 juillet (*ibid.*).
(4) 2.000 fantassins, 300 chevaux et 3 canons, sous le général Lefebvre (Joseph à Napoléon, Burgos, 16 juillet : Ducasse, *Mémoires du roi Joseph*, t. IV).

de prévenir un accident comme celui de Valence, et à moins d'un ordre positif de votre part, je ne retirerai point un homme du corps du général Dupont... S'il arrivait malheur au général Dupont, tout deviendrait un problème. On ne peut pas voir cela de Bayonne... »

Il répète que le corps de Bessières est plus fort qu'il ne faut pour détruire tout ce que la Galicie a mis sur pied; que les états du ministre de la Guerre espagnol évaluent ces levées à 16.000 hommes, avec les troupes espagnoles, tandis qu'il porte à 35.000 hommes les masses qui peuvent se trouver en face de Dupont (1).

Le 13, l'Empereur, impatient et irrité, dicte au général Bertrand des *Notes pour le général Savary*, où il expose clairement la manière dont il veut voir diriger les opérations militaires en Espagne.

Il veut que les troupes soient concentrées et que des divisions soient placées aux grands carrefours, pour pouvoir se prêter appui. Gobert à Vallalodid, soutenant Bessières; Frère à San Clemente, soutenant Moncey ou Dupont, voilà qui eût été fort bien. Mais Gobert allant vers Dupont et Frère vers Moncey, on s'éparpille vers Valence et vers l'Andalousie et la situation générale devient moins bonne.

En tout cas, c'est la Haute Espagne, et surtout la Vieille Castille qui doivent maintenant retenir l'attention. Bessières va attaquer Medina de Rio Seco, le 15 ou le 16, avec 15.000 hommes.

Si La Cuesta, évitant le combat, se dérobait, le maréchal, immobilisé par l'existence de l'armée de Galice, ne pourrait pas le poursuivre, et il faudrait craindre de voir le général espagnol gagner Ségovie. 7.000 ou 8.000 hommes devraient donc être envoyés à Ségovie, et le château de cette ville être sérieusement occupé.

Si Bessières est repoussé, il couvrira Burgos, où il trouvera le premier renfort des 3.000 hommes du Roi; il faudra le renforcer encore par 6.000 hommes de Madrid.

---

(1) Savary à Berthier, Madrid, 14 juillet 1808 (A. H. G., Corr. Mil., 6/10).

Si le maréchal était repoussé *avec pertes*, « de grandes dispositions » s'imposeraient. Il faudrait rappeler Frère, Caulaincourt, Gobert, Vedel, et les réunir à Bessières, pour écraser La Cuesta. Dupont, rappelé sur les crêtes de la Sierra Morena, s'y tiendrait en avant-garde, face à l'Andalousie.

Si Dupont était battu, au contraire, cela n'aurait pas d'autre effet que de le ramener aux montagnes.

Au total, la vraie manière de soutenir Dupont, c'est de renforcer Bessières, car une victoire de Bessières anéantira le moral des insurgés. Il n'y a pas un habitant de Madrid, termine l'Empereur, « pas un paysan des vallées qui ne sente que toutes les affaires d'Espagne d'aujourd'hui sont dans l'affaire du maréchal Bessières... Combien n'est-il pas malheureux que dans cette grande affaire, on se soit donné volontairement vingt chances contre soi... » (1).

L'Empereur n'avait raison qu'à moitié... et nous verrons, en exposant les affaires d'Andalousie, que Savary n'avait pas tout à fait tort. Dupont avait dû rétrograder de Cordoue sur Andujar et il s'y maintenait, réclamant du secours. Si on hésitait à le soutenir, la prudence eût exigé qu'on le rappelât tout de suite dans les défilés de la Sierra Morena, en attendant la victoire de Bessières... Mais alors, il fallait évacuer l'Andalousie, et sans combat, faire figure de vaincu; abandonner l'escadre de Cadix à son sort... Une défaite n'eût pas été plus désastreuse devant les Espagnols qu'une semblable attitude.

En réalité, tout cela n'était qu'une résultante. La vérité était que l'armée d'Espagne se révélait trop peu nombreuse pour suffire à sa tâche écrasante. C'est l'Empereur qui, cette fois, n'avait pas proportionné ses moyens au but qu'il voulait atteindre, et sa « grande affaire » était déjà plus compromise qu'il ne le pensait.

Il en a d'ailleurs l'intuition et les conseils qu'il fait adresser à Bessières depuis le 5 juillet, témoignent d'une indéniable nervosité. Ce jour-là, parce qu'un rassemblement ennemi s'est formé à Tordesillas, il prescrit au maréchal de réunir toutes ses

---

(1) Napoléon à Savary, Bayonne, 13 juillet 1808 (*Corresp.*, n° 14192).

forces, d'abandonner Santander, de ravitailler Burgos et Pancorbo (1)...

Le lendemain, il l'engage à appeler à Palencia les deux bataillons du général Gaulois, qui gardent Santander. Santander, il prescrit de l'approvisionner pour trois mois, si elle a un château, et si elle n'en a pas, d'y établir une régence, en annonçant que les troupes françaises seront absentes pour huit jours. Le major général, qui transmet cet ordre, y ajoute même des conseils tactiques : « Dans votre mouvement sur Benavente, écrit-il, profitez-bien de votre supériorité en cavalerie, et s'il y a une affaire un peu rangée, c'est votre cavalerie qui doit décider la victoire, en la faisant pirouetter sur une des ailes de l'ennemi (2). »

Le 13 juillet, l'Empereur fait prescrire de dissiper les forces de La Cuesta, et si cela n'est pas possible, de se retirer sur Burgos; d'empêcher, en tout cas, l'ennemi de se dérober vers Madrid (3).

C'est qu'en ce moment, une victoire est bien indispensable en Vieille Castille. Il faut à tout prix que la route de Madrid soit libre et sûre, pour que le roi Joseph puisse arriver jusqu'à sa capitale, et y entrer avec une majesté qui en impose à tous.

Ce voyage, l'Empereur l'a préparé avec soin, fixant les étapes que le cortège royal devra parcourir, pour arriver à Burgos le 14 juillet. Le Roi sera accompagné jusqu'à Irun par 50 Polonais de la Garde impériale. Au delà, il sera constamment entouré des 150 hommes de l'escadron du Grand-Duc de Berg, et la marche des bataillons des 2e et 12e légers, dirigée par les généraux Merlin et Rey, est combinée de manière que des troupes françaises soient constamment présentes sur la route et dans les lieux de séjour (4).

Ainsi entouré de soldats, Joseph n'a d'ailleurs aucune idée de la situation militaire de l'ensemble du royaume dont il vient

---

(1) Berthier à Bessières, Bayonne, 5 juillet 1808 (A. H. G., Corr. Mil., 6/10).
(2) Berthier à Bessières, Bayonne, 6 juillet (*ibid.*).
(3) Berthier à Bessières, Bayonne, 13 juillet (*ibd.*).
(4) Napoléon à Joseph, Bayonne, 8 juillet (*Corresp.*, n° 14169).

prendre possession. En réglant son voyage jusqu'à Burgos, l'Empereur s'est borné à prescrire au major général de « lui remettre un état de situation de l'armée, et le lieu où se trouvent les différents corps : « Il faut, ajoute-t-il, le lui faire tracer sur une carte d'Espagne, et connaître bien son itinéraire... »

Le Roi n'a rien d'un soldat. L'Empereur ne compte aucunement en faire un général, ni lui laisser la direction des armées, et il pense que ces renseignements militaires suffiront pour satisfaire sa curiosité. Il le laisse d'ailleurs entouré de généraux expérimentés, venus avec lui de Naples : Salligny, Maurice Mathieu, Merlin, qu'il fait, les deux premiers comtes, le dernier, baron de l'Empire. Il compte surtout sur le maréchal Jourdan, qui sera major général à Madrid; à qui il promet un duché, pour l'engager à servir, mais qu'il se refuse à décorer du titre trop brillant de « duc de Fleurus » (1).

Joseph part de Bayonne le 9 juillet, accompagné de la plupart des députés qui ont siégé à la Junte de Bayonne. Il couche à Saint Sébastien le 10, et dès les premiers pas qu'il fait dans son royaume, des désillusions l'accueillent en foule.

C'est d'abord et surtout la constatation qu'il est un roi sans autorité, peu désiré de ses sujets et que l'Empereur compte tenir en tutelle. Autoritaire, bien que faible, ombrageux et inquiet, il s'irrite et se cabre tout de suite, et sa première lettre à son frère est pleine d'amères récriminations. Il avait prolongé son séjour à Saint Sébastien « pour connaître les dispositions des habitants, qui ne sont pas bonnes » et faire en sorte que son voyage à Madrid « ne soit pas tout à fait inutile », et voici qu'une députation de Santander vient le supplier que cette ville soit dégagée d'une contribution de 12 millions de réaux, récemment imposée...

« Je ne pense pas, écrit-il, que l'on doive imposer aucune contribution sans mon ordre, désormais », et il explique qu'il faut prendre les biens des chefs, mais non imposer une population entière; que « sans cela, il est impossible de réussir à rien, dans une nation comme celle-ci ». Il demande l'autorisation de libérer Santander de sa dette, s'il le juge utile, et il ajoute : « Il y a

---

(1) Napoléon à Joseph, Bayonne, 7 juillet (*Corresp.*, n° 14165).

beaucoup à faire pour conquérir l'opinion de cette nation; avec de la modération, de la justice, cela sera possible, surtout dès que les insurgés auront été battus (1) ».

Tout ce qu'il voit, dans cette Espagne où il rêvait de surpasser Charles III, l'effraie : désordre profond et incurie des agents du gouvernement; esprit général « partout très mauvais »; troupes régulières espagnoles désertant les drapeaux et « allant à qui les paye »; manque complet d'argent et ruine du pays (2).

A Vitoria, où il arrive le 12, même note, encore accentuée : « L'esprit des habitants, écrit-il, est contraire à tout ceci. Personne n'a dit, jusqu'ici, la vérité à Votre Majesté. Le fait est qu'il n'y a pas un Espagnol qui se montre pour moi, excepté le petit nombre de personnes qui ont assisté à la Junte et qui voyagent avec moi. Les autres, arrivés ici et dans les autres villages avant moi, se sont cachés, épouvantés par l'opinion unanime de leurs compatriotes. »

Il craint, si Saragosse ne tombe pas, que tout le pays traversé ne s'insurge. Son autorité royale est si peu reconnue qu'un courrier de l'Empereur a refusé de lui communiquer des dépêches destinées à Madrid. Or ce détail, qui pourrait être attribué à la maladresse d'un employé, l'émeut très vivement. Il y voit, non sans quelque raison, l'emprise que son frère veut établir sur le royaume à la tête duquel il l'a placé, et cette idée lui est insupportable : « ...Il est plus essentiel que jamais, écrit-il, qu'il n'y ait pas deux centres d'autorité dans l'armée, et que tout me soit subordonné. Je dois avoir votre confiance entière et exclusive (3)... »

Ces lettres pessimistes ne sont d'ailleurs pas une preuve qu'il voie la situation aussi grave qu'elle est en réalité. Il compte bien conquérir l'affection du peuple espagnol et le jour même où il écrivait cette lettre à l'Empereur, il faisait faire par Bessières des ouvertures à La Cuesta, lui déclarant qu'il le verrait avec plaisir venir à lui, même seul. Il lui promettait, s'il obtenait

---

(1) Joseph à Napoléon, Saint-Sébastien, 10 juillet, 10 h. matin (Ducasse, *Mémoires du roi Joseph*, t. IV).
(2) Joseph à Napoléon, Vergara, 11 juillet (Ducasse, *loc. cit.*, t. IV).
(3) Joseph à Napoléon, Vitoria, 12 juillet (Ducasse, *loc. cit.*, t. IV).

que ses paysans posent les armes, de lui laisser le commandement des troupes de ligne espagnoles nécessaires pour défendre contre les Anglais le Ferrol et la Corogne, et pour pacifier la Galice (1).

Ce qu'il lui faut, et ce qu'il réclame à l'Empereur, ce sont des troupes; c'est de l'argent... mais tout cela n'arrive que goutte à goutte, dans la limite des possibilités. Un million part de Bayonne le 11 juillet; 3 autres millions le 13. Les renforts en hommes sont faibles.

A Vitoria, où le général Rey déclare que la réception fut belle (2), le Roi est à la tête de 300 cavaliers et d'un millier de fantassins. Ce n'est là qu'une escorte, mais à Burgos, il aura auprès de lui 4 bataillons d'élite, un escadron de cavalerie et 6 canons, avec, pour commander ces forces, le général Merlin. L'Empereur l'engage à se mettre en communication avec le maréchal Bessières, dont les troupes sont concentrées à Medina de Rio Seco, et qui doit en venir aux mains, le 14 ou le 15, avec l'armée de La Cuesta.

Le Roi a mission de savoir ce que fait le maréchal. Si ce dernier a besoin de renfort, il doit aller à lui avec sa réserve, « présider » lui-même à la première victoire et la faire suivre immédiatement de paroles de paix. Il est d'ailleurs autorisé à envoyer ses troupes vers Medina de Rio Seco et à se diriger personnellement « en poste, par Aranda, sur Madrid ».

Résumant très sommairement ses *Notes pour le général Savary*, l'Empereur fait ressortir à son frère que la situation est, en somme, bonne en Espagne, et il conclut : « Soyez sans inquiétude, rien ne vous manquera... Soyez gai et surtout portez-vous bien. Arrivez à Madrid (3). »

De sorte que Joseph qui ne tient pas autrement, après tout, à être considéré comme un homme de guerre, est presque rasséréné, et de Miranda, où il reçoit cette lettre, le 14, il répond : « Je trouve toutes les observations de Votre Majesté si justes qu'il me semble que je les aurais toutes faites. Mais ce n'est qu'après

---

(1) Joseph à Bessières, Vitoria, 12 juillet (Ducasse, *loc. cit.*, t. IV).
(2) Rey à Berthier, Miranda, 13 juillet (A. H. G., Corr. Mil., 6/10).
(3) Napoléon à Joseph, Bayonne, 13 juillet, 6 h. soir (*Corresp.*, n° 14191).

les avoir lues que je fais cette remarque... Je déciderai, à Burgos, d'aller à Madrid, par Aranda, ou au camp (1). »

Le 15 juillet, à Briviesca, c'est la nouvelle d'une grande victoire qui lui parvient. Le maréchal Bessières rend compte qu'il a battu l'armée de La Cuesta à Medina de Rio Seco, et qu'il l'a mise en complète déroute.

L'avenir qui semblait sombre, paraît décidément s'éclaircir.

Joseph est presque joyeux et s'intéresse aux opérations militaires.

Il compte arriver, le 16, à Burgos, et de là, partir pour Madrid par Aranda. Il enverra sur Valladolid les 2.500 hommes qui doivent venir de Madrid à sa rencontre. Il fera occuper le château de Ségovie; il poussera vivement La Cuesta et fera soutenir Dupont (2). Il ne s'était pas encore senti roi d'Espagne. Tant d'indices alarmants lui interdisaient cet espoir! Comme d'un coup de baguette magique, la victoire de Bessières a transformé tout cela. C'est Villa Viciosa !

Le pauvre Roi est persuadé maintenant que le génie de son frère assurera sur sa tête le couronne de Charles-Quint.

---

(1) Joseph à Napoléon, Miranda, 14 juillet, 11 h. soir (DUCASSE, *loc. cit.*, t. IV).

(2) Joseph à Napoléon, Briviesca, 15 juillet, 6 h. soir (DUCASSE, *loc. cit.*, t. IV).

CHAPITRE V

BATAILLE DE MEDINA DE RIO SECO

SOMMAIRE

Bessières concentre ses forces à Palencia et y arrive le 9 juillet. — Il les porte à Ampudia. — Mouvements de l'armée espagnole, depuis le 13 juillet. — L'armée espagnole se concentre sur Medina de Rio Seco et prend position. — Bessières marche sur Medina de Rio Seco. — Les Espagnols sont surpris. — L'artillerie française appuie mal un mouvement débordant qui échoue. — La gauche de Blake bousculée par la cavalerie. — Sa gauche et son centre forcés par l'infanterie. — Déroute de l'armée de Blake. — Déroute de l'armée de La Cuesta. — Indécision de Bessières. — Marche sur Mayorga. — Proclamation aux habitants de Leon. — Bessières arrive à Leon. — Illusions de l'Empereur. — Dispositions prises pour assurer l'ordre dans l'Espagne du Nord. — Constitution du corps d'armée des Pyrénées-Occidentales. — Comment l'Empereur voit la situation de l'Espagne. — Ses erreurs.

Depuis le 5 juillet, toutes les troupes du corps des Pyrénées-Occidentales marchaient à la bataille. Merle a quitté Reynosa, le 5 au matin, avec l'ordre de rejoindre Lasalle à Palencia, le 8, à 11 heures du matin (1). Lasalle, qui signale toujours l'ennemi immobile à Benavente, doit maintenir un contact étroit avec lui, et surtout ne rien « laisser filer sur Madrid » (2).

De son côté, Bessières achemine sur Palencia tout ce dont il dispose à Burgos : le 7, après l'arrivée dans cette ville du 14e régiment provisoire, 300 hommes partent : les 13e, 17e et 18e régiments provisoires ; le 8, ce sont les 2.500 hommes de la Garde impériale. Tout cela devra être à Palencia le 10, tandis que la belle division Mouton, la « division infernale », arrivée le 8 à Burgos, sera aussi à Palencia le 12, après avoir séjourné vingt-quatre heures à

---

(1) Bessières à Belliard, Burgos, 4 juillet ; à Berthier, Burgos, 7 et 9 juillet (A. H. G., Corr. Mil., 6/10).

(2) Bessières à Berthier, Burgos, 6 et 7 juillet (A. H. G., Corr. Mil., 6/10).

Burgos. Un bataillon de la Garde de Paris doit arriver le 11, avec le bataillon qui fournira la garnison du fort.

Ces passages laisseront Burgos vide de troupes pendant vingt-quatre heures, du 10 au 11 juillet, et gardée seulement par des convalescents, mais le maréchal compte bien que la ville restera calme (1).

Lui-même la quitte le 9 au soir. Il est à Palencia le 10 au matin, dans l'intention de commencer, dès le 12, son mouvement sur Benavente. Il est plein d'optimisme. « Le 15, écrit-il en partant, tout sera fini (2). »

La chaleur est excessive, et il faut marcher la nuit, car le soleil est mortel. Les soldats sont gais et pleins d'entrain. On vit bien dans ce pays où les récoltes sont sur pied, le bétail dans les fermes, les caves remplies de vin. Seulement, les ruisseaux sont à sec et il arrive que l'on parcoure une étape entière sans trouver une goutte d'eau. Or si, grâce au vin, les hommes supportent cette sécheresse, les chevaux s'en trouvent fort mal et on en perd un grand nombre (3).

A Palencia, les nouvelles les plus alarmantes affluent. L'insurrection serait générale en Espagne, et la fureur du peuple telle que La Cuesta aurait été fusillé pour avoir correspondu avec les généraux français. On attendait à Benavente 30.000 hommes venant de Galice. Leon et Oviedo fourniraient des vivres à l'armée ennemie, à qui la solde serait très régulièrement payée. Les Anglais auraient débarqué 6.000 Espagnols et 4.000 Islandais et Allemands, abondamment pourvus de vivres et de munitions. Une colonne de 10.000 hommes serait passée à Castromonte, le 12 au matin, allant, sans doute vers Valladolid (4).

---

(1) En réalité, elle sera abandonnée pendant plus longtemps, car les deux bataillons annoncés pour le 11, n'arriveront que le 12. (Bessières à Berthier, Burgos, 9 juillet (A. H. G., Corr. Mil., 6/10) et Ampudia, 13 juillet, 2 h. matin (A. N., A. F. IV 1606).

(2) Berthier à Bessières, Burgos, 9 juillet (A. H. G., Corr. Mil., 6/10).

(3) Bessières à Berthier, Ampudia, 13 juillet, 2 h. matin (A. N., A. F. IV 1606).

(4) Rapport de « l'espion », sans date, mis dans le dossier du 9 juillet A. H. G. (Corr. Mil., 6/10).

Le maréchal décide d'aller masser ses forces à Ampudia, d'où il pourra agir vers Medina de Rio Seco ou vers Valladolid, et où il sera ainsi en mesure d'accepter la bataille, si l'ennemi vient la lui offrir. L'ordre de mouvement spécifie que l'on quittera Palencia le 13, à minuit, pour aller prendre position à Ampudia. La division Lasalle devra, en fin de marche, se placer en avant et à gauche de cette ville; la division Merle, en avant et à droite; la divsion Mouton, derrière la division Lasalle (1).

Bessières, qui marche avec l'avant-garde, est lui-même à Ampudia le 13, à 2 heures du matin. Tout y est calme : « Selon les uns, rien n'a bougé à Benavente, écrit-il au major général; selon les autres, je serais au milieu d'une armée considérable. Je vais mon train. J'aurai demain des renseignements positifs. Ce qui m'importe de savoir et d'empêcher, c'est un mouvement sur Valladolid. »

Et ce mouvement, il compte le rendre impossible en se portant le 15 sur Villalpando et en manœuvrant, de là, de manière à ne pas laisser à l'ennemi le temps de se reconnaître (2).

Les trois divisions restent en position, toute la journée du 13, la gauche à Ampudia, la droite à la Torre de Marmojon, attendant une attaque qui ne se produit pas. Mais des colonnes ennemies sont signalées en mouvement dans la région de Medina de Rio Seco et sur la route de Valladolid, de sorte que le dispositif des Espagnols apparaît comme un peu dispersé.

Il y a à Ampudia deux régiments de cavalerie avec, à leur tête Lasalle, un général réputé. Le maréchal lui-même est un cavalier. Pourtant, on est à moins de 20 kilomètres de l'ennemi et on n'a sur lui que des données vagues. Il semble que les cavaliers n'aient pas été ici à la hauteur de leur tâche. Bessières va donc se porter en avant, mais en aveugle, par petites étapes et toujours prêt à la bataille. Il décide de gagner d'abord Palacios, puis sans doute Medina de Rio Seco où il pense tomber au milieu des contingents éparpillés de La Cuesta. Il est en route le 14 à 2 heures du matin, en 3 colonnes : à droite, Mouton; à gauche, Merle; entre les deux, Lasalle, avec l'artillerie. Un rideau

---

(1) Ordre de mouvement, Palencia, 12 juillet (A. H. G., 6 a/85).
(2) Bessières à Berthier, Ampudia, 13 juillet (A. N., A. F. IV 1606).

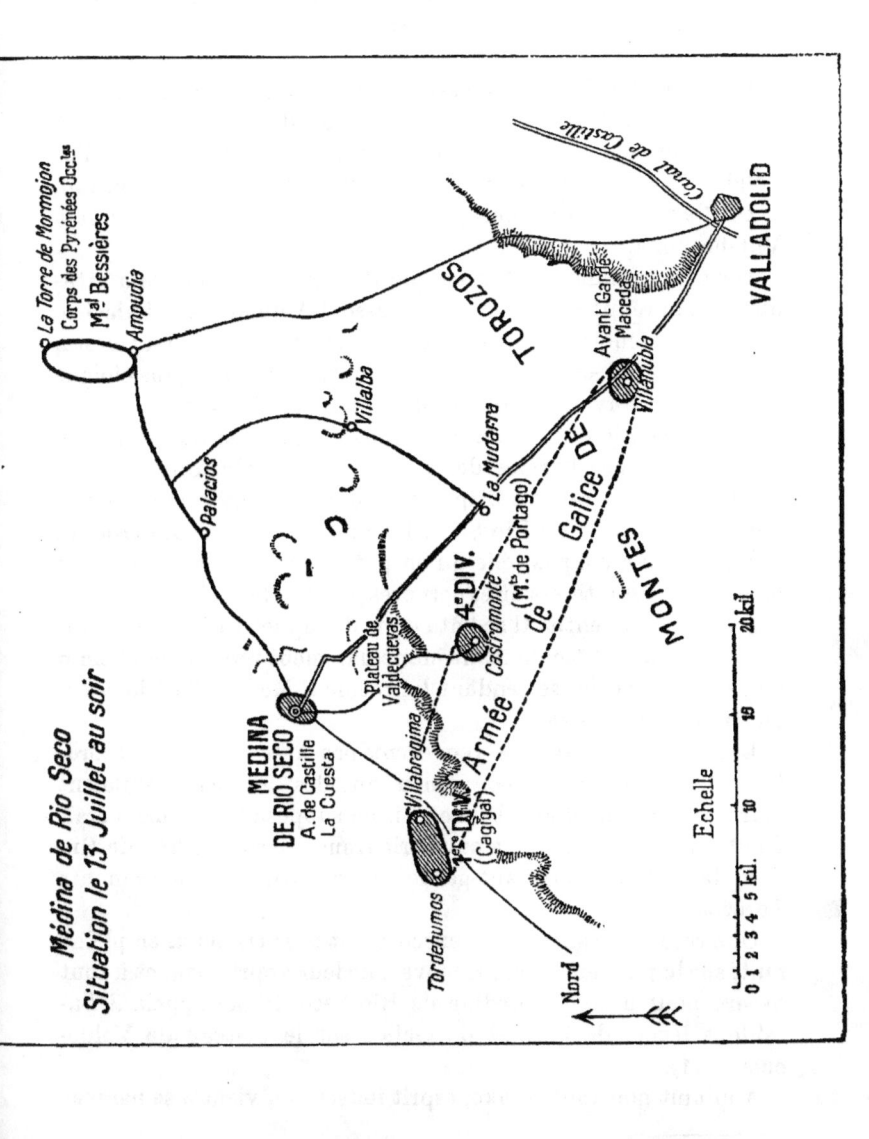

de cavalerie couvre les 3 colonnes. On se réunira à Palacios, à 10 kilomètres de Medina de Rio Seco.

Le 13 au soir, La Cuesta était à Medina de Rio Seco, avec son armée de Castille, observant la direction de Palacios. Quant à l'armée de Galice, elle était échelonnée sur la route de Valladolid : l'avant-garde de Maceda à Villanubla; la 4e division, avec Blake, à Castromonte; la 1re division à Tordehumos et à Villabragima.

Donc, à ce moment, tandis que Bessières, très décidé à attaquer, s'apprêtait à se porter en masse d'Ampudia sur Palacios, l'armée espagnole n'était pas concentrée et son chef, La Cuesta, était encore indécis sur le parti qu'il devait prendre, plus éloigné d'ailleurs de l'avant-garde de Blake que des Français.

Cette situation était d'autant plus dangereuse que la région où était engagée l'armée de Galice était des plus tourmentées, tandis que les Français disposaient d'une bonne route pour se porter sur Medina de Rio Seco. En outre, la valeur des troupes espagnoles n'était pas telle qu'on pût songer à tenter avec elles les manœuvres intéressantes permises par leur dispositif de hasard.

La Cuesta le sentit. Il se hâta donc de rappeler Blake, et celui-ci, comme la nuit tombait, fit immédiatement rebrousser chemin à son avant-garde, se rendant lui-même à Medina de Rio Seco, auprès de La Cuesta.

Les deux généraux ne réussirent pas à se mettre d'accord. La Cuesta demeurait convaincu que les Français voulaient marcher sur Valladolid. Blake, lui, ne supposait rien, mais craignait tout : une ruée de la cavalerie française sur Medina de Rio Seco, la perte de son avant-garde trop aventurée dans les monts Torozos.

Une reconnaissance qu'ils exécutèrent tous les deux, en pleine nuit, sur le plateau de Valdecuevas, ne leur apprit rien, et à tout hasard pour protéger Medina de Rio Seco, Blake appela 3 bataillons légers de l'armée de Galice sur le plateau de Valdecuevas (1).

A minuit pourtant, Blake, esprit indécis, en vient à se persua-

---

(1) D. G., Leg. X, n° 360. ARTECHE, *loc. cit.*, t. I, pp. 276-285.

der que La Cuesta a peut-être raison, et que les Français marchent à ce moment sur Valladolid. Il donne donc l'ordre à ses 1re et 4e divisions de se porter sur cette ville, et lui-même monte à cheval pour arrêter son avant-garde qui doit revenir à Medina de Rio Seco, et l'établir sur une position favorable barrant la route de Valladolid. Ce sera une couverture pour le cas où les Français, ayant devancé l'armée espagnole à Valladolid, viendraient à sa rencontre.

A 3 heures, tous ces mouvements étaient en voie d'exécution, quand un garde du corps vient rendre compte au commandant de l'armée de Galice que les Français marchent sur Medina de Rio Seco par le chemin de Palencia.

Contre-ordre est immédiatement donné et les colonnes de l'armée de Galice sont acheminées droit au nord, vers le plateau de Valdecuevas.

La Cuesta, prévenu, lui aussi, de l'approche de l'ennemi, a porté en avant sa faible armée de Castille qu'il a disposée devant le faubourg de Medina de Rio Seco, de façon à barrer les deux chemins qui conduisent à Palacios, mais sans gravir les pentes du plateau de Valdecuevas qui dominent sa droite.

Ses troupes sont sur deux lignes : la première est formée de 4 bataillons et de 4 escadrons déployés, l'infanterie à droite sur le chemin sud, la cavalerie à gauche, sur le chemin nord, l'artillerie au centre, entre l'infanterie et la cavalerie, pouvant battre les deux chemins. La deuxième ligne est formée de 4 bataillons en ligne de colonne.

Et sans donner aucun autre éclaircissement à Blake, La Cuesta demande à ce général de le renforcer.

Le 14, à 4 heures du matin, l'armée de Galice a gravi les pentes méridionales du plateau de Valdecuevas, et prend position sur les hauteurs.

L'avant-garde de Maceda se range en bataille le long de la crête orientale, négligeant d'ailleurs d'occuper l'éperon de Monclin.

A la gauche des 3 bataillons d'infanterie légère déjà placés, Blake dispose son artillerie, puis un bataillon, déployé comme les premiers. Derrière, formant une deuxième ligne, 4 bataillons déployés. Des tirailleurs couronnent la crête.

La division Cagigal (1re) prolongeait vers le sud les 4 bataillons de deuxième ligne de l'avant-garde par 3 bataillons déployés, son artillerie et un escadron, formant l'extrême droite. Derrière la deuxième ligne de l'avant-garde, les 8 bataillons constituant le gros de la 1re division étaient en colonnes, sur deux lignes.

Restant de sa personne avec cette masse, Blake envoie la division de Portago (4e) au secours de La Cuesta. Cette division va s'installer sur une seule ligne de colonnes de bataillon, avec l'artillerie aux deux ailes, de façon à battre chacun des chemins de Palacios, à 500 ou 600 mètres devant l'armée de Castille déjà placée.

Les forces espagnoles se trouvaient ainsi former deux masses, entre lesquelles il y avait un vide de 1.500 mètres : l'une sur le plateau de Valdecuevas, avec Blake, forte de 16 bataillons, 2 escadrons et demi et 12 canons; l'autre dans la plaine, devant Medina de Rio Seco, avec La Cuesta, forte de 13 bataillons, 4 escadrons et 5 pièces de canon (1).

---

(1) Nous ne parlerons que du nombre des unités, et point des effectifs, pour l'estimation desquels les bases manquent. Arteche, reproduisant les états sommaires du D. G., assigne 6.000 hommes à l'armée de Castille, pour 8 bataillons et 4 escadrons; 2.000 hommes à l'avant-garde de l'armée de Galice, pour 4 bataillons et 2 escadrons; 6.500 hommes à la division Cagigal, pour 16 bataillons et 2 escadrons; 6.000 hommes à la division Portago, pour 9 bataillons. Nous savons pourtant que Blake, en organisant son armée, avait eu soin de compléter à 1.000 hommes l'effectif des bataillons. Voici le détail des unités qui prirent part à la bataille :

Armée de Castille : Don Gregorio de La Cuesta : régiment de *Covadonga*, 2 bataillons; 3 bataillons de volontaires de *Leon*; 3 bataillons de tercios de *Castille* ; Gardes du Corps, 1 escadron; *carabiniers royaux*, 1 escadron; régiment de la *Reine*, 2 escadrons. Total : 8 bataillons et 4 escadrons.

Armée de Galice : Don Joaquin Blake.

Avant-garde : Comte de Maceda : volontaires de *Catalogne*, 1/2 bataillon; volontaires de *Gérone*, 1/2 bataillon; volontaires de *Navarre*, 1/2 bataillon; *grenadiers* de l'armée, 2 bataillons; *Saragosse*, 1/2 bataillon; *Montesa*, 1 escadron; *Dragons de la Reine*, 1 escadron; *carabiniers royaux*, 1/2 escadron; 1 compagnie de sapeurs; 1 compagnie d'artillerie de marine avec 6 pièces. Total : 4 bataillons, 2 escadrons 1/2, 6 pièces.

1re division : le chef d'escadre don Felipe de Cagigal : volontaires de *Barbastro*, 1/2 bataillon; grenadiers provinciaux de *Galice*, 2 bataillons; *Rey*, 2 bataillons; *Hibernia*, 2 bataillons; *Mallorca*, 2 bataillons; bataillon de *Buenos Ayres ;* provincial de *Salamanque*, 1 bataillon; provincial de Mondoñedo, 1 bataillon; provincial de *Tuy*, 1 bataillon; provincial de

Les dispositions prises étaient vicieuses en tout point. On y lisait le désaccord des deux généraux qui commandaient, attendant l'attaque, l'un de Palencia, l'autre, malgré tout, de Valladolid ; l'indécision absolue sur un plan à suivre et sinon l'absence de solidarité, puisque Blake s'affaiblit de sa 4ᵉ division en faveur de La Cuesta, du moins l'ignorance des moyens à employer pour se soutenir efficacement.

Bessières avait mis ses troupes en mouvement à 2 heures du matin, en 2 colonnes : à droite, Mouton, Lasalle et la Garde ; à gauche, Merle et Sabatier (1).

Pontevedra, 1 bataillon ; 1 compagnie de sapeurs ; une compagnie d'artillerie de marine, avec 5 pièces. *Total* : 12 bataillons et 5 pièces.

4ᵉ division : marquis de Portago : bataillon littéraire de *Santiago* ; grenadiers de l'armée, 2 bataillons ; *Principe*, 1 bataillon ; *Tolède*, 1 bataillon ; *Aragon*, 1 bataillon ; *Leon*, 1 bataillon ; provincial de *Lugo*, 1 bataillon ; provincial de *Santiago*, 1 bataillon ; 1 compagnie de sapeurs ; 1 compagnie d'artillerie de marine avec 5 pièces. *Total* : 9 bataillons et 5 pièces (D. G., Leg. X, nº 360).

(1) Unités du corps des Pyrénées-Occidentales qui prirent part à la bataille de Medina de Rio Seco, sous les ordres du maréchal Bessières :

		Bataillons	Escadrons	Canons	Infanterie	Cavalerie
Garde Impériale		4	2	10	1.845 hommes	262 cavaliers
Division Merle : brigade Darmaignac	1ᵉʳ bataillon 47ᵉ. 2 compagnies 86ᵉ. 2ᵉ bataillon suisse. 12 canons.	2		8	2.348	
Brigade Ducos	119ᵉ régiment d'infant (13ᵉ et 14ᵉ provis.)	3				
	10ᵉ rég. de chasseurs.		4			504
	22ᵉ rég. de chasseurs.		4			974
Division Lasalle :	Brigade Sabatier : 120ᵉ régiment (17ᵉ et 18ᵉ provisoires)	4		8	3.353	
Division Mouton : brigade Reynaud	4ᵉ rég. d'infant. légère.	3			1.241	
	15ᵉ régiment d'infant.	3		6	1.403	
Total		18 bat.	10 escad.	32 can.	10 190 hommes	1.240 cavaliers

(État conforme aux situations d'effectifs et aux données de la corres-

Vers 6 heures du matin, nos éclaireurs sont à Palacios d'où sont chassés 200 cavaliers espagnols.

Un officier fait prisonnier estime à 20.000 ou 25.000 hommes l'effectif des troupes réglées espagnoles qui sont à Medina de Rio Seco, et à 8.000 environ le nombre des paysans qui les appuient.

Les reconnaissances de cavalerie ont d'ailleurs tout de suite découvert les deux masses ennemies et le maréchal est immédiatement avisé de l'étrange dispositif de l'ennemi. De la part de gens qui ne savent pas faire la guerre et n'ont aucune instruction militaire, Bessières s'attend aux fautes les plus absurdes; esprit prompt et résolu, il va exploiter celle-ci au maximum.

L'ennemi n'a pas occupé l'éperon de Monclin, excellent gradin qui donnera accès sur le plateau de Valdecuevas. La brigade Sabatier va aborder cet éperon, suivie d'une forte batterie qui s'y installera pour appuyer la progression de l'infanterie. Accompagnée par ce canon, l'infanterie, en ligne de colonnes de bataillons, poussera contre le centre de la première ligne de Blake.

La division Merle, empruntant la vallée de Juncal, abordera le plateau par le sud, et en ligne de colonnes de bataillons, précédée de tirailleurs, attaquera la droite de Blake, tandis que 4 escadrons de Lasalle, longeant le Monclin par le nord, chargeront sa gauche.

A la droite du dispositif français, la division Mouton, réduite à la brigade Reynaud, formée en ligne de colonnes de bataillons, avec l'artillerie au centre, et précédée d'une ligne de tirailleurs, doit marcher droit au corps de La Cuesta et le contenir en attendant que le corps de Blake soit écrasé.

Le gros de la cavalerie de Lasalle, avec son artillerie et la Garde suivront en réserve, l'infanterie et la cavalerie encadrant les canons, le long de la route de Palacios à Medina de Rio Seco.

Le terrain n'est pas favorable à la cavalerie, circonstance qui annihile une des principales supériorités de l'armée française.

---

pondance du général Guilleminot : Guilleminot à Merle; à Lasalle, 11 juillet (A. H. G., 6 a/85) pour l'organisation de leur division; au général Bourgeat pour dotation en artillerie, même date (*ibid.*); décret du 7 juillet fixant la transformation des 15 régiments provisoires d'Espagne en 8 régiments définitifs (série de 114e à 120e) (A. H. G., Corr. Mil., 6/10).

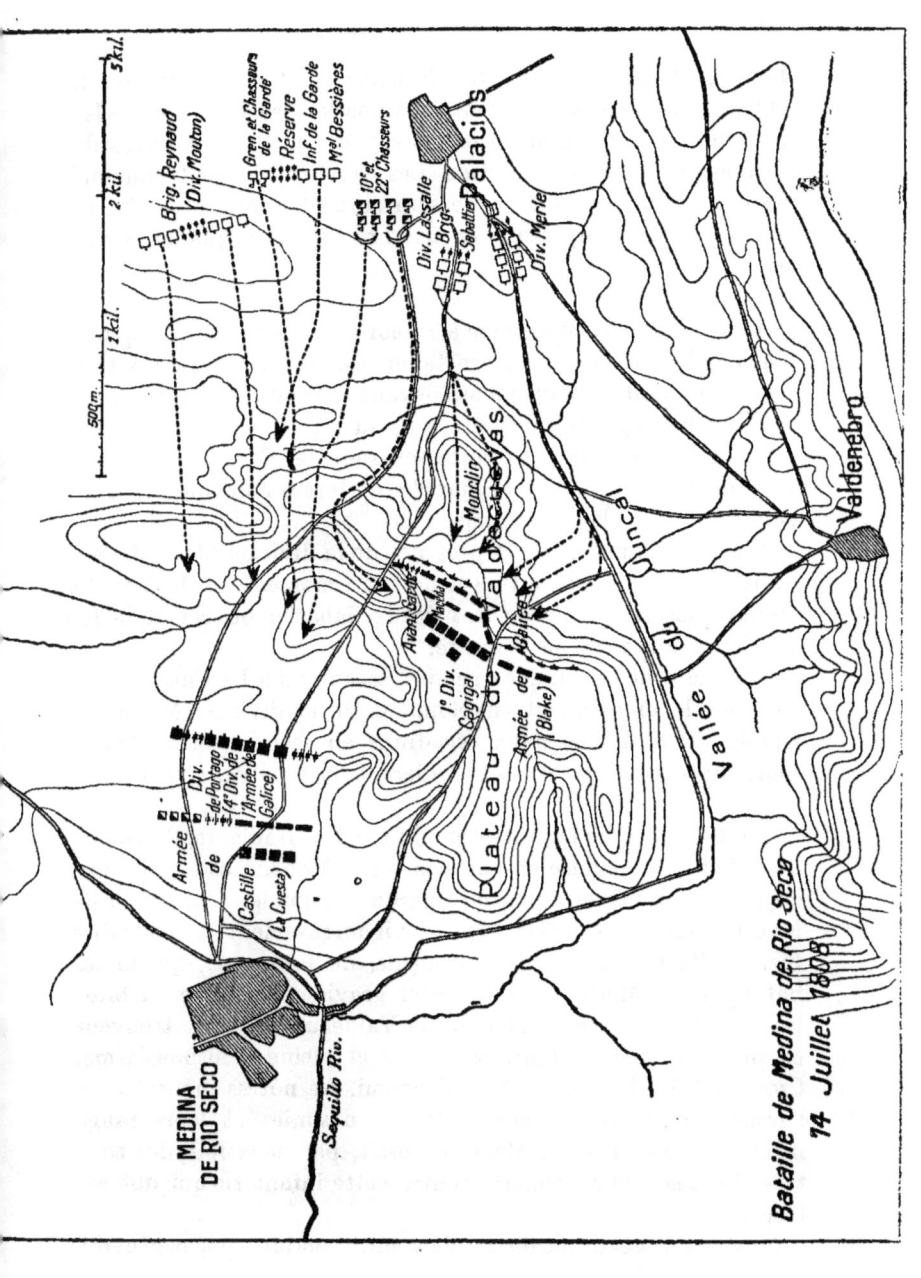

Le sol, calcaire, s'effrite sous la charrue, et les pierres que les cultivateurs enlèvent de leurs champs leur servent à clore leur propriété de murs plus ou moins élevés, qui rendent impossible l'emploi massif des escadrons. Les cavaliers devront donc agir en fourrageurs et l'infanterie sera surtout appuyée par les canons, d'ailleurs supérieurs en nombre, sinon en qualité, à ceux de l'ennemi.

Le mouvement commence à 7 heures du matin, tandis que les Espagnols achevaient de s'installer. Le trot des cavaliers français, marchant en fourrageurs devant le front, dans cette craie, souleva une épaisse poussière qui, au dire d'Arteche, cacha la marche de l'infanterie. De cette poussière, les Espagnols auraient pu conclure au moins à l'approche de forces ennemies considérables. En fait, ils furent surpris.

Blake ne s'aperçut de la présence de la division Merle dans la vallée de Juncal que vers 9 heures, au moment où, le Monclin franchi, les tirailleurs de la brigade Sabatier ouvraient le feu sur les volontaires de Navarre.

Il se hâta de demander quelques escadrons à La Cuesta, pour retarder le mouvement enveloppant de la division Merle. La Cuesta enverra bien deux escadrons au secours de sa droite, mais l'intervention de ces cavaliers, trop tardive, sera inutile.

Dès 9 h. 30, sous la protection du feu des tirailleurs, l'artillerie de Sabatier s'est mise en batterie sur le Monclin et a pris pour objectif l'infanterie de l'avant-garde espagnole. L'artillerie de Maceda, fort bien servie, répond vigoureusement et neutralise bientôt l'action des canons français, de sorte que, quand les bataillons de Merle et de Sabatier gravissent, l'arme au bras, les dernières pentes du plateau de Valdecuevas, ils se trouvent en présence d'une infanterie intacte et pleine d'enthousiasme. Croyant faire bon marché de l'ennemi, les nôtres montaient à l'assaut en désordre, leurs colonnes désunies et leurs rangs mélangés. De sorte que Maceda réussit, par deux fois, des contre-attaques à la baïonnette contre cette infanterie qui dut rétrograder.

Mais les 4 escadrons du 22e chasseurs, conduits par le général

Colbert (1), un brigadier de trente ans, s'étaient glissés le long des pentes nord du Monclin. Ils avaient gravi le plateau par un ravin escarpé et avec l'élan que leur chef savait imprimer aux charges, se jetaient sur le flanc gauche du corps de Blake, bousculant les bataillons de la 1re division, formés en colonnes, semant le désordre et l'épouvante dans cette masse surprise et incapable d'utiliser ses armes.

Cette brillante charge coûte cher en officiers : le colonel Piéton, commandant le 22e chasseurs et ses deux chefs d'escadrons qui s'étaient trop enfoncés dans les rangs ennemis, sont tués. Quant à la troupe, elle a subi peu de pertes, et le résultat est considérable.

Instruite par l'expérience, notre infanterie a recommencé son attaque avec plus d'ordre. Elle prend pied sur le plateau et elle refoule l'avant-garde espagnole en n'éprouvant, elle aussi, que des pertes insignifiantes.

Le général Darmaignac, qui s'exposait au premier rang, est assez grièvement blessé; le major commandant le 13e régiment provisoire est blessé aussi, mais conserve son commandement.

Blake fait les efforts les plus énergiques pour rétablir une situation qui s'aggrave à chaque minute. Il parcourt les rangs et, plusieurs fois, un drapeau à la main, il entraîne ses soldats à des contre-attaques désespérées. Le comte de Maceda, commandant l'avant-garde, qui combattait au premier rang des grenadiers du bataillon de Saragosse, est frappé mortellement d'une balle.

---

(1) *Colbert* (Auguste-François-Marie), né à Paris le 18 novembre 1777. Volontaire dans la Garde Nationale de Tarbes en 1792, à quinze ans; au 8e bataillon de Paris en 1793; chasseur au 7e régiment en 1794; maréchal des logis au 15e régiment de chasseurs en 1795; lieutenant au 1er bataillon de la Loire-Inférieure en 1796; aide de camp du général Grouchy en 1797; capitaine aide de camp du général Murat en 1798; fait chef d'escadrons à vingt-deux ans, en 1798, par Bonaparte sur le champ de bataille de Salaveh (Égypte); chef de brigade au 10e chasseurs en 1800; général de brigade à vingt-neuf ans, le 22 juillet 1806, au 6e corps de la Grande Armée. Tué à Cacabellos (Espagne) le 3 janvier 1809. Campagnes de l'Ouest, de Hollande, d'Irlande, de 96 en Italie; de 98 en Égypte et en Italie; de 1800 en Allemagne, de 1805, 1806, 1807 à la Grande Armée; de 1808 en Espagne. Membre de la Légion d'honneur en 1804, officier en 1806. Blessé à Saint-Jean-d'Acre (Syrie), où il a eu les deux cuisses traversées par un coup de feu (A. A. G.).

A midi, après plus d'une heure de résistance, la masse du corps de Blake, refoulée par les baïonnettes de Merle et de Sabatier, perdait pied et s'enfuyait, laissant environ 1.500 hommes sur le terrain, ainsi que tous les canons, qui ne purent même pas être encloués.

Le régiment des volontaires de Navarre, conduit par le brigadier Mendizabal, essaie de couvrir la déroute, mais débordé par l'infanterie française, pris à dos par les cavaliers, il est réduit après une deuxième contre-attaque, à suivre le torrent des fuyards. L'ensemble dévale par tous les ravineaux vers le Rio Sequillo qui, heureusement, est franchissable partout, car il est à sec. Medina de Rio Seco est traversée sans qu'on s'y arrête et les débris des troupes de Blake se hâtent vers Villafrechos.

Pendant ce temps, le corps de La Cuesta, maintenu par la division Mouton et par les escadrons restants de Lasalle, se battait vigoureusement, mais était dans l'impossibilité de porter secours à l'aile droite. Il y avait là de bonnes troupes. Quand la division Mouton se présenta, précédée par les 4 escadrons du 10ᵉ chasseurs, dont deux étaient en fourrageurs, les 2 escadrons des Gardes du corps et des carabiniers royaux, abandonnant leurs positions, partirent à la charge et bousculèrent les fourrageurs français. Mais chargés à leur tour par les deux escadrons groupés du 10ᵉ chasseurs et par deux escadrons de la Garde qui marchaient à hauteur et à gauche de la division Mouton, ils se hâtèrent de tourner bride et allèrent se reformer derrière l'infanterie et derrière l'artillerie, qui ouvrirent immédiatement le feu.

Pour laisser à son artillerie la possibilité de répondre aux canons espagnols très nombreux, et surtout pour permettre à la division Merle, qui achevait à ce moment la déroute du corps de Blake, de se rabattre sur le flanc droit de La Cuesta, le maréchal Bessières prescrivit au général Mouton de ralentir son mouvement.

La Cuesta, gagné par l'enthousiasme de ses troupes, crut à une hésitation des Français et porta ses troupes en avant. Un moment, la lutte fut chaude; les grenadiers de l'armée et les volontaires de Santiago arrivèrent jusqu'à nos canons, aux cris de « *Vive le Roi!* » et en immobilisèrent quatre. Une charge des Grenadiers et des chasseurs à cheval de la Garde les refoula.

Aussi bien, la division Mouton, « la division infernale », composée de vieux soldats qui, ceux-là, avaient vu Friedland, avançait, l'arme au bras, droit contre le centre et la gauche de la ligne espagnole. De son côté, Merle, débarrassé de Blake, descendait du plateau de Valdecuevas. Il attaquait la droite de La Cuesta avec le bataillon du 14e régiment provisoire, précédé par Lasalle qui entraînait à la charge deux escadrons du 10e chasseurs et l'escadron des grenadiers de la Garde.

Hachés par les canons, poussés par les baïonnettes, enveloppés par les cavaliers qui ont pénétré dans leurs rangs, les Espagnols se débandent, ici aussi, et s'enfuient vers Medina de Rio Seco.

Blake y était encore. Avec La Cuesta, il essaya d'y rallier quelques bataillons, tandis que la masse des fuyards, talonnée par Lasalle, se hâtait vers Villafrechos. Mais la division Mouton, sans tirer un coup de fusil, pénétrait déjà dans la ville, la baïonnette basse. Elle en chassa cette cohue.

A 2 heures de l'après-midi, tout était terminé. La Cuesta s'efforçait de canaliser vers Benavente le flot des fuyards de l'armée de Castille. Blake aiguillait ceux de l'armée de Galice vers Leon; il comptait les regrouper dans la vallée du Sil, derrière les montagnes de Manzanal et appeler là les deux divisions qu'il avait laissées en arrière.

Le rapport de Bessières porte à 5.000 morts et à 18 canons pris, les pertes des Espagnols. Avec 1.500 prisonniers, le maréchal eut l'intention de former un régiment. Quant aux états espagnols, ils n'avouent, pour les deux armées de Castille et de Galice, que 518 morts, 488 blessés, 2.171 disparus, 158 prisonniers : au total, un affaiblissement, au moins momentané, d'environ 3.000 hommes. La vérité est sans doute entre ces deux estimations. Quant aux Français, ils n'auraient perdu que 70 morts et 300 blessés (1).

---

(1) Bessières à l'Empereur, camp devant Medina de Rio Seco, 14 juillet 1808, 7 h. soir (A. N., A. F. iv 1606); victoire du maréchal Bessières sur les insurgés de la Galice, à Medina de Rio Seco, le 14 juillet 1808, rapport complémentaire (*ibid.*); Guilleminot à Berthier, Medina de Rio Seco,

Le Sequillo était à sec; l'eau manquait donc; la chaleur était accablante et les troupes étaient fatiguées. Autant d'obstacles à une poursuite vigoureuse. La cavalerie surtout souffrait de cette sécheresse et les chevaux mouraient par dizaines sur le bord des routes. Lasalle s'était bien accroché à l'ennemi avec deux escadrons de la Garde, mais cet effectif était par trop insuffisant et le maréchal se décida à rappeler ces deux escadrons pour ne pas les compromettre sans utilité (1).

Le contact de l'ennemi fut donc perdu. Medina de Rio Seco fut pillée parce que, d'un couvent, des moines avaient tiré sur les troupes et que toute la population mâle, capable de porter une arme, avait suivi La Cuesta.

Après une victoire aussi décisive, le maréchal s'attendait à de nombreuses soumissions : aucune ne se produisit et après deux jours de repos, il dut bien se décider à pousser sur Benavente.

La chaleur demeurait excessive; la cavalerie fondait. Bessières, un cavalier à la décision prompte sur le champ de bataille, était inquiet de ne plus apercevoir de but immédiat, et peu disposé à se lancer dans une guerre de montagnes en Galice.

Le 16, une petite étape le conduit à Villalpando, à mi-chemin de Benavente. Indécis, il va rester là deux jours : « L'Empereur trouvera, sans doute, écrit-il à Berthier, que j'ai marché bien lentement, mais la cavalerie marchant toujours trois ou quatre lieues en avant, j'ai dû régler les mouvements de l'infanterie d'après ses rapports. C'eût été inutilement que j'eusse fait de grandes marches, parce que l'ennemi ne s'est arrêté nulle part et qu'il a pris toutes les directions pour arriver à Benavente qu'il a entièrement évacuée hier à 3 heures du matin, pour se porter sur la Bañeza et, de là, sur Astorga et sur Leon (2). »

Il ne s'estime d'ailleurs pas assez fort pour marcher sur la Galice. Il sait que la 2e brigade de la division Mouton ne le re-

---

le 14 juillet 1808 (A. H. G., Corr. Mil., 6/10); relation espagnole insérée dans le *Journal de Badajoz* du 9 août 1808 (*ibid.*); D. G., Leg. X, n° 360; ARTECHE, *loc. cit.*, t. II, pp. 291 à 305.

(1) FOY, *loc. cit.*, t. III, p. 316.

(2) Bessières à Berthier, Villalpando, 18 juillet 1808, minuit (A. H. G. Corr. Mil., 6/11).

joindra pas, servant d'escorte au roi Joseph sur la route de Madrid ; il sait aussi que la colonne du général Lefebvre qui devait se porter de Madrid sur Valladolid, n'arrivera pas devant cette ville avant le 22 ; que même les derniers renforts à espérer ne peuvent être disponibles avant le 30 (1).

Après avoir détruit les munitions et les approvisionnements de poudre qui étaient à Villalpando, il arrive à Benavente, le 19 au matin. Il y trouve 10.000 fusils, dont 6.000 neufs, avec 20.000 cartouches.

De l'ennemi, les nouvelles sont toujours vagues et contradictoires. On dit que La Cuesta se serait retiré sur Leon, et Blake sur Astorga... Rien n'est moins certain, et au lieu de courir la campagne par cette température meurtrière, sans être sûr de trouver des vivres et de l'eau, Bessières croit bien faire en écrivant aux deux généraux espagnols, pour leur rappeler où sont leur devoir et leurs véritables intérêts.

En attendant, comme on dit que Zamora s'agite, le maréchal décide d'y aller, pour rétablir les communications avec le Portugal, qui paraissent fort précaires. Ordre est expédié aux généraux Gaulois et Lefebvre, en route pour Benavente, d'aller à Toro, et un renfort sérieux de cavalerie est demandé, car les escadrons anémiés de Lasalle vont être tout à fait insuffisants dans ces plaines immenses, où les cavaliers supporteront probablement tout le poids des opérations (2).

Mais cette expédition n'a pas lieu. Dès le 20, d'une part, les nouvelles de Zamora devenaient meilleures et de l'autre, on affirmait que La Cuesta était toujours dans la région de Leon, rassemblant même des forces importantes à Mayorga.

Gaulois et Lefebvre sont donc appelés à Mayorga et par Villafer, le maréchal arrive le 21 au soir à Valencia de don Juan, à mi-chemin entre Benavente et Leon.

Il y reçoit une députation de Leon. La ville a été abandonnée

---

(1) Bessières à Berthier, Villalpando, 18 juillet 1808, minuit (A. H. G. Corr. Mil., 6/11).

(2) Bessières à Berthier, Benavente, 19 juillet 1808 (A. H. G., Corr. Mil., 6/11).

par ses habitants, et la Junte s'est enfuie en Galice. La Cuesta, qui était là depuis le 17, est parti pour Mayorga où il rallie des troupes. Bessières décide de faire un crochet sur Mayorga où une colonne commandée par le général Bonnet viendra, de Burgos, le 23 au soir et où le général Lefebvre, venu de Valladolid, arrivera le 24. Si La Cuesta s'y trouve, on en finira avec lui (1).

La manœuvre frappe dans le vide; La Cuesta est parti le 18 pour Salamanque; il n'y a aucun insurgé à Mayorga (2). Le maréchal lance de là une proclamation aux habitants de Leon, les engageant à rentrer dans leurs villages... sans grand espoir du reste, car les mauvaises nouvelles affluent de partout : Tras os Montes serait soulevé et le général Loison menacé par des masses insurgées; Santander serait soulevée aussi.

Ce qui est bien certain, c'est que La Cuesta n'a rien répondu à la lettre qui lui a été adressée. Quant à Blake, il vient de répondre par une lettre très digne et très ferme où il remercie le maréchal d'avoir bien traité les prisonniers espagnols, mais où il déclare que l'Empereur fera bien de renoncer à son projet d'assujettir l'Espagne, quel que soit d'ailleurs le succès de ses armes; que Joseph Napoléon ne régnera pas, ou que s'il règne, ce sera sur des ruines et sur des déserts « couverts du sang des armées » (3).

Tout cela n'indique guère que la victoire de Medina de Rio Seco, qui a mis hors de cause une importante armée espagnole, ait brisé d'une manière décisive l'esprit de résistance du peuple espagnol. On a même l'impression que tout va être bientôt à recommencer, car on dit que Blake réorganise son armée de Galice dans la région de Castrillo, au pied du Teleno, dans un pays montagneux, à peu près inconnu, où Bessières répugne fort à se lancer.

La colonne Bonnet l'ayant rejoint le 23 et la colonne Lefebvre le 24, le maréchal se décide à aller à Leon, grand centre d'où il compte rayonner et maintenir tout le pays dans l'obéissance. Il y arrive le 26, et trouve la ville déserte. L'évêque, venu à sa

---

(1) Bessières à Berthier, Mayorga, 22 juillet (A. H. G., Corr. Mil., 6/11).
(2) Toreno, *loc. cit.*, t. I, p. 354.
(3) Blake à Bessières, 24 juillet 1808 (A. H. G., Corr. Mil., 6/11 *bis*).

rencontre, l'accueille avec courtoisie; il paraît être « un brave homme ».

On trouve là 12.000 fusils, que l'on détruit. On y apprend surtout que Blake a évacué Astorga, mais qu'il tient Manzanal et occupe tout le pays, derrière la chaîne des montagnes de Leon, jusqu'à Villafranca.

On ne peut songer à aller l'en déloger. La température reste extrêmement élevée. En outre, le pays est très pauvre et n'assure que difficilement la subsistance des troupes fatiguées par ces marches et ces contre-marches dont elles n'aperçoivent pas le but.

Espérant au moins intimider Blake et peut-être l'attirer dans une bataille, le maréchal décide d'aller à Astorga (1).

A Bayonne, l'Empereur avait attendu les courriers de Castille avec une impatience fébrile, et l'annonce de la victoire qui lui pravint le 17 juillet, au matin, le combla de joie.

Avant d'en savoir davantage, il déclare à son frère que « cet événement est le plus important de la guerre d'Espagne » et il ajoute : « Cette victoire est très glorieuse. Témoignez-en votre satisfaction au maréchal Bessières, en lui envoyant la Toison d'Or (2). »

Au maréchal, il écrit : « La bataille de Medina de Rio Seco sera un titre de plus à votre réputation militaire. Jamais bataille ne fut gagnée dans des circonstances plus importantes. Elle décide des affaires d'Espagne (3). »

Il en informe Murat, qui prend les eaux à Barèges (4), et il accorde cent décorations de la Légion d'honneur au corps d'armée des Pyrénées occidentales. Par la même occasion, il en accorde soixante au corps d'armée du général Dupont, pour les combats de Cordoue et de Jaen; vingt au maréchal Moncey, pour ceux de Valence; dix au général Duhesme, pour ceux de Catalogne (5). Il faut que toute l'armée se réjouisse à l'occasion de

---

(1) Bessières à Berthier, Leon, 27 juin (A. H. G., Corr. Mil., 6/11 *bis*).
(2) Napoléon à Joseph, Bayonne, 17 juillet, midi (*Corresp.*, n° 14212).
(3) Napoléon à Bessières, Bayonne, 17 juillet, 10 h. matin (*ibid.*, n° 14210).
(4) Napoléon à Murat, Marracq, 17 juillet (*ibid.*, n° 14213).
(5) Napoléon à Berthier, Bayonne, 19 juillet (*Corresp.*, n° 14217).

cette victoire, de ce second Villaviciosa qui « vaut plus qu'un renfort de 30.000 hommes » (1).

L'Empereur le croit-il réellement ou le dit-il pour ranimer le courage de ceux qui semblent sur le point de désespérer, mais il déclare que la question d'Espagne est virtuellement résolue et que le temps fera le reste. Il songe en tout cas à quitter Bayonne pour retourner à Paris où la situation de l'Europe rend sa présence indispensable.

Par la réorganisation du corps des Pyrénées occidentales, il a assuré les communications de Madrid avec la France; par une *Note sur la position actuelle des armées en Espagne*, il va fixer la manière dont les opérations militaires devront être conduites désormais dans la Péninsule.

Le corps d'armée des Pyrénées occidentales, commandé par le maréchal Bessières, a reçu depuis le 14 juillet, la composition suivante : deux divisions : Mouton et Merle; un détachement de 2.000 hommes d'infanterie et de cavalerie de la Garde, avec 6 canons; une brigade de cavalerie (2).

---

(1) Napoléon à Joseph, Bayonne, 19 juillet (*ibid.*, n° 14218).

(2) Note pour le roi d'Espagne, Marracq, 14 juill. 1808 (*Corresp.*, n° 14196). La division Mouton comprend les brigades Reynaud (4ᵉ léger, 15ᵉ de ligne et 1ᵉʳ bataillon de la Garde de Paris, avec 6 canons) et Rey (2ᵉ et 12ᵉ légers, avec 6 canons). Elle est forte de 5.100 vieux soldats.

La division Merle comprend les brigades Darmaignac (1ᵉʳ bataillon du 47ᵉ, 2 compagnies du 86ᵉ, 2ᵉ bataillon du 3ᵉ régiment suisse, avec 12 canons); Gaulois (1ᵉʳ régiment supplémentaire des réserves formé des 4ᵉˢ bataillons des 3ᵉ, 4ᵉ et 5ᵉ légions); Sabatier (120ᵉ régiment d'infanterie) et Ducos (119ᵉ régiment). Le 119ᵉ et le 120ᵉ ont été formés en vertu du décret du 7 juillet 1808; le 119ᵉ avec les 13ᵉ et 14ᵉ régiments provisoires; le 120ᵉ avec les 17ᵉ et 18ᵉ (Guilleminot à Lasalle et à Merle, Burgos, 12 juillet, A. H. G., 6 a/85).

Cette division est forte de 8.400 hommes, avec 16 canons. Le général Darmaignac ne prendra pas le commandement de sa brigade. Blessé à Medina de Rio Seco, il va être nommé général de division (Napoléon à Bessières, Bayonne, 17 juillet 1808, *Corresp.*, n° 14210).

La brigade de cavalerie comprend le 10ᵉ régiment de chasseurs (450 chevaux), le 22ᵉ (450 chevaux) et 300 chevaux de la Garde Impériale. Dans l'organisation que Bessières avait donnée à son corps d'armée, en vue de la bataille, il avait constitué pour le général Lasalle une division mixte composée des 10ᵉ et 22ᵉ chasseurs, des 17ᵉ et 18ᵉ régiments provisoires et de 8 canons (Guilleminot à Lasalle, Burgos, 11 juillet, A. H. G., 6 a/85).

Dans la pensée de l'Empereur, ce corps d'armée suffira pour tenir en respect tout ce que l'insurrection sera désormais susceptible de mettre sur pieds dans le Leon ou en Galice. Les derrières de cette masse et plus particulièrement les communications de Burgos avec Bayonne et avec Madrid seront assurées par d'autres éléments, en route ou déjà à pied d'œuvre.

Des ordres ont été donnés, le 14 juillet, pour que, Saint-Sébastien étant tenu par le général Thouvenot, à la tête d'un millier d'hommes (1), et le château de Burgos par un dépôt de 600 hommes, le général Bonnet puisse rayonner de Burgos avec une colonne mobile de 1.200 hommes, et d'Aranda avec une colonne mobile d'un millier d'hommes (2). Il y aura une autre colonne mobile à Vitoria, de 1.500 hommes, avec 2 canons (3).

Enfin, une division de réserve se constitue à Bayonne, sous le général Grandjean et une autre à Perpignan, sous le général Chabot (4), tandis que les départements frontières sont garantis

---

(1) La garnison de Saint-Sébastien est ainsi composée : un bataillon d'isolés de Saint-Sébastien, 470 hommes; 1 compagnie d'apprentis canonniers et un détachement du 1er régiment d'artillerie de marine, 191 hommes; 3 compagnies d'isolés de divers corps, 200 hommes. Au total : 861 hommes (Situation et emplacement des troupes, A. H. G.).

(2) Les colonnes mobiles de Burgos et d'Aranda, toutes les deux sous les ordres du général Bonnet comprennent :

Colonne de Burgos : convalescents, 600 hommes; 4e bataillon du 118e régiment d'infanterie, 387 hommes; 3e bataillon du dépôt général des régiments provisoires, 450 hommes; 2 compagnies du 4e régiment d'infanterie légère, 376 hommes; 12e escadron de marche, 187 hommes; 2 canons.

Colonne d'Aranda : 1 régiment de marche d'infanterie, 889 hommes; 4 pièces de canon.

(3) La colonne mobile de Vitoria, placée sous les ordres du colonel Barère comprend : le 13e escadron de marche, 178 hommes; 2 compagnies du 15e de ligne, 280 hommes; le 3e bataillon du 2e régiment d'infanterie légère, 535 hommes; le 3e bataillon du 12e régiment d'infanterie légère, 420 hommes, 2 pièces de canon; au total : 1.413 hommes et 2 canons.

(4) La *division de réserve de Bayonne* (général Grandjean) comprend 2 brigades :

1re *brigade* : 3e bataillon de la 3e légion de réserve venant de Rennes; 5e bataillon de la 4e légion de réserve venant de Versailles; 5e bataillon de la 2e légion de réserve; 2e bataillon de marche de Portugal (2 compagnies des 15e léger, 32e et 58e de ligne).

2e *brigade* : 1er et 2e bataillons des 43e et 51e régiments de ligne; 26e ré-

contre les montagnards des vallées, chacun par une colonne d'un millier d'hommes (1).

Tout semble donc avoir été prévu et le tableau que l'Empereur fait au roi Joseph de la situation des armées d'Espagne est des plus optimistes. Voici comment il raisonne :

Dans l'ensemble, la situation militaire est bonne, puisque « l'armée française occupe le centre; l'ennemi, un grand nombre de points de la circonférence ». Pour compléter une victoire certaine maintenant, il faut « du sang-froid, de la patience et du calcul et il ne faut pas épuiser les troupes en fausses marches et en contre-marches ».

---

giment de chasseurs; détachement de chevau-légers polonais et 6 pièces de canon. Au total : 6.268 hommes et 6 canons.

La division de réserve de Perpignan (général Chabot) ne comprend encore que : 3 bataillons du 2e régiment de ligne napolitain; 2 bataillons du 5e régiment de ligne italien; 1 escadron du 2e régiment de chasseurs napolitains; un détachement du 1er régiment de ligne napolitain. Au total : 1.592 hommes.. En même temps, l'Empereur se crée une nouvelle réserve au camp de Rennes où il groupe 6.000 hommes en 2 brigades (3es bataillons des 43e et 51e; 3 bataillons du 55e; 1 bataillon suisse; 1 bataillon de la 1re légion de réserve; 1 bataillon provisoire formé de 2 compagnies de chacun des 15e, 47e, 70e et 86e de ligne). (Ordre de l'Empereur, Bayonne 14 juillet 1808; Berthier à Clarke, Bayonne, 14 juillet 1808, A. H. G., Corr. Mil., 6/10.)

(1) Au total, 3.600 hommes environ étaient affectés, à cette époque, à la défense des frontières :

Colonne des Basses-Pyrénées (adjudant-commandant Lomet) : bataillon des Gardes nationales des Basses-Pyrénées; détachement de gendarmerie; compagnie de réserve des Landes et des Basses-Pyrénées; 1er régiment portugais (300 hommes) : 1.000 hommes.

Colonne des Hautes-Pyrénées (général Wouillemont) : bataillon des Gardes nationales des Hautes-Pyrénées; détachement de gendarmerie; compagnie de réserve des Hautes-Pyrénées; 2e régiment d'infanterie portugais (300 hommes) : 921 hommes.

Colonne de l'Ariège (général Miquel) : bataillon des Gardes nationales de l'Ariège et détachement de gendarmerie; compagnie de réserve de l'Ariège : 650 hommes.

Colonne de la Haute-Garonne : bataillon de la Haute-Garonne; compagnie d'infanterie basque venue de Madrid avec le grand-duc de Berg : 742 hommes.

Gardes nationales du général sénateur Lamartillière, venues de l'île d'Oléron et se réunissant à Bayonne : 5.000 hommes (en attendant des renforts). (Situation et emplacement des troupes, A. H. G.)

Dupont, trois fois vainqueur, se maintient en Andalousie, et le beau succès que Bessières a remporté avec 8.000 hommes sur des forces triples prouve bien qu'avec 20.000 hommes, il surmontera tous les obstacles.

> Il n'y a donc rien à craindre du côté du maréchal Bessières, ni dans le nord de la Castille, ni dans le royaume de Leon. Il n'y a rien à craindre à en Aragon; Saragosse tombera un jour plus tôt ou un jour plus tard. Il n'y a rien à craindre en Catalogne. Il n'y a rien à craindre pour les communications de Burgos à Bayonne, moyennant les deux colonnes qui sont organisées dans ces deux villes et qui seront renforcées. S'il y avait des événements en Biscaye, la force qui se réunit à Bayonne, formant réserve, serait suffisante pour mettre tout en ordre. S'il arrive à Burgos quelque événement trop considérable pour que la colonne mobile qui est à Burgos puisse y mettre ordre, le maréchal Bessières ne sera pas assez loin pour ne pas pouvoir faire un détachement.

L'important, maintenant, tout en continuant à assurer les communications dans le nord de la Péninsule, est de soutenir Dupont en Andalousie, et dès que Saragosse sera tombée, on soumettra d'abord Valence, puis la Catalogne. 20.000 hommes en Catalogne, 15.000 hommes devant Saragosse, 17.000 hommes avec Bessières, des colonnes de 2.000 hommes à Burgos et à Vitoria, 15.000 hommes à Saint-Sébastien, 1.000 hommes à Aranda et 25.000 hommes avec Dupont en Andalousie doivent triompher des dernières difficultés et assurer le trône du roi Joseph (1).

Ces réflexions, qui font reposer sur des chiffres, et même sur des chiffres peu importants, la soumission d'une nation fière de son glorieux passé, témoignent d'une double erreur, politique et militaire.

Politique, parce que l'Empereur se montre ici aussi peu convaincu que possible de la valeur d'un sentiment national.

Militaire, parce que, conservant personnellement son prestige sur les combattants de tous grades, il paraît faire dépendre le succès uniquement des conceptions du commandement suprême, et en aucune manière de la valeur des troupes.

---

(1) *Notes sur la position actuelle des armées en Espagne*, Bayonne, 21 juillet, *Corresp.*, n° 14223.

On est étonné de ne plus trouver aucune mention dans ses calculs du facteur soldat au cœur plus ou moins haut placé. Que le matériel humain soit français, espagnol, portugais, anglais, napolitain, suisse ou marocain, dans l'esprit de Napoléon, il est assuré de vaincre si son chef s'appelle Alexandre, Annibal ou César... Le général Bonaparte ne raisonnait pas ainsi : il a fallu, pour créer chez l'Empereur une semblable illusion, l'orgueil né des coups de foudre de Marengo, d'Austerlitz, d'Iéna et de Friedland. Ce mépris de l'homme, instrument indispensable et primordial du commandement, va perdre l'Empereur en Espagne. Plus tard, il déroutera, un moment, ceux qui chercheront dans sa correspondance le secret de l'art de la guerre.

Pour lui, l'affaire d'Espagne est terminée. « Portez-vous bien, écrit-il à son frère, le 21 juillet. Ayez courage et gaîté, et ne doutez jamais d'un plein succès (1). »

Le jour même, satisfait, il quittait Bayonne, pour « parcourir les départements, le long des Pyrénées » (2) et il était à Tarbes le 23 juillet à 10 heures du matin (3).

---

(1) Napoléon à Joseph, Bayonne, 21 juillet (*Corresp.*, n° 14222).
(2) Berthier à Bessières, Bayonne, 21 juillet (A. H. G., Corr. Mil., 6/11).
(3) Napoléon à Cambacérès, post-scruptum à une lettre commencée à Pau le 23 juillet (*Corresp.*, n° 14224).

CHAPITRE VI

JOSEPH A MADRID

SOMMAIRE

Joseph se hâte vers Madrid. — Son optimisme vite refroidi. — Sa désillusion et ses craintes. — Premier conflit avec Savary. — Le Roi arrive à Chamartin (20 juillet). — L'entrée à Madrid. — Embarras des premières heures et inertie générale. — Résistances ouvertes. — Désarroi de Joseph. — Il ne veut ni de Savary ni de Belliard. — Carence des grands corps de l'État et crise financière. — Le Conseil de Castille et la Cour des Alcades refusent de prêter au Roi le serment de fidélité. — L'esprit de 89.

C'est à Burgos, dans la nuit du 15 au 16 juillet, que Joseph apprit la victoire de Medina de Rio Seco. Cette nouvelle lui fit oublier, pour un instant, la réception par trop froide des « bonnes villes » espagnoles. Et immédiatement, il décida de se rendre à Madrid, tout droit par la route d'Almeida, qui permettait de gagner la capitale en trois jours (1).

Depuis la conclusion des affaires de Bayonne, La Forest le pressait de se montrer à son peuple. Au dire de l'ambassadeur, sa présence allait aplanir les plus inextricables difficultés, lesquelles provenaient toutes de « la haine féroce du bas peuple et de l'ignorante vanité des grands » (2). « L'Espagne, ajoutait-il, avec un humour assez peu de mise dans des circonstances aussi graves, est le pays de l'Europe où l'on croit le plus à la présence réelle (3)... »

Malgré la réserve de ceux qui l'entouraient, Joseph partageait volontiers cette manière de voir. Il comptait absolument sur sa facilité d'élocution, sur ses manières affables et

---

(1) Joseph à Napoléon, Burgos, 16 juillet 1808 (Du Casse, *loc. cit.*, t. IV).
(2) La Forest à Champagny, Madrid, 1er juillet (*Corresp. du comte de La Forest*).
(3) La Forest à Champagny, Madrid, 16 juin (*ibid.*).

sur les preuves multiples qu'il lui serait facile de donner de la pureté de ses intentions, pour conquérir ce peuple d'une manière plus sûre et plus durable que par les plus brillants coups de force.

Pourtant, dès l'entrée en Espagne, sauf Urquijo et Azanza, tous les Espagnols qui l'accompagnaient, effrayés des proportions que prenait le soulèvement du pays, terrorisés par des milliers de lettres de menaces et par les libelles enflammés distribués ou affichés partout, ne purent dissimuler ni leur mortelle inquiétude ni leur découragement. O'Farrill et Mazaredo déclaraient même ne voir le salut que dans un renfort de 50.000 hommes d'excellentes troupes françaises et de 50 millions de francs (1)... Encore ceux-là étaient-ils les plus dévoués, mais le plus grand nombre des courtisans de la première heure se cachaient sous divers prétextes. Ils finirent par s'esquiver et par abandonner le Roi.

Après Burgos, au fur et à mesure que l'on avançait sur la route de Madrid, la situation apparaissait tous les jours plus tragique. Les localités que traversait ce cortège royal escorté de troupes, étaient totalement dépourvues de ressources et abandonnées par la plupart de leurs habitants. Les visages des gens qui y étaient restés étaient barrés ou franchement hostiles. Les régiments espagnols désertaient.

Les courriers n'arrivaient qu'avec de grands retards et ayant couru des dangers. Tous les rapports montraient les Anglais débarquant en Espagne, les Espagnols de toutes les provinces courant aux armes, l'insurrection s'organisant partout, nos moyens, déjà bien faibles, diminuant à vue d'œil. Joseph, sans désespérer de réussir là où d'autres avaient échoué, commençait à avoir conscience de l'immensité de sa tâche.

> Que Votre Majesté se ne flatte pas, écrivit-il à l'Empereur en arrivant à Aranda, le 19 juillet : tout ce que je lui dis n'est pas exagéré : il faut 50.000 hommes et 50 millions dans le plus court espace ; le double ne suffirait pas dans trois mois (2).

---

(1) Joseph à Napoléon, Burgos, 18 juillet, 3 h. matin (Du Casse, *loc. cit.*, t. IV).

(2) Joseph à Napoléon, Aranda, 19 juillet (Du Casse, t. IV).

C'est un atroce débordement de haine qu'accusent des milliers de pamphlets insultants pour le Roi intrus, « *don Jose Botellas, rey imaginario de España* »; pour Napoléon, « *Napoladron, Apollyon* ou le Destructeur, l'*Antechrist* »; pour les Français pillards, voleurs, suppôts du diable, « *les punaises de l'Europe* » (1). Il n'y avait pas jusqu'à l'élocution facile et brillante dont Joseph était très fier et qu'il aimait à déployer, qui ne lui fût nuisible. Il avait appris l'espagnol tant bien que mal, et désirant plaire à son peuple, il prononçait des allocutions dans cette langue. Malheureusement, son débit était incorrect et son accent fortement italien. Tout de suite, il excita le rire et fut ridiculisé; or en Espagne, peut-être encore plus qu'en France, le ridicule tue (2). Il était fin; il ressentit vivement ce premier affront et en fut aussi affligé que s'il avait perdu une grande bataille.

C'est qu'en réalité ceci en était une décisive pour lui qui rêvait de conquérir son peuple par son affabilité, par sa douceur, par des bienfaits, même par des abdications allant jusqu'à faire litière de sa qualité de Français.

Si encore il eût été le maître de régler à sa guise les mouvements des armées qui sillonnaient son royaume, retardant, à son avis, la pacification du pays et exacerbant les colères!... Mais, malgré ses réclamations, il sentait bien que son autorité royale était méconnue des généraux de l'Empereur.

Comme il le devait, puisqu'il était le Roi, il avait transmis au général Savary, dès qu'il les avait reçues, les instructions de l'Empereur, prescrivant l'envoi de la division Gobert en Andalousie, au secours de Dupont, et le maintien de Moncey à San Clemente. Il avait même insisté dans le sens d'une exécution immédiate, car il désirait par-dessus tout, maintenir l'insurrection loin de Madrid.

Or, au moment où il franchissait la Sierra Morena, il eut le dépit de constater que le général Savary en usait à sa guise,

---

(1) Voir ces pamphlets aux Archives nationales où ils remplissent plusieurs cartons (A. N., A. F. IV 1607 à 1610).
(2) TORENO, *loc. cit.*, p. 357.

et tenait ses instructions pour inexistantes. Dans une lettre ouverte au major général Berthier, lettre qui lui fut, par hasard, communiquée au passage, le général n'expliquait-il pas justement qu'il était nécessaire de concentrer encore davantage les forces françaises autour de la capitale?

Le Roi était nerveux. Il vit dans cette attitude tout au moins un manque de déférence et il se cabra :

> Que Votre Majesté me dise nettement, écrivit-il à l'Empereur, quels sont mes rapports avec le général Savary. *Est-ce lui ou moi qui a le droit de commander?* Ce droit ne peut se partager... Le roi d'Espagne, quand l'Espagne est insurgée et qu'une armée de 100.000 hommes est dans son sein, c'est le général qui la commande. Suis-je cet homme-là? Je prie V. M. de me donner ses ordres là-dessus d'une manière claire et précise. V. M. est dans l'erreur lorsqu'elle paraît penser que je ne suis pas en état d'entendre ses instructions; que je ne saurai pas prendre le bon parti et le soutenir avec toute la fermeté convenable. A mon âge et dans ma position, je puis *avoir des conseillers, mais non des maîtres en Espagne*... Le sentiment de ma sûreté, de celle de l'armée, ne doit pas me faire dissimuler davantage que Savary est moins propre qu'un autre à commander à Madrid. Il a rempli des fonctions pénibles; il a été chargé d'une mission qui le rend odieux. Bessières, Moncey, Dupont ne sont pas bien pour lui. V. M. fera ce qu'elle voudra, mais la tempête est trop forte pour que je me perde par des ménagements qui ne sont pas de saison (1).

Le 20 juillet, le Roi arrive à Chamartin, d'où il peut apercevoir les fumées de Madrid. La presque totalité des Espagnols partis avec lui de Bayonne l'ont abandonné. Il veut encore espérer que plusieurs d'entre eux, sur la fidélité de qui il comptait, n'ont fait que le précéder dans la capitale, pour donner plus d'éclat à la réception qu'on lui ménage.

Il descend dans la maison de campagne du duc de l'Infantado. Savary, Belliard, La Forest y sont venus au-devant de lui et on règle le cérémonial de l'entrée solennelle dans Madrid.

Illusion tenace? Aveuglement volontaire? Le Roi voulait attendre là le retour des Grands d'Espagne qui l'avaient devancé et qui devaient figurer dans son cortège.

Or, il apprend que le texte de la Constitution qui aurait dû, à cette heure, être imprimé et distribué, à toutes les autorités par les soins du Conseil de Castille, est toujours à l'étude; que

---

(1) Joseph à Napoléon, Buitrago, 19 juillet (Du Casse, *loc. cit.*, t. IV).

même, en dépit des ordres des ministres, un cahier de remontrances a été rédigé. Les ministres lui conseillent de passer outre et de proclamer tout simplement la Constitution devant une Assemblée extraordinaire des Grands, des titrés de Castille et des députés de Bayonne ayant voix aux Cortès (1). Il n'ose pas le faire, et remet sa décision au lendemain.

Il était 6 heures du soir. Savary se décida à brusquer le départ, pour ne pas entrer dans la capitale à la nuit close, ce qui eût produit le plus détestable effet et rendu, au surplus, inopérantes les mesures de précaution qui avaient été prises.

La garnison de Madrid était tout entière en haie, l'arme au pied, depuis la porte des Recoletos jusqu'au Palais, le long de la rue d'Alcala et de la rue Mayor.

M. de Girardin accompagnait le Roi. Il raconte que pour réduire au minimum les risques d'attentat, Savary avait interdit aux Espagnols de se mettre aux fenêtres (2). Toreno affirme au contraire que des ordres avaient été donnés pour que les maisons fussent pavoisées, que toute la population se montrât; que les cloches des églises et des couvents sonnassent à toute volée.

La Forest dit que les maisons étaient tapissées, malgré les billets menaçant de mort leurs propriétaires, mais il ajoute que les grands étaient prudents et n'osaient affronter l'insurrection; que des bruits circulaient déjà d'une défaite de Dupont.

Le vrai, c'est que cette entrée « solennelle » fut lugubre. Sur le parcours, presque aucune maison n'était ornée; la plupart des fenêtres étaient closes, et dans la rue chacun vaquait à ses occupations habituelles. Un moment, un cri de « *Vive Ferdinand VII!* » occasionna une panique et fit déserte la chaussée. Les cloches sonnaient, mais lentement et tristement, comme pour le glas funèbre (3).

---

(1) La Forest à Champagny, Madrid, 23 juillet (A. E., vol. 676, Espagne, fol. 395).
(2) *Journal de Stanislas Girardin*, t. II, p. 120 et suiv.
(3) Toreno, *loc. cit.*, t. I, pp. 355 et suiv.; Schepeler, *loc. cit.*, p. 444. La Forest à Champagny, 26 juillet (A. E., vol. 675, Espagne, fol. 408, p. 173).

Le Roi sut ne paraître ni offensé ni dépité. Aucune récrimination dans sa correspondance. A peine observe-t-il à l'Empereur que sa réception à Naples avait été plus cordiale (1).

Dès la première minute, d'ailleurs, il se trouva aux prises avec les pires difficultés de toute nature, en présence desquelles le mauvais souvenir de l'entrée à Madrid ne tarda pas à s'estomper.

Les soldats espagnols désertaient, par unités constituées et maintenant, les habitants de Madrid quittaient la capitale, eux aussi, pour aller se joindre aux insurgés.

Les mauvaises dispositions du Conseil de Castille n'étaient pas dissimulées. Le Roi dut donner à cette Haute Assemblée, le 21, l'ordre de se soumettre et de publier la Constitution, ordre péremptoire que le Conseil n'exécutera que le lendemain, en présentant un cahier de remontrances.

Les ministres, surpris de la violence du sentiment national, ne savaient plus que conseiller.

Le Roi aurait voulu faire de Caballero son ministre de l'Intérieur. Intelligence souple, celui-là connaissait la mentalité du peuple espagnol et était susceptible de rendre les plus grands services. Malheureusement, il était connu comme l'homme de confiance de la reine Marie-Louise et comme l'ennemi de Ferdinand VII et ces deux titres rendaient sa présence impossible au gouvernement. Les ministres menacèrent donc de se retirer, plutôt que de collaborer avec lui (2).

Les ministres ont prêté serment, le 21 au soir. Le Conseil d'État et le Conseil des Indes n'accompliront cette formalité que le 23 à midi. Les Conseils de Castille, des Finances, de la Guerre et des Ordres, se réserveront (3)...

Si les nouvelles qui affluent de tous les points du territoire, montrent l'insurrection victorieuse, la jactance des mécontents s'en trouve accrue; si elles la montrent réprimée, on parle

---

(1) Joseph à Napoléon, Madrid, 20 juillet, 11 h. soir (Du Casse, t. IV).

(2) Joseph à Napoléon, Madrid, 21 juillet, 10 h. soir (Du Casse, *loc. cit.*, t. IV).

(3) La Forest à Champagny, Madrid, 23 juillet (A. E., vol. 675, Espagne, fol. 395).

de la brutalité des troupes françaises, et la fureur du peuple se trouve exacerbée. Le pillage de Cuenca par Caulaincourt excite l'indignation, de sorte que Joseph s'en plaint à l'Empereur :

> Il faudra que je me résolve à faire des exemples de quelques officiers, écrit-il le 23 juillet. La confiance ne peut plus se rétablir : ce que je fais d'un côté est détruit de l'autre...

Il est vrai qu'il terminait cette lettre sur une tout autre note, accentuant la désorientation de son esprit :

> Il n'y a plus que la force qui puisse terminer ceci... C'est le moment des plus grands efforts si V. M. ne veut pas échouer en Espagne (1).

Déjà, le 21, il avait écrit à sa femme, arrivée à Lyon, de ne pas venir à Madrid, mais d'aller prendre les eaux à Barèges ou d'aller passer à Paris les fortes chaleurs, en attendant de connaître la tournure que prendraient les affaires (2).

Or, à partir du 21, des bruits circulent dans Madrid, annonçant avec persistance une défaite de Dupont en Andalousie (3). Personne ne veut y croire : ni Joseph, ni Savary, ni Belliard, mais l'esprit public ne laisse pas d'être fort troublé.

Joseph ne sait trop que penser, encore moins à quel parti s'arrêter, mais comme il incline toujours à ménager les Espagnols, la présence de Savary et de Belliard à Madrid l'irrite. Il voit en eux les agents de cette manière forte qui lui répugne, l'empêche de réaliser ses bonnes intentions et le met dans une situation inextricable. Savary surtout lui est odieux, parce qu'il est odieux aux Espagnols; qu'il est autoritaire, brutal et qu'il manque de tact. Il appellera un jour les deux généraux et il le leur dira nettement : « J'attends Jourdan incessamment. Je suis habitué à lui et lui à moi. Ensuite, j'ai Saligny; c'est tout ce qu'il me faut (4). »

Le 24, quatre jours après l'arrivée du Roi, le Conseil des Indes et le Conseil d'État sont les seuls à avoir prêté serment entre

---

(1) Joseph à Napoléon, Madrid, 23 juillet (Du Casse, loc. cit., t. IV).
(2) Joseph à Napoléon, Madrid, 21 juillet, 10 h. soir (ibid.).
(3) Joseph à Napoléon, Madrid, 23 juillet (ibid).
(4) Savary à Napoléon, Madrid, 27 juillet.

ses mains et Mazaredo a été impuissant à obtenir cet acte solennel des généraux de marine. Les partisans les plus ardents de la nouvelle dynastie : le duc de l'Infantado et Castelfranco, sont découragés :

> Henri IV avait un parti, écrit Joseph à l'Empereur; Philippe V n'avait à combattre « qu'un compétiteur », et moi, j'ai pour ennemi une nation de 12 millions d'habitants... Les honnêtes gens ne sont pas plus pour moi que les coquins. Non, Sire, vous êtes dans l'erreur; votre gloire échouera en Espagne. Mon tombeau signalera votre impuissance, car personne ne doutera de votre affection pour moi... Cependant, 50.000 hommes de bonnes troupes, 50 millions avant trois mois peuvent tout rétablir; le rappel de 5 ou 6 généraux, l'envoi de Jourdan, de Maurice Mathieu, qui sont d'honnêtes gens; une grande confiance en moi, un empire absolu sur les officiers qui se conduisent mal; l'union de toutes ces mesures peut seule sauver ce pays et l'armée... (1).

En réalité, il fallait autre chose que des vertus bourgeoises pour dénouer une situation aussi compliquée.

L'esprit public se révélait irréductible. Le peuple de Madrid, à qui des spectacles et des courses de taureaux étaient offerts gratuitement tous les jours; qui recevait de l'argent et des rafraîchissements dans les rues, acceptait volontiers ces faveurs, et s'en réjouissait, mais conservait tout de même son attitude hostile à l'égard des Français. Nos armées semblaient arrêtées partout. Saragosse résistait; Bessières s'était enfoncé vers la Galice et on craignait qu'il ne s'y compromît; quant à Dupont, on estimait qu'il serait fort heureux s'il dégageait son armée d'Andalousie (2).

Au milieu de ces mortelles préoccupations, les grands corps de l'État avaient organisé une sorte de grève perlée, qui rendait impossible tout travail et toute étude des affaires de l'État. Le Roi travaillait avec ses ministres durant quinze heures par journée, et rien n'aboutissait. Comment envisager, dans ces conditions, la possibilité de restaurer les affaires du pays.

---

(1) Joseph à Napoléon, Madrid, 24 juillet (Du Casse, loc. cit., t. IV).
(2) La Forest à Champagny, Madrid, 28 juillet (A. E., vol. 675, Espagne, fol. 413). Dans quelque heures, l'ambassadeur allait savoir, lui aussi, ce que le roi savait déjà depuis l'avant-veille : le désastre de Bailen. (voir plus loin, livre XII, chapitre VII : *Joseph évacue Madrid*, où est traitée la question militaire).

Le rapport mis sur pied par le ministre des Finances Cabarrus sur l'état économique, la dette publique et les contributions est tout à fait pessimiste.

Le Trésor est vide et les 50 millions nécessaires pour assurer l'entretien de l'armée française, doivent être fournis par des contributions. Or ces contributions, les provinces insurgées refusent de les payer et force est bien d'en faire tomber tout le poids sur les quelques provinces occupées par nos troupes. Singulier moyen de gagner le pays où l'on vit, que de l'écraser de charges disproportionnées et de le réduire à la misère ! Pourtant, l'ordre de l'Empereur est formel et un impôt extraordinaire de 8 % sur les produits agricoles frappe déjà le Leon, la Navarre, l'Alava, le Quipuzcoa et la Biscaye, en dépit des démarches de nombreuses députations qui assiègent le palais royal, venant dire le désespoir du peuple pressuré. Et, en attendant, l'argent ne rentrant pas, on ne peut ni payer les pensions ni nourrir convenablement les troupes (1).

La Banque de France devait bien avancer 25 millions de francs au Trésor espagnol, mais l'Empereur ne voulait autoriser le versement de ces fonds que contre des garanties que l'Espagne était dans l'impossibilité de donner.

Le 6 juillet, une avance de 6 millions avait été consentie contre l'envoi à Paris de diamants représentant une valeur à peu près égale, mais même la liquidation de cette affaire était en suspens, comme le reste (2).

Après un travail acharné, Joseph réussit enfin, le 30 juillet, à mettre sur pied un projet de Caisse de Consolidation, destinée au moins à empêcher la banqueroute, mais le 30 juillet, il fallait déjà se hâter de quitter Madrid et cette œuvre excellente ne vit pas le jour (3).

Il n'y avait pas jusqu'aux questions d'étiquette, si capi-

---

(1) Joseph à Napoléon, Madrid (Du Casse, t. IV, p. 324 et note B').
(2) Napoléon à Maret, Bayonne, 7 juillet (*Corresp.*, n° 14162). La Forest à Champagny, Madrid, 28 juillet (A. E., vol. 675, Espagne, fol. 413).
(3) Décret royal sur l'organisation de la Caisse de Consolidation (A. N. AF IV 1608).

tales en Espagne, qui ne fussent l'objet des plus lancinantes préoccupations.

La cérémonie solennelle du couronnement avait été fixée au 25 juillet, jour de Saint-Jacques. Or, à cette date, la population de Madrid, excitée par la nouvelle d'un désastre de Dupont en Andalousie, quittait en masse la capitale. Les domestiques du duc Del Parque abandonnaient leur maître, en lui écrivant qu'ils allaient à l'armée. Un Espagnol, employé chez le Roi qui se croyait sûr de son dévouement, partait aussi, se vantant d'avoir empoisonné le Grand-Duc de Berg (1)...

L'étiquette voulait que le grand écuyer annonçât publiquement la cérémonie du couronnement. Pour ne pas remplir cet office, le comte d'Altamira, grand écuyer, se déclara malade et il fallut le remplacer d'urgence par le comte de Campo Alange.

Enfin, à l'issue du couronnement, les Grands Corps de l'État devaient prêter serment entre les mains du nouveau Roi. Le Conseil de Castille et la Cour des Alcades s'y refusèrent encore une fois.

« Tout a été médiocrement », conclut le malheureux Roi, qui reconnaît bien, dans ces manifestations non équivoques d'une réprobation générale, le même esprit qui, à une autre époque, avait soulevé la France contre un régime abhorré : « C'est le même esprit qu'en 89 », écrit-il à l'Empereur. Et en disant son admiration pour le duc de Frias, qui, bravant les « caquets », vient constamment au palais, à pied ou à cheval, seul de tous les Grands ; en parlant de « l'impossibilité » de d'Azanza, il ne fait que souligner à quel point il y a du danger ici à être de son parti et combien il est seul, au milieu des baïonnettes françaises.

Il en était là quand, dans la nuit du 25 au 26, on lui communiqua le texte officiel de la capitulation signée par Dupont à Bailen, pour toute l'armée d'Andalousie.

---

(1) Joseph à Napoléon, Madrid, 24 juillet, 11 h. soir (Du Casse, *loc. cit.*, t. IV).

LE MARÉCHAL BESSIÈRES, DUC D'ISTRIE

LIVRE VIII

BAILEN

CHAPITRE I

DUPONT A ANDUJAR

SOMMAIRE

Dupont réduit à la défensive à Andujar. Manque de vivres. Expédition de Jaen. — Le détachement Baste va au-devant de la division Vedel. — La marche de la division Vedel. — Vedel force le défilé du Despeña Perros. — Instructions données à Dupont. — Divergences de vues entre l'Empereur et Savary sur la situation en Andalousie. — Note de l'Empereur pour le général Savary. — Désappointement de Dupont, à la réception des lettres de Savary. — Dupont appelle Vedel à Bailen. — Affaire de Jaen. — Situation difficile de Dupont à Andujar et de Vedel à Bailen. — Dupont veut reprendre la marche sur Séville. — Conflit avec Madrid. — Castanos à Utrera. — Concentration des forces de Séville et de Grenade. — Réorganisation de l'armée d'Andalousie. — Le plan de Porcuna.

En effet, des événements décisifs s'étaient produits en Andalousie.

Nous avons laissé Dupont, après sa victoire d'Alcolea, qui lui avait ouvert les portes de Cordoue, obligé de se replier, le 18 juin, sur Andujar avec la 1ʳᵉ division d'infanterie Barbou et la division de cavalerie Fresia, de son corps d'armée.

Encore là, il se sent complètement isolé, sans nouvelles de Madrid, au milieu de populations fanatiques. On lui refuse des vivres et les petits détachements sont massacrés. En outre, la division française ne va pas tarder à être serrée de près par les divisions de Castaños qui, tout en achevant de s'organiser, se rapprochent du Guadalquivir.

Surtout, le problème qui s'est posé ici, dès le premier jour, avec une acuité tragique, est celui des vivres. Le pays n'est pas ruiné, certes, mais partout les habitants ont déserté les villages et les récoltes demeurent sur pied. Or, sous ce soleil épuisant, au milieu des alertes, des marches et des contre-marches continuelles, l'exploitation des ressources par la main-d'œuvre militaire, ne peut être qu'un expédient de courte durée.

Dès le 19, Dupont essaye d'un coup de force, autant pour rendre les populations plus souples, que pour se procurer réellement quelques ressources. Le détachement des marins de la Garde du capitaine de frégate Baste, fort de 800 hommes, appuyé par 200 cavaliers, un obusier de 8 pouces et un canon de 4, est envoyé à Jaen, avec mission d'y réquisitionner 15.000 rations de pain, de vin et de viande : de quoi vivre pendant une journée.

Baste trouve à Jaen un millier de soldats réguliers, 250 cavaliers et une nuée de paysans armés. Ces forces sont solidement retranchées dans le château fort, sur le plateau des Trois Moulins et aux abords de la ville.

Pourparlers inutiles. Le 20 juin, dès midi, on tiraille. Les hauteurs sont enlevées à la baïonnette, et à 8 heures du soir, la lutte se poursuit dans les rues de la ville. Peu de pertes; à peine 5 blessés, d'après le rapport de Baste, mais c'étaient tout de même là de bien grands efforts pour se procurer un jour de vivres.

La ville fut punie de deux heures de pillage et le détachement était de retour à Andujar, le 22, avec son convoi (1).

Ce soir-là, un courrier arrive, miraculeusement échappé aux insurgés. Il annonce que la division Vedel sera à Andujar le 26.

Elle arrivera... si elle peut franchir les défilés de la Sierra Morena que Dupont sait déjà occupés par l'ennemi.

Le détachement Baste vient de rentrer. Sans désemparer, il va partir pour la Caroline. Si l'ennemi s'y trouve, il le prendra à revers et dégagera la route. Baste remettra au général Vedel l'ordre de transmettre à Madrid à la fois la nouvelle de la prise

---

(1) Baste à Vedel, Santa Elena, 27 juin (A. H. G., Corr. Mil., 6/9).

de Cordoue et une demande instante de renforts pour que l'opération sur Séville puisse être reprise au plus vite. Il restera ensuite à la Caroline avec ses marins pour y attendre la 3e division du corps d'armée, si celle-ci, ce qui est probable, doit suivre la 2e (1).

L'arrivée de Baste à la Caroline fut des plus opportunes. Dans un défilé aussi étroit et aussi effroyablement escarpé, une poignée de gens résolus, pourvus de cartouches, peut arrêter une armée; or un détachement de la division de La Peña, fort d'un bataillon de volontaires d'Aragon, de 3 compagnies de la côte et de 100 Suisses, opérait déjà dans cette région (2).

Les Espagnols s'étaient portés au nord du défilé, dans lequel ils n'avaient heureusement laissé personne. Ils s'occupaient à retarder la marche de la division Vedel. A *Pinos de los Paraderos*, tout près de *la Caroline*, le parapet séparant la route de l'abîme avait été détruit et de puissantes barrières, munies de grilles de fer, interdisaient le passage. Mais de défenseurs, aucun... Les Français se mettent en devoir de détruire la barricade et de réparer la route, en attendant la division annoncée (3).

La division Vedel s'était mise en route après avoir rallié à *Madridejos* divers détachements : le 6e régiment provisoire de dragons, que le général Bourcier conduisait à la division Fresia; le détachement du général Roize, grossi d'un bataillon de convalescents de la 1re division d'infanterie; celui du général Liger-Belair, affaiblie de ses chasseurs à cheval, envoyés à Madrid pour escorter le roi Joseph, et de ses dragons, laissés à Madridejos, pour y attendre la division Frère (4).

C'est à marches forcées qu'on a traversé les plaines monotones de la Manche et qu'on est parvenu au pied de la Sierra Morena. Le moral de tous est péniblement impressionné par les signes non équivoques de la haine des habitants (5).

---

(1) Dupont à Vedel. Q. G. d'Andujar, 23 juin (A. N., B B 30, 97).
(2) Voir t. II de la *Guerre d'Espagne*, p. 172.
(3) Vedel à Belliard, Manzanares, 22 juin (A. N., B B 30, 97).
(4) Vedel à Belliard, Madridejos, 20 juin (A. H. G., Coor. Mil., 6/9).
(5) *Mémoires militaires du lieutenant général comte de Vedel, sur la Campagne d'Andalousie en 1808* (Cité par Titeux).

A Manzanares, quelques renseignements sur Dupont, extrêmement vagues et fort suspects : la division Barbou serait à *Carmona*, à 6 lieues de Séville, mais certainement l'ennemi occupe le *Despeña Perros* et il faudra livrer bataille pour s'ouvrir un passage. Les campagnes sont désertes; il y a 12 habitants à *Valdepeñas*; il n'y a personne à *Santa Cruz*. Le ravitaillement par le pays est décidément impossible, et pendant deux jours entiers, le biscuit n'arrivant pas, les soldats seront réduits à vivre de racines (1).

De Murat, ou plutôt de Savary, qui dirige les affaires en son nom et qui a été prévenu, on ne reçoit que des conseils de prudence. Il faut forcer le passage, pour ouvrir les communications avec Dupont, mais après cela, il conviendrait de ne pas dépasser la gorge, pour être bien sûr de la conserver et n'être pas coupé de Madrid, comme Dupont. Savary explique même la méthode à suivre pour attaquer la passe :

> Si comme vous l'avez mandé, écrit Belliard en son nom, les insurgés ont barricadé la route, il faut grimper la montagne, tourner leur position, tirer quelques coups de fusil sur les derrières et bientôt ils vous abandonneront leurs batteries et leurs retranchements. Vous savez comment cela se pratique, mon général; vous avez fait la guerre de montagne contre de braves troupes que vous avez battues, et il ne vous sera pas difficile d'avoir raison de cette canaille...

Au surplus, les directions générales demeurent les mêmes; il faut désarmer le pays; ne laisser des armes qu'aux riches habitants et aux principaux propriétaires qui formeront une compagnie de Garde nationale, dont l'état nominatif sera envoyé à Madrid et qui sera chargée d'assurer l'ordre. Surtout Vedel doit se rendre maître des gorges et ne pas les franchir tant qu'il n'aura pas de nouvelles précises du général Dupont, pour ne pas laisser enfermer la division Barbou et se faire enfermer avec elle, en Andalousie, au sud des montagnes (2).

Quand il reçut ces instructions, Vedel était déjà maître de l'entrée nord du Despeña Perros. Le 26 juin, à 8 h. 30 du matin, il était arrivé à l'entrée du défilé. Accueilli à coups de fusil,

---
(1) Vedel à Belliard, Manzanares, 22 juin (A. N., BB 30, 97).
(2) Belliard à Vedel, Madrid, 24 juin, minuit (A. N., BB 30, 97).

il avait chargé le général Poinsot d' « amuser » l'ennemi sur la route avec son avant-garde : la 5ᵉ légion et 100 dragons (1) et envoyé dans les rochers, à droite et à gauche de la passe, plusieurs compagnies qui avaient débordé la barricade (2).

Après deux heures de résistance, les Espagnols avaient pris la fuite, abandonnant sur le terrain 6 pièces en batterie, des vivres, des munitions et 300 cadavres (3). Cette brillante affaire ne nous coûtait que 6 dragons et une trentaine d'hommes de la 5ᵉ légion, tués ou blessés (4).

Encore que Vedel n'en dise rien, nous savons que la présence du détachement Baste au débouché sud du défilé, facilita grandement le succès, en obligeant l'ennemi à hâter sa retraite.

Baste arriva à Sainte-Elena le 27, à 5 heures du matin, et il y trouva les avant-postes de Vedel. Les Espagnols avaient disparu (5). Les communications étaient donc désormais ouvertes entre Andujar et Madrid.

Le 27, à 2 heures de l'après-midi, la division Vedel s'installait au bivouac près de la Caroline, se rapprochant ainsi d'Andujar, sans trop s'éloigner du défilé. En outre, comme aucune certitude n'existait de l'arrivée plus ou moins lointaine de la division Frère, le général prescrivit au capitaine Baste de rejoindre Andujar avec son détachement.

Dans les gorges de la Sierra Morena, nos soldats frémirent au spectacle de la férocité des populations.

A la Caroline, on trouva des hommes embrochés et rôtis, ainsi que les restes déchiquetés des compagnons de voyage du malheureux général René, entre autres ceux du commissaire Vosgien, dont le corps avait été scié en trois morceaux (6).

Des soldats français avaient été enterrés vivants jusqu'au cou, leurs têtes restant exposées au soleil brûlant et aux piqûres des insectes.

---

(1) Journal du général Poinsot (A. N., BB 30, 97).
(2) Vedel à Belliard, Sainte-Elena, 27 juin (A. H. G., Corr. Mil., 6/9).
(3) Vedel à Belliard, Las dos poblaciones de Sainte-Elena, 27 juin (A. N., BB 30/97).
(4) Journal du général Poinsot.
(5) Capitaine de frégate Baste à général Vedel, Sainte-Elena, 27 juin (A. H. G., Coor. Mil., 6/9).
(6) Journal du général Poinsot (A. H. G.).

Une proclamation que le général Verdier crut devoir adresser aux habitants, au nom du Grand-Duc de Berg, lieutenant général du royaume, n'amènera personne à réintégrer les chaumières abandonnées (1).

Le commandant Baste portait au général Dupont deux lettres où le général Belliard reproduisait pour le commandant du corps de la Gironde les conseils de prudence donnés au général Vedel.

Il fallait se montrer circonspect et n'entamer aucune opération qui, dans la situation actuelle des affaires de la Péninsule, « ne pourrait pas être suivie d'un succès décisif ».

L'intention de l'Empereur, écrivait le chef d'État-major le 22 juin, n'est point de commencer une guerre régulière dans le Midi de l'Espagne, avant la réunion au corps de M. le maréchal Bessières des divisions de vieilles troupes venues en poste de France, et qui doivent porter ce corps à plus de 30.000 baïonnettes. Ces troupes entreront le 24 en Espagne. Son Altesse impériale attend encore l'arrivée de quelques troupes venant des expéditions de Saragosse et de Catalogne...

En conséquence, Dupont était autorisé même, si ses deux divisions n'étaient pas suffisantes « pour maîtriser totalement la campagne », à se rapprocher de Madrid, d'où Murat viendrait au devant de lui avec les forces nécessaires pour livrer une bataille décisive.

Les instructions étaient surtout formelles sur ce point, que toute entreprise offensive dans le Midi de l'Espagne devait être suspendue, tant que le maréchal Bessières dans le Nord et le maréchal Moncey vers Valence, n'auraient pas obtenu des résultats positifs (2).

Une deuxième lettre, datée du 24 juin, donnait une vue d'ensemble sur les opérations en cours dans les diverses provinces. Elle relatait les succès remportés par Merle vers Reynosa; l'arrivée de Ducos à Soncillo; celle de Lefebvre Desnoëttes devant Saragosse.

Un compte rendu était joint à ce courrier, par lequel le général

---

(1) Proclamation aux habitants de la Caroline, 28 juin (A. H. G., **Corr. Mil.**, 6/9).
(2) Belliard à Dupont, Madrid, 22 juin (A. N., BB 30/97).

Vedel donnait à son commandant de corps d'armée des détails sur le combat de Despeña Perros. Il l'avertissait qu'il avait l'ordre de ne pas franchir la Sierra Morena et qu'obligé de rester dans la Manche prête à se soulever, il se tenait à portée de recueillir la division Barbou, quand celle-ci repasserait les montagnes. Ce mouvement de repli, le général le tenait pour ordonné par Madrid et il le supposait très prochain. Il annonçait sa décision de s'installer le jour même à la Caroline pour rendre les communications plus faciles entre les deux divisions du corps de la Gironde (1).

Les nouvelles instructions reçues par Dupont ne le poussaient donc plus sur Cadix. Elles l'incitaient au contraire formellement à la prudence. Ce revirement exige une explication.

Au milieu de ses préoccupations multiples et des conflits d'autorité auxquels donnaient lieu sa situation mal définie et l'insuffisance de son grade en présence d'une armée dont certains corps étaient commandés par des maréchaux, le duc de Rovigo avait eu l'incontestable mérite de comprendre, dès son arrivée à Madrid, le danger que courait Dupont, isolé avec une seule division au sud de la Sierra Morena (2).

En parcourant l'Espagne, il avait senti frémir cet immense pays et les rapports de ses émissaires secrets, joints à ses observations personnelles, ne lui avaient laissé aucune illusion sur la gravité du péril qui menaçait les divisions françaises éparpillées et trop faibles pour occuper à la fois toute la Péninsule.

L'Andalousie l'inquiétait surtout, car il savait que l'insurrection, aidée par les Anglais, y disposait d'immenses ressources. Dupont ayant été lancé vers Cadix avec des forces dérisoires et ne pouvant être rappelé parce que c'eût été là un fatal aveu de faiblesse, il considérait comme son premier devoir de le renforcer.

Aussi fut-il fort surpris quand, après s'être entouré des renseignements les plus positifs qu'il fût possible de réunir à ce moment, et s'être fait une idée nette de la situation, il reçut

---

(1) Belliard à Dupont, Madrid, 24 juin, et lettre jointe de Vedel à Dupont. Sainte-Elena, 27 juin (A. N., BB 30/97).

(2) Savary à Berthier, Madrid, 19 juin (A. H. G., Corr. Mil., 6/9).

de Bayonne des directives précises qui bridaient son initiative et traitaient fort à la légère les affaires d'Andalousie. D'après ces directives, la division Vedel, déjà lancée au secours de Dupont, devait rester dans la Manche, pour en assurer la tranquillité et réduire Ciudad Real; la division Frère devait maintenir Tolède; Moncey, Cuenca; Savary lui-même devait imposer à Madrid une discipline de fer. Quant à Vedel, ce n'est qu'après avoir soumis la Manche qu'il irait à Jaen. L'idée de l'Empereur n'avait pas varié : pour venir à bout de l'insurrection espagnole, il fallait tenir les grandes villes :

« Il est nécessaire, précisait Berthier, que ces gros corps ne passent pas dans les provinces sans avoir soumis et organisé les capitales (1). »

Cette idée, de tenir l'Espagne par l'occupation des grandes villes, et de tout sacrifier aux communications par la Castille, Savary la connaissait bien. L'Empereur la lui avait exposée à Bayonne, mais lui, depuis qu'il était en Espagne, était surtout hanté par le grand danger que courait Dupont. Et s'il comprenait que Dupont fut provisoirement retenu sur la route de Cadix, il ne pouvait admettre, puisqu'une question de prestige empêchait qu'on le rappelât, qu'il ne fut pas renforcé et mis au moins en situation de pouvoir toujours, au pis aller, exécuter sa retraite sur les défilés des montagnes. Idée profondément juste, mais qu'il ne put faire prévaloir et qui le conduisit à prendre des demi-mesures, obéissant à moitié, désobéissant au total.

Ainsi, il exposait à Berthier que la situation de Dupont n'était pas aussi brillante qu'on semblait le penser; qu'il avait dû évacuer Cordoue avec ses 10.000 hommes; qu'il était déjà à El Carpio, sans doute gravement menacé (2).

En même temps, il laissait Vedel continuer sa marche tout au moins jusqu'à Andujar, mais sans le livrer entièrement à Dupont, et il ne changeait rien aux dispositions prises pour la division Frère, poussée de Ségovie sur San Clemente. Quant à Dupont, il lui adressait les instructions que nous avons analysées, arrêtant son offensive à Andujar et l'autorisant même, puisqu'on

---

(1) Berthier à Savary, Bayonne, 20 juin (A. N., BB 30/97).
(2) Savary à Berthier, Madrid, 23 juin, minuit (A. N., BB 30/97).

ne pouvait provisoirement lui envoyer de renforts, à se rapprocher des montagnes, s'il y était forcé (1).

Un moment, le 26 juin, l'Empereur paraît ébranlé. Une lettre de Savary et un rapport d'Andalousie, tout à fait alarmiste, lui font sentir que Dupont lancé vers Cordoue peut réellement être compromis. Il engage donc Savary à lui envoyer la division Vedel, mais Dupont ne doit, à aucun prix, repasser la Sierra Morena :

« Dans une guerre ordinaire, écrit Berthier, cela serait indifférent, mais dans cette guerre, cela porterait l'insurrection à Tolède et jusqu'aux portes de Madrid. »

Enfin, contrairement à ce qui a été écrit l'avant-veille, il faut moins s'occuper de la Catalogne, de l'Aragon et des provinces du Nord et davantage de l'Estramadure, de l'Andalousie, de Murcie et de Valence (2).

Si la situation eût été plus claire du côté de Valence, nul doute que Savary eût tout de suite renforcé Dupont. Mais Valence résistait. Il fallut donc laisser la division Frère, la 3e du corps de la Gironde, en observation de ce côté, et, encore une fois, prescrire à Dupont de ne pas dépasser Andujar, de se replier même au besoin sur les défilés. Vedel était poussé dans la Sierra Morena et la brigade Dufour, de la division Gobert, du corps de Moncey, recevait l'ordre d'assurer les communications entre Madrid et l'Andalousie; au besoin, de se porter au secours de la division Vedel (3). La brigade Dufour devait être renforcée

---

(1) Belliard à Dupont, Madrid, 22 juin (A. N., BB 30/97).

(2) Berthier à Savary, Bayonne, 26 juin (A. N., BB 30/97).

(3) La division Gobert, du corps de Moncey, avait la composition suivante au début de juillet : *1re brigade :* général Lefranc : 5e régiment provisoire, 1.741 hommes; 6e régiment provisoire, 1.492 hommes. *2e brigade :* général Dufour : 7e régiment provisoire, 1.547 hommes; 8e régiment provisoire, 1.573 hommes.

Chaque régiment provisoire comptait 4 bataillons à 4 compagnies.

De la brigade Lefranc, le 5e régiment provisoire était détaché à Cuenca où il faisait partie d'une brigade provisoire placée sous les ordres du général Caulaincourt, qui observait Valence. Le 6e régiment provisoire était divisé en deux colonnes mobiles qui assuraient, sous le commandement des généraux Lefranc et Cavrois, les communications dans la Manche et dans la Sierra Morena. De la division Gobert, il ne restait donc plus à Madrid que la brigade Dufour qui fut renforcée par un bataillon irlandais et par le par le 6e régiment provisoire qui, sous les ordres des généraux Lefranc et Cavrois, était déjà échelonné en colonnes mobiles dans les montagnes.

Mais bien vite, l'attention de l'Empereur s'est reportée sur cette armée de La Cuesta qui menace la route de Bayonne à Madrid, artère vitale des armées françaises, que le faible corps de Bessières défend seul. Encore une fois, le 3 juillet, il ne veut pas admettre que Dupont ne soit pas assez fort pour se maintenir contre tout ce qui pourra l'attaquer. Il concède seulement qu'il doive rester sur la défensive, tant que Valence, Saragosse et la Galice ne seront pas soumises. Il estime même qu'il ne faut lui envoyer ni approvisionnements ni renforts, tous parfaitement superflus devant les insurgés, canaille sans instruction militaire. Ce n'est pas une guerre que l'on fait en Espagne et il défend que l'on tire le canon pour la prise de Valence ou celle de Saragosse « ou autres événements de cette nature » (1).

Savary résiste. Il craint même qu'au lieu de marcher contre Bessières, La Cuesta ne vienne sur Séville par Zamora, Salamanque et Badajoz et il ne cache pas son intention, si cette éventualité se produisait, de lancer la division Gobert au delà des montagnes et de pousser Dupont en avant pour battre les forces ennemies avant leur réunion (2).

De sorte que, le 6 juillet, il y a conflit aigu entre Madrid et Bayonne. L'Empereur, qui veut appuyer Bessières en Haute-Espagne, indique qu'il faut porter la division Gobert sur Valladolid, et rappeler de la région de Valence la division Frère qui suffira, en cas de besoins, pour appuyer Dupont (3). Et Savary

---

2e régiment provisoire de cuirassiers avec lequel marchait le général Lagrange. Le 2 juillet, le général Gobert recevait l'ordre de se mettre à la tête de ces troupes et de partir le lendemain pour la Sierra Morena. Le 6e régiment provisoire n'était pas à sa disposition et devait recevoir des ordres directement de Dupont. Gobert devait laisser un bataillon à Madrid pour escorter les vivres et les munitions. Au total, ses effectifs, réduits par les maladies, n'excédaient pas 3.000 hommes (A. H. G., Situation. Corr. Mil., 6/10).

(1) Napoléon à Berthier, Bayonne, 3 juillet (*Corresp.*, n° 14152).
(2) Savary à Berthier, Madrid, 2 juillet (A. H. G., Corr. Mil., 6/10) et à Napoléon, Madrid, 3 juillet (A. N., BB 30).
(3) Berthier à Savary, Bayonne, 6 juillet (A. H. G., Corr. Mil., 6/10).

surtout inquiet pour l'Andalousie, rappelle bien Frère à Albacete, mais n'en laisse pas moins Gobert continuer sa route vers le sud (1). Il se contente d'ordonner à ce général de ne pas quitter la Manche, à moins que Dupont ne l'appelle (2), et à Dupont de ne rien entreprendre encore en Andalousie (3).

« Je ne puis me décider, écrit-il à l'Empereur, le 10 juillet, à retirer un seul homme au général Dupont, parce que je suis persuadé qu'il n'a juste que ce qu'il faut pour en imposer à ce qu'il a devant lui. Il me tarde même de voir arriver le moment favorable de pousser sérieusement son opération (4). »

Et il envoie à Bayonne des états par lesquels le ministre de la Guerre O'Farrill, établit que Bessières ne peut pas avoir devant lui plus de 16.000 hommes, tandis que Dupont a certainement affaire à un minimum de 32.000 combattants (5).

L'Empereur perd patience, et c'est alors qu'il rédige à l'intention de ce lieutenant indocile les *Notes* que nous avons analysées en exposant les événements de Castille. Il y définit l'importance respective que pourraient revêtir des succès ou des revers dans la Haute-Espagne, à Valence et en Andalousie. Sa conclusion, c'est qu'il faut à tout prix être vainqueur en Haute-Espagne :

« Un échec que recevrait le général Dupont serait peu de chose, écrit-il; un échec que recevrait le maréchal Bessières serait plus considérable et se ferait sentir à l'extrémité de la ligne. »

Il faut donc soutenir Bessières, pour que la bataille qui va se livrer à Medina de Rio Seco soit une victoire décisive. Et si Bessières était battu, il faudrait rapprocher de Madrid Frère, Caulaincourt et Gobert, de façon à grouper toutes les troupes disponibles dans un cercle de 7 ou 8 journées autour de la capitale en plaçant des avant-gardes dans toutes les directions, « afin de profiter de l'avantage qu'on a d'être au milieu, pour

---

(1) Savary à Belliard, Madrid, 9 juillet (A. H. G., Corr. Mil., 6/10).
(2) Savary à Belliard, Madrid, 9 juillet, 4 h. soir (A. H. G., Coor. Mil., 6/10).
(3) Savary à Berthier, Madrid, 9 juillet (A. H. G., Corr. Mil., 6/10).
(4) Savary à Napoléon, Madrid, 10 juillet, midi (A. N., BB 30).
(5) Savary à Berthier, Madrid, 11 juillet, minuit (A. H. G., Corr. Mil., 6/10).

écraser successivement avec toutes ses forces les divers corps de l'ennemi » (1).

Magistrale leçon de stratégie, certes, valable pour une guerre contre des armées organisées, mais qui tombe à faux ici, parce qu'il n'y a pas réellement, en Espagne, d'affaires principales et d'affaires secondaires; que le foyer de la résistance est dans le cœur de chaque Espagnol et non dans un groupement plus ou moins important de troupes encore tout à fait médiocres; parce qu'une concentration d'effectifs relativement importants à Madrid, point central, ne servirait qu'à les y faire bloquer, harceler et affamer par 10 millions d'habitants, tous debout pour la lutte suprême (2).

En réalité, il aurait fallu occuper tous les hameaux de ce grand pays, et ses montagnes et ses forêts... Entreprise surhumaine, nullement proportionnée aux moyens mis en œuvre et devant laquelle échoueront finalement le génie de l'Empereur et la puissance militaire de l'Empire.

Savary qui est aux prises avec les difficultés journalières, sent que la méthode suivie est mauvaise :

« L'Empereur est à Bayonne, écrit-il à Berthier le 14 juillet, et on ne peut voir cela de Bayonne. A moins d'un ordre positif de votre part, je ne retirerai pas un homme au corps du général Dupont... (3).

---

(1) Notes pour le général Savary, Bayonne, 13 juillet 1808 (*Coresp.*, n° 14192.)
(2) Savary à Berthier, Madrid, 14 juillet (A. N., BB 30).
(3) Un passage des *Mémoires* de l'amiral Grivel donne une idée de la détermination des Espagnols à pousser jusqu'au bout la lutte pour la religion et pour l'indépendance :
« Les soldats espagnols ne tenaient point devant les nôtres en rase campagne..., et comme leur accoutrement, ainsi que leur tournure étaient pitoyables, les nôtres s'en moquaient, loin de les redouter. Mais il n'en était pas de même des habitants, et l'assurance que ces derniers montraient, en toutes circonstances, donnaient à penser à nos vieilles moustaches. Un dialogue qui eut lieu, à Andujar, quelques jours avant l'évacuation, fera voir, mieux que tout ce que je pourrais dire, quels étaient, en ce moment, les sentiments des uns et des autres. La causerie avait lieu entre mon ami, le capitaine Boniface, d'une tenue brillante, et un grand mendiant auquel il avait demandé du feu. Le mendiant lui en donna avec beaucoup de politesse, mais comme il en eût donné à son égal, et la conversation s'éta-

On ne sait trop comment se fût terminé ce conflit : sans doute par une disgrâce sévère pour Savary, si Bessières eût été battu. Mais justement, ce jour-là, le maréchal remportait une belle victoire à Medina de Rio Seco.

Or, tandis qu'il résistait ainsi à l'Empereur, Savary exaspérait aussi Dupont, en le retenant sur la route de Séville. Dupont voulait marcher sans perdre une minute parce qu'il sentait l'insurrection s'organiser autour de lui, et il réclamait avec instances les renforts nécessaires pour se porter en avant. Donc le courrier du 23 juin le désappointa.

Se croyant vraiment à la veille de l'action, il venait justement, pour la faciliter, de tenter des pourparlers avec Castaños, sur le caractère doux, conciliant et indécis de qui il comptait, pour obtenir un ralentissement dans les armements. Par deux lettres, il avait cherché à lui persuader que l'Espagne était tranquille ; que la Junte de Séville ne pouvait donc pas demeurer en insurrection contre un pouvoir légitime ; que Ferdinand ayant abdiqué, une tentative en sa faveur était sans objet ; que le roi d'Espagne était Joseph Ier et l'ennemi, l'Anglais (1). Cette tentative, n'obtint aucun résultat.

Il n'y avait donc réellement plus d'autre solution que celle du canon, et voici qu'il fallait encore attendre ! Dupont proteste auprès de Murat, regrettant de n'avoir pas eu 5.000 ou 6.000 hommes de renfort, quand il était à Cordoue, et réclamant les

---

blit sur ce pied : — *Caballero*, disait l'officier, *quel beau pays vous habitez !* — *Oui, le pays est bon, il est fertile et on y vit sans trop de travail.* — *Oh ! le travail, vous n'aimez pas cela, vous autres, Espagnols !* — *C'est selon. Nous n'aimons pas à travailler pour les autres et nous entendons être maîtres chez nous.* — *Bueno*, reprenait l'officier, *mais quant à présent, c'est nous qui le sommes.* — *Oui, vous êtes maîtres de la terre que vous avez sous la semelle de vos souliers...* (*Son dueños de la tierra que pisan, y nada mas*). — *Comment ! Nous sommes à Madrid, à Burgos, à Valladolid, à Tolède !* — *Oui, oui, mais nous vous en chasserons avec l'aide de Dieu !* — *Pourtant, voilà tantôt un an que nous sommes en Espagne, et vous ne nous en avez pas encore chassés !...* Le mendiant ne répondit pas à cette dernière observation ; il se contenta de hausser les épaules, et dit en se retirant, à part lui : « *Ces Français sont singuliers : celui-ci parle d'un an ! Nous avons mis huit cents ans à chasser les Maures !* »

(1) Dupont à Castanos. Q. G. d'Andujar, 21 juin (A. H. G., Corr. Mil., 6/9).

POSITION INDIQUÉE PAR DUPONT
A LA DIVISION VEDEL
LE 28 JUIN 1808

(Dupont à Vedel. Andujar 28 juin
A. N. BB 30/97.)

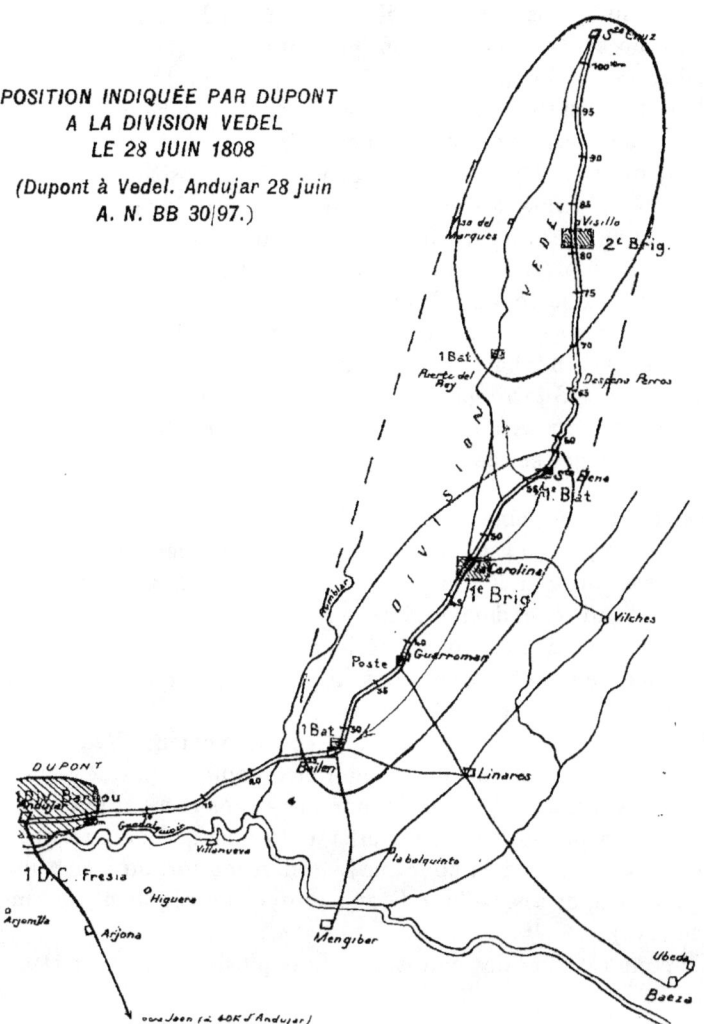

deux dernières divisions de son corps d'armée « pour soumettre entièrement l'Andalousie et occuper Cadix » (1).

Là-dessus, sans attendre, il expose à Vedel son sentiment sur la nécessité d'une action prompte et vigoureuse contre Séville. Il lui donne des conseils, ne pouvant lui donner des ordres. Il insiste sur le fait que l'arrêt de la marche du corps de la Gironde n'est que momentané, et il engage le commandant de la 2ᵉ division, à prendre dans les gorges une position d'attente de façon, à la fois, à s'assurer la possession de ce long couloir et à être en mesure d'accourir à Andujar, en cas de besoin. Il verrait la 2ᵉ brigade bien placée à Viso del Marques, avec un bataillon à Puerto del Rey; cette brigade pourrait tirer ses vivres de Viso et de Santa Cruz. La 1ʳᵉ brigade occuperait la Caroline avec un bataillon à Santa Elena, un autre à Bailen et un poste à Guarroman. La Caroline, Bailen, Baesa et Ubeda assureraient le ravitaillement de cette brigade. Ne pas s'encombrer de bagages surtout, pour pouvoir marcher vite (2).

Cette lettre à peine partie, le 28, à 9 heures du soir, Dupont est informé par un espion, que Castaños sera le lendemain, avec toutes ses forces à El Carpio. Il appelle immédiatement Vedel à Bailen pour le lendemain, 29, de bonne heure :

« Si l'ennemi s'approche décidément pour nous attaquer, ajoute-t-il, je me hâterai de vous en prévenir, afin que vous vous portiez tout de suite sur Andujar. »

Pour garder les gorges pendant ce mouvement, Vedel doit laisser à la Caroline un bataillon « bien commandé », 2 canons et 50 chevaux avec l'ordre de marcher « sans cesse », pour que les insurgés ne puissent s'installer nulle part. Vedel est aussi prié d'insister à Madrid pour que la 3ᵉ division soit mise en route au plus vite, et avec elle le Grand Parc et un régiment de cuirassiers (3).

Dupont réclame des cuirassiers dans plusieurs de ses lettres.

---

(1) Dupont à Murat et à Belliard. Q. G. d'Andujar, 28 juin (A. H. G., Corr. Mil., 6/10)

(2) Dupont à Vedel, Andujar, 28 juin (1ʳᵉ lettre) (A. N., BB 30/97). Voir croquis n° 1.

(3) Dupont à Vedel, Andujar, 28 juin, 9 h. soir (A. N., BB 30/97).

C'est que ces magnifiques soldats sont les seuls à en imposer aux Espagnols tandis que les conscrits, affaiblis par le climat, les maladies et les privations, perdent tous les jours un peu plus, sur les rudes et solides montagnards d'Andalousie, l'ascendant moral que leur avait assuré jusque-là l'incomparable prestige des aigles françaises.

Vedel se met donc immédiatement en route dans la nuit et arrive à Bailen le 29 au matin, mais sans cuirassiers. Il avait même dû renvoyer à Madrid les 500 chevaux du général Liger Belair, qui constituaient toute sa cavalerie. Le Gouvernement avait besoin de cet appoint pour assurer le service d'ordre dans la capitale, pendant les fêtes de la réception du roi Joseph, et de ce fait, les communications demeurèrent assez mal établies entre Ciudad-Real, Temblèque et Tolède (1).

Arrivé à Bailen, Vedel y trouve l'ordre de placer à Jaen, sous les ordres du général Cassagne, les trois bataillons de la 1re légion de réserve, à qui le détachement Baste doit servir d'avant-garde. Ce sera un total de 3.800 hommes, dont 400 cavaliers, de sorte que Vedel ne va plus avoir avec lui, à Bailen, que la brigade Poinsot, soit les trois bataillons de la 5e légion de réserve et un bataillon du 3e régiment suisse : environ 3.000 hommes (2).

Parti de Bailen le 1er juillet au soir, le général Cassagne est devant Jaen le 2, au point du jour. Il disperse un parti de paysans et pénètre assez facilement dans la ville. Le mur flanqué de tours qui entourait cette vieille cité de 30.000 âmes n'est même pas défendu. La ville est déserte et ne contient aucune ressource.

Cassagne envoie donc deux détachements pour réquisitionner des vivres dans les campagnes environnantes. Ces détachements sont attaqués dès le lendemain matin, 3 juillet, par les paysans refoulés la veille et qu'appuie le régiment suisse espagnol de

---

(1) Vedel à Dupont, Bailen, 29 juin (A. N., BB 30/97).

(2) Le capitaine Baste disposait du 3e bataillon de la 4e légion, fort de 1.200 hommes et 400 cavaliers (*Mémoires du capitaine Baste*, B. N.). La 1re légion de réserve comprenait les bataillons Mairesse (825 hommes), Berton (703 hommes) et X... (656 hommes), ensemble 2.184 hommes. Situation au 10 juillet (A. H. G.).

Nazaire Reding. Ils doivent se replier sur la ville où les nôtres repoussent toutes les attaques.

Le régiment suisse de Reding, régiment d'élite, il est vrai, ne compte pas plus de 1.000 hommes, mais la situation de la brigade Cassagne, dans une grande ville environnée de paysans armés et où toutes les surprises sont possibles, est difficile. Cassagne n'a l'idée, ni de gagner la campagne, ce qui lui eût rendu la liberté de ses mouvements, ni même de prendre une vigoureuse offensive, ce qui eût probablement réglé la question tout de suite, les Suisses étant réellement très inférieurs en nombre.

Or, le lendemain, 4 juillet, le général Teodoro Reding amenait à l'ennemi un renfort de 2.000 hommes (1) et attaquait sans hésiter. Cassagne resta maître du champ de bataille, mais la lutte n'en fut pas moins très vive, surtout au Château qui passa plusieurs fois de mains en mains.

Inquiet et mal orienté, blessé au surplus d'une balle à l'œil, le général Cassagne, allait prendre la décision de se retirer, quand il en reçut l'ordre du général Vedel.

La retraite de nos troupes n'empêcha pas Dupont d'annoncer à Madrid un beau succès. A son sens, Reding aurait eu 15.000 hommes à Jaen et on aurait tué 1.500 rebelles (2). La réalité était moins brillante. Les pertes espagnoles furent sans doute lourdes, mais elles ne sont pas connues et au total, l'affaire, mollement conduite, apparaît comme un échec. Elle fut de celles qui exaltèrent le moral des insurgés d'Andalousie.

Cependant, Dupont, à Andujar et Vedel, à Bailen, étaient

---

(1) D. G., Leg. 10, n° 360.
La décomposition de ces forces était la suivante : bataillon d'*Antequera*, 342 hommes; bataillon d'*Alcazar*, 400 hommes; régiment de *Cordoba*, 1.106 hommes; escadron de *Santiago*, 86 chevaux. Au total, 1934 hommes. Il convient de joindre à cet effectif de troupes régulières ou encadrées 1.500 ou 2.000 paysans armés, ce qui, même avec les 1.100 Suisses de *Reding* ne donnait pas aux Espagnols une supériorité numérique écrasante sur la brigade Cassagne : 5.000 hommes de valeur inégale contre 3.300 (Tableau de réorganisation de l'armée d'Andalousie, 12 juillet, D.G.).

(2) Dupont à Belliard, Andujar, 4 juillet; Vedel à Dupont, Bailen, 5 juillet (A. H. G., Corr. Mil., 6/10).

tous deux fort mal installés. La chaleur était accablante ; les rivières — toutes des torrents — étaient à sec ; seul, le Guadalquivir roulait un peu d'eau jaunâtre. Le ravitaillement était devenu si précaire qu'il avait fallu réduire la ration journalière à peu près de moitié ; les malades s'entassaient dans des hôpitaux improvisés, manquant de tout, et la dysenterie faisait des ravages (1).

En outre, Dupont sentait avec inquiétude grossir autour de lui les contingents ennemis qui devenaient tous les jours plus hardis. Il ne savait rien et finissait par tout craindre. Il multipliait, en conséquence, les reconnaissances offensives, faisait sonder les gués, dans les environs de Mengibar et élever des redans, pour couvrir les passages de la rivière reconnus praticables (2).

Triste lot de la défensive passive, il en arrive même à craindre de ne pouvoir tenir à Andujar :

« Une division de plus m'aurait suffi, il y a un mois, écrit-il à Belliard, le 4 juillet. Aujourd'hui, il me faut 10.000 à 12.000 hommes de renfort ; non compris 3 ou 4 bataillons, pour assurer les communications avec Madrid, dans la Sierra Morena, et dans la Manche. »

Et encore une fois, il réclame avec instances sa 3e division, déclarant ne rien espérer du maréchal Moncey, même si ce dernier triomphait de la résistance de Valence, parce que ce renfort, venant par Grenade, ne pourrait qu'arriver trop tard (3). Ce qu'il faut, c'est concentrer le plus de forces possible sur la position Andujar—Bailen, pour contenir un ennemi dont il estime les effectifs qui sont devant lui à 40.000 ou 50.000 hommes, moitié troupes réglées, moitié milices, qu'une masse de 60.000 paysans est susceptible d'alimenter (4).

Or, avec Vedel, il n'a pas au total plus de 13.000 hommes valides ; Andujar est encombré de malades (5) et le front à couvrir,

---

(1) Vedel à Dupont, Bailen, 6 juillet (A N., BB 30/97).
(2) Dupont à Vedel, Andujar, 2 juillet, 10 heures matin (A.N., BB 30/97).
(3) Dupont à Belliard, Andujar, 4, 6 et 8 juillet et Dupont à Savary, Andujar, 6 juillet (A. H. G., Corr. Mil., 6/10).
(4) Dupont à Belliard, Andujar, 8 juillet (A. H. G., Corr. Mil., 6/10).
(5) Situation des troupes de Dupont, le 6 juillet (A. H. G.). Ce sont :

depuis Andujar jusqu'à Guarroman, par Bailen, front sérieusement menacé, a un développement de 40 kilomètres.

Devant ce front, le Guadalquivir est guéable en cent endroits. D'ailleurs, l'ennemi, maître des deux rives, en avant d'Andujar, peut le franchir à sa fantaisie dans cette région et prendre Andujar à revers.

Enfin, Andujar est encerclé à courte distance par les Visos, mamelons bordant la rive sud du fleuve. Et pas assez fort pour occuper solidement ces hauteurs, Dupont s'est borné à y placer quelques vedettes, laissant l'ennemi libre de s'y installer. De sorte que la division Barbou se trouve ainsi dans une vallée, dominée, à portée de canon, par l'artillerie espagnole.

Au point de vue tactique, la position d'Andujar est à peine défendable. Au point de vue stratégique, la situation des deux divisions est mauvaise, car de Guarroman au Despeña Perros, leur ligne de communication se déroule, vulnérable partout, sur près de 40 kilomètres, à travers un pays affreusement tourmenté et à peu près inconnu.

La difficulté de garder cette ligne qui, après le Despeña Perros, zigzague encore à travers les gorges sauvages de la Sierra Morena, ne semble pourtant pas à Dupont constituer un motif suffisant pour qu'il lâche Andujar. Il compte que ses derrières seront très suffisamment assurés par l'arrivée qu'il sollicite, à

A Andujar : a) *1re division* (général Barbou), comprenant la brigade Pannetier (Garde de Paris et 3e légion) et la brigade Chabert (4e légion et 4e régiment suisse). Effectif présent sous les armes : 5.641 hommes, avec 1.571 malades dans les hôpitaux.

b) *Division de cavalerie* (général Frésia) comprenant une brigade de cavalerie légère (1er et 2e régiments provisoires de chasseurs) et une brigade de cavalerie de ligne (général Privé), comprenant les 1er et 2e régiments provisoires de dragons. Au total : 1.840 cavaliers avec 220 malades dans les hôpitaux.

c) Le bataillon des *marins de la Garde* (capitaine de vaisseau Daugier), fort de 412 hommes.

A Bailen : 2e *division* (général Vedel), comprenant la brigade Poinsot (5e légion et 3e régiment suisse) et la brigade Cassagne (1re légion), avec un effectif total de 5.160 hommes et 1.570 malades dans les hôpitaux.

A cette date, la division Gobert était encore à Villaharta, Manzanares et Madrid (A. H. G.).

la Caroline, des troupes disponibles de la division Gobert (1). Il sait aussi que l'ennemi commence à se glisser entre Andujar et Bailen et pour conjurer ce danger, il ne compte sur rien... (2).

Qu'il se soit fait une idée nette du caractère de la guerre qui lui était imposée, on n'en saurait cependant pas douter en lisant l'intéressante lettre qu'il écrivait à Belliard, justement le 8 juillet :

« Les ennemis que nous avons à réduire, écrivait-il, se répandent sur nos derrières, lorsqu'ils sont battus, pour enlever les convois et les détachements; ainsi il faut que notre ligne d'opérations soit toujours couverte par de forts détachements, ce qui affaiblit la force des troupes agissantes. Lorsque je me suis porté sur Cordoue, les brigands sont revenus sur Montoro et sur Andujar, où ils ont commis les plus grandes horreurs. D'ailleurs, pour rendre la pacification durable, il faut garnir le pays de quelques troupes, à mesure que nous avançons, afin de donner la confiance aux autorités et de prévenir de nouveaux rassemblements...

« Partout où nous n'avons point de troupes, nous sommes sans communications, car il y a dans tous les villages des paysans armés; l'homme qui travaille dans les champs a lui-même son fusil à côté de lui (3)... »

Ne croirait-on pas lire une lettre de Hoche?... C'est qu'il s'agit bien d'une nouvelle Vendée, cent fois plus grande, et cent fois plus redoutable que l'autre...

Mais Hoche agissait. Dupont n'agit pas. Buté, il s'obstine, avec une ténacité de fer, à ne voir à son aventure d'autre solution que celle résultant d'une marche rapide sur Séville, où il a l'impression que l'insurrection achève de s'organiser, de sorte qu'il persiste à réclamer des renforts qu'on ne peut pas lui envoyer.

De Madrid, au contraire, on lui interdit provisoirement toute tentative en Andalousie, en attendant la chute de Valence et de Saragosse (4).

---

(1) Dupont à Gobert, Andujar, 7 juillet (A. N., BB 30/97); Dupont à Belliard, Andujar, 6 juillet (A. H. G., Corr. Mil., 6/10).
(2) Vedel à Dupont, 6 juillet (A. N., BB 30/97).
(3) Dupont à Belliard, Andujar, 8 juillet (A. H. G., Corr. Mil., 6/10).
(4) Belliard à Dupont, Madrid, 2 juillet (A. H. G., Corr. Mil., 6/10).

Mais en revanche, on ne lui ordonne pas de rester à tout prix à Andujar. On lui permet au contraire de se retirer dans les gorges si cela est nécessaire. On lui demande seulement de ne pas rétrograder au delà de la Sierra Morena pour ne pas amener l'émeute aux portes de Madrid (1).

Or, il insiste encore le 6 juillet. Il réclame les renforts nécessaires pour se porter en avant. Il annonce même que si ces renforts ne viennent pas, il va partir seul pour Séville, malgré les inconvénients « d'opérations partielles et incomplètes ». Et Savary de lui répondre : « *Restez à Andujar* » (2). Ce qui voulait dire, encore une fois, de ne pas avancer, mais nullement de rester là, au point de s'y laisser envelopper.

Au lieu de demeurer là inerte, comme il l'a fait, Dupont pouvait s'y mettre en garde : concentrer ses forces entre Bailen et la Caroline, avec des avant-gardes à Andujar, à Mengibar, à Linarès et à Vilches; sa cavalerie battant l'estrade vers Jaen, Ubeda et Villacarnero.

Certainement, l'Empereur n'eût pas désapprouvé cette attitude et le prestige français n'en aurait pas souffert... mais il y avait un bâton de maréchal à Séville !...

Le 8 juillet, l'ennemi qui s'est renforcé à Arjonilla et à Aldea del Rio, paraît vouloir passer à l'offensive (3). Cette fois, c'est la droite de la position d'Andujar qui est menacée vers Marmolejo, et Dupont, sans songer qu'il peut y avoir un danger mortel à affaiblir sa gauche et ses communications, invite Vedel à prendre ses dispositions pour être prêt à accourir à Andujar au premier appel.

Même, ce général doit avoir une avant-garde de 2 bataillons avec 4 canons, tous les jours, de 2 heures à 6 heures du matin, au pont de Bailen. Dès les premiers coups de canon, cette avant-garde doit se mettre en route, donnant le signal du départ à toute la division.

Le général Lefranc doit être dirigé de suite sur Andujar,

---

(1) Belliard à Dupont, Madrid, 3 juillet (A. H. G., Corr. Mil., 6/10).
(2) Dupont à Belliard, Andujar, 6 juillet (A. H. G., Corr. Mil., 6/10).
(3) Dupont à Savary et à Belliard, Andujar, 9 juillet (A. H. G., Corr. Mil., 6/10).

avec le 6ᵉ régiment provisoire, et aussi le général Liger Belair, avec son détachement de Mengibar, à moins que la direction de Jaen ne demeure dangereuse (1).

Heureusement, un compte rendu de Vedel se croisait avec ces ordres. Le général signalait une masse de 8.000 à 9.000 hommes se concentrant à Villanueva de la Reina, devant les bivouacs du général Liger Belair. Ces troupes semblaient déjà en situation de franchir le Guadalquivir et de se porter entre Andujar et Bailen. En conséquence, le général Vedel dit maintenir en observation le poste de cavalerie de Santa Potenciana et ordonner à Liger Belair de tenir ferme à Mengibar, en cas d'attaque (2).

Donc, déjà, contre la volonté de Dupont, Liger Belair n'ira pas à Andujar et même, si l'ennemi essaie de franchir le fleuve à Villanueva ou à Mengibar, il faudra bien que toute la division Vedel soutienne Liger Belair. Le commandant du corps de la Gironde a perdu sa liberté d'action. L'ennemi le manœuvre.

Castaños avait gagné Utrera avec l'armée de Séville. Il avait établi là son quartier général et couvert le rassemblement de ses forces, le 12 juin, par une avant-garde poussée à Carmona, sous le brigadier Venegas (3).

Divers indices faisaient penser que dans ces unités en formation, la discipline — au sens rigide de ce mot — laissait à désirer; elle n'était pas, en tous cas, de la nature de celle des troupes impériales (4). Mais c'étaient ici des troupes issues d'un soulèvement national, des troupes révolutionnaires aussi, en quelque manière, et dans ces sortes d'armées, d'autres qualités guerrières peuvent souvent compenser une indiscipline relative. Pour le moment, pleins d'enthousiasme, les soldats réclamaient énergiquement et bruyamment d'être conduits à la bataille. Les volontaires affluaient et aussi des bataillons provinciaux, magnifiquement équipés par les soins des villes (5).

---

(1) Dupont à Vedel, Andujar, 10 juillet (A. N., BB 30/97).
(2) Vedel à Dupont, Bailen, 10 juillet (A. N., BB 30/97).
(3) D. G., Leg. X, n° 360. Gomez Imas, Los Garrochistas en Bailen, p. 56.
(4) Arteche, loc. cit., t. II, p. 470.
(5) Les bataillons de Placencia et de Burgos, par exemple, venus le 20 juin; Gomez Imas (loc. cit.), Diario del ejercito grande armado, p. 58.

Le 20 juin, ces forces recevaient une première organisation :

1º Un *corps de troupes légères avancées* sous le commandement du brigadier Venegas ;

2º Une *avant-garde*, sous le commandement du marquis de Coupigny ;

3º Trois *divisions* commandées respectivement par les maréchaux de camp Narciso de Pedro et Felix Jones et par le lieutenant-général Manuel de la Peña.

C'était un ensemble d'une trentaine de mille hommes, dont près de 3.000 cavaliers (1).

Ce jour-là, Castaños est informé de la retraite des Français. Dupont a quitté Cordoue le 16 et s'est replié sur Andujar. On peut supposer l'effet magique que produisit sur des gens exaltés ce premier aveu de faiblesse d'un ennemi invaincu jusque-là.

Le 20 juin, à 4 heures de l'après-midi, Castaños, en présence d'une foule immense accourue de fort loin, passait une revue solennelle des trois divisions d'Utrera. Un témoin oculaire évoque avec admiration le spectacle du défilé de l'infanterie, exécuté au son des tambours et des trompettes, et aussi celui d'une magnifique artillerie en excellent état d'entretien (2).

A l'issue de cette revue, au cours d'un conseil de guerre auquel assistèrent tous les généraux présents, la marche en avant fut décidée sans désemparer, bien que l'organisation de l'armée ne fût pas terminée. Il s'agissait surtout de profiter de l'enthousiasme des volontaires qui venaient demander à grands cris d'être conduits tout de suite à l'ennemi...

La plus grande prudence s'imposait toutefois, avec des soldats aussi neufs, devant un adversaire redoutable. Les instructions

---

(1) Dépôt de la Guerre de Madrid. Gomez Imas (*loc. cit.*). L'état de ces forces qui se trouve au dépôt de la Guerre de Madrid ne mentionne que les troupes avancées de Venegas, l'avant-garde de Coupigny et la 1re division de Pedro. Celui que donne le *Diario* (Gomez Imas, *Los Garrochistas en Bailen*) les complète par l'adjonction des divisions Jones et La Peña. Il aboutit à un effectif de 25.785 hommes, dont 2.933 cavaliers ; et Arteche (*loc. cit*, t. II, annexe nº 2) à 27.014 hommes dont 2.632 cavaliers. Ni l'un ni l'autre de ces documents ne mentionne ni le détachement de Cruz Mourgeon (1.500 hommes) ni celui de Valdecañas (environ 5.000), adjonction qui porterait à 32.000 ou 33.000 hommes les effectifs de l'armée de Séville.

(2) Gomez Imas, *Diario*, p. 41.

du général Saavedra, président de la Junte suprême de Séville, prescrivaient d'ailleurs formellement d'éviter une action générale, que les troupes n'étaient pas en mesure de soutenir.

Obligé de marcher pour ne pas mécontenter ses soldats, peut-être pour éviter une émeute, Castaños prit donc le parti d'aller par Cordoue, El Carpio, Bujalance, Porcuna et Arjona, à la rencontre de l'armée de Grenade.

La 1re division (Pedro) se mit en route, le 21 juin au soir, pour Ecija. La 2e division (Jones) suivit la 1re, le 23, et la 3e (La Peña), ainsi que le quartier général, quittèrent Utrera le 25, tandis que des renforts arrivaient encore (1). Pendant ce temps, un corps de volontaires commandé par Valdecañas avait pris position devant Andujar et un autre avec Cruz Mourgeon, opérait dans la région d'Arjonilla (2).

La marche sur Cordoue fut extrêmement lente. Tout en marchant, on instruisait les troupes et on achevait de les organiser (3). En définitive, l'armée de Séville ne fut concentrée à Cordoue que le 6 juillet. Elle avait mis quinze jours à parcourir 160 kilomètres, mais à cette époque, grâce aux exercices et aux tirs exécutés en cours de route, des hommes, venus à Utrera sans la moindre instruction militaire, faisaient déjà figure de soldats.

Castaños, lui, devançant son armée de quelques jours, était arrivé à Cordoue le 1er juillet. Il y rencontra le général Reding qui venait lui annoncer la présence à Porcuna de l'armée de Grenade, et ébaucher avec lui un plan de collaboration. Le lendemain, les deux généraux étaient à El Carpio où se trouvait le général Escalante, capitaine général et président de la Junte de Grenade, qui mettait sans restriction l'armée de Grenade à la disposition de Castaños (4).

Formée autour de deux régiments d'infanterie et de trois régiments incomplets de cavalerie; comprenant par conséquent une très forte proportion de volontaires aussi enthousiastes

---

(1) Gomez Imas (loc. cit.), Diario, p. 41.
(2) Tabla cronologica de los movimientos... (D. G., Leg. X, n° 360).
(3) Arteche, loc. cit., t. II, pp. 465 à 471.
(4) Arteche, loc. cit., t. II, p. 464.

que peu instruits, l'armée de Grenade comptait environ 9.000 hommes (1) et offrait moins de consistance que celle de Séville. Mais l'affaire de Jaen survenue au moment où elle arrivait à Porcuna, et dont l'excellent régiment des Suisses de Reding avait supporté presque seul le poids, avait élevé très haut son moral et lui avait donné le vif désir d'en venir immédiatement aux mains avec l'ennemi.

A Porcuna, Reding se trouvait en liaison avec Castaños — pour être exact on pourrait même dire qu'il avait emprunté ses cantonnements — et c'était là un excellent résultat. Mais sans nul doute, le résultat eût été meilleur si l'armée de Grenade se fût par exemple installée à Jaen, ou mieux encore à Baeza. La jonction des deux armées espagnoles eût été tout aussi effective et la longue ligne de communications de Dupont eût été bien autrement menacée.

Castaños arrivait à Bujalance le 11. Il aurait voulu s'installer en ce point et y construire des retranchements; une menace de mutinerie de ses troupes l'obligea à pousser jusqu'à Porcuna où il arriva le 12 (2).

C'est là, à 30 kilomètres d'Andujar, où était Dupont, que se fit une réorganisation générale de l'armée. Importante opération que ne manqua pas d'accompagner un grand désordre et que, fort heureusement, aucune offensive française ne troubla.

Cette réorganisation fut plutôt un regroupement des forces, destiné à étayer des formations peu solides par d'autres qui semblaient présenter plus de consistance, et à fusionner en un ensemble plus homogène les contingents venus de toutes les contrées de l'Andalousie.

Quand ce remaniement fut terminé, l'armée d'Andalousie comprit trois divisions et une réserve.

La 1re division, placée sous le commandement du général Reding, comptait une dizaine de mille hommes;

La 2e, commandée par le marquis de Coupigny, avait à peu près le même effectif;

---

(1) SCHEPELER, *loc. cit.*, p. 302.
(2) Tabla cronologica (D. G., Leg. 10, n° 360).

DUPONT A ANDUJAR

**SITUATION GÉNÉRALE
LE 11 JUILLET**

*Au moment où est élaboré
à Porcuna le plan d'opérations.*

Les flèches indiquent les mouvements
à effectuer par les divisions espagnoles.

La 3ᵉ, sous le général Jones, mettait en ligne 6.000 à 7.000 hommes ;

La 4ᵉ, formant réserve, sous le commandement du général de La Peña, était forte de 7.000 à 8.000 hommes.

Au total, en y ajoutant l'effectif des détachements de Cruz Mourgeon et de Valdecañas, c'est à environ 40.000 combattants enrégimentés qu'on peut estimer la force de l'armée d'Andalousie, non compris un nombre indéterminé de paysans armés : sans doute plus de 10.000, qui harcelèrent nos colonnes et jouèrent à Bailen un rôle des plus actifs (1).

Tandis que s'opérait ce regroupement, un important conseil de guerre réunissait les généraux à Porcuna, dès le 12 juillet, et là s'élaborait le plan de campagne que l'on devait définitivement suivre.

Ce plan, c'est le maréchal de camp don Tomas Moreno, chef d'État-major général de l'armée et en même temps représentant de la Junte suprême de Séville, qui semble en avoir été l'inspirateur.

Le but à atteindre est ainsi exposé dès les premières lignes du document :

« L'ennemi étant établi à Andujar, et ayant fortifié ses posi-

---

(1) Il est à peu près impossible de fixer exactement les effectifs de l'armée espagnole d'Andalousie. Les états officiels (D. G., Leg. 10, n° 360) sont manifestement inexacts. Ils attribuent 2.200 hommes au corps de Valdecañas qui en comptait au moins 5.000. Ils laissent incomplets des régiments qui ont dû être complétés suivant la méthode adoptée par Castaños. Ils ne mentionnent que 28 pièces d'artillerie, alors que l'artillerie espagnole se révéla très supérieure en nombre à celle de Dupont à Bailen. Et cependant, ils concluent encore à un effectif de 32.941 hommes. Titeux (*loc. cit.*), qui relève ces erreurs, conclut à 38.000 combattants au moins et à un nombre indéterminé de paysans. Le *Diario* inédit cité par Gomez Imas donne à l'armée de Castaños à son départ d'Utrera 31.549 hommes, et dans ce chiffre ne sont compris ni les 5.000 hommes de Valdecañas, ni les 2.000 hommes de Cruz Mourgeon, ni les 9.000 hommes de Reding. Ce témoignage espagnol élèverait à 47.000 hommes les effectifs organisés de Castaños. Arteche qui a compulsé de nombreux états officiels est fort embarrassé lui aussi. Il aboutit à un effectif de 31.000 hommes, après la jonction de Castaños et de Reding. Mais il ne comprend dans ce chiffre ni Valdecañas ni Cruz Mourgeon, ce qui porterait encore l'effectif total à 38.000 combattants. Notre estimation de 40.000 ne peut donc paraître exagérée.

tions, notre premier objet doit être de l'attirer hors de ces positions, pour le combattre et rendre inutiles ses travaux. Comme il a effectué ses travaux tout le long de son front, il est indispensable que l'armée fasse un mouvement de flanc qui la place entre Andujar et Bailen. En attaquant, cette disposition prise, le détachement ennemi établi entre Andujar et Bailen, elle empêchera la réunion de ce détachement et du corps d'Andujar. Coupant ainsi sa ligne de retraite au gros des Français, elle le mettra dans la nécessité ou de se rendre, ou de combattre avec tout le désavantage que leur donne notre supériorité numérique (1). »

Par conséquent, toute l'armée va se mettre en mouvement, en échelons par divisions, la droite en avant :

La 1re division (Reding) franchira le Guadalquivir aux deux gués en amont de Mengibar.

Dès que la 1re division sera passée, la 2e (Coupigny) franchira le fleuve entre Andujar et Mengibar, très près de Mengibar;

Puis les 3e et 4e divisions (Jones et La Peña) franchiront à leur tour, encore plus en aval, et toutes les deux au même point.

Tandis que l'on marchera ainsi en échelons sur Bailen, les corps des colonels Reina et Valdecañas qui auront franchi le fleuve très en amont de Mengibar, opéreront vers Guarroman pour couper la retraite à l'ennemi et arrêter les renforts.

Toute l'audace que peuvent engendrer l'enthousiasme et l'inexpérience éclate dans ce plan dont les événements vont modifier sensiblement l'exécution, mais dont le hasard et les fautes des généraux français vont assurer le succès au delà des plus invraisemblables espérances.

L'objectif de cette importante armée espagnole, ce n'est pas l'ennemi terré à Andujar, c'est un point géographique mal défini, qui doit se trouver entre Andujar et Bailen sur les derrières de cet ennemi. Quant à l'ennemi lui-même, on se protège bien contre lui par un dispositif en échelons, mais rien ne le fixe; rien ne l'oblige à ne pas manœuvrer; à ne pas foncer tout d'abord sur ces colonnes encore mal ordonnées qui vont déli-

---

(1) Plan de operaciones y movimiento que debe hacer el ejercito (minute publiée par ARTECHE, *loc. cit.*, t. II. Annexe n° 13).

bérément exécuter, à 30 kilomètres de ses positions, une marche de flanc d'une quarantaine de kilomètres et opérer ensuite un passage à gué, passage qui ne laissera sans doute pas d'occasionner un grand désordre dans des unités sommairement instruites. Rien n'oblige non plus Dupont à ne pas évacuer Andujar pour masser toutes ses forces à Bailen...

D'ailleurs, de renseignements sur les Français, on n'en a aucun. On ne sait pas si la division Vedel n'a pas rejoint la division Barbou; ou bien si elle n'est pas déjà solidement installée à Bailen, prête à recevoir le choc d'une armée que les divisions Barbou et Fresia pourront, en pleine bataille, venir prendre en flanc...

En somme, on va d'après des hypothèses, et sans rien savoir de l'ennemi.

Mais il n'est pas rare qu'à la guerre la fortune favorise les audacieux. Le plan extraordinaire de Porcuna va se développer avec quelques modifications qui en transformeront le caractère, sinon les résultats définitifs, au cours de la semaine du 13 au 19 juillet. Il y aura dans les opérations qui vont commencer, trois périodes très nettes :

1º Du 13 au 15 juillet, l'armée espagnole se déploie le long du Guadalquivir et prend contact avec les troupes françaises;

2º Du 16 au 18 juillet, la manœuvre d'Andujar s'exécute;

3º Le 19, la bataille décisive se livre, non à Andujar, mais à Bailen.

CHAPITRE II

LE DÉPLOIEMENT DE L'ARMÉE ESPAGNOLE D'ANDALOUSIE SUR LE GUADALQUIVIR

SOMMAIRE

Journée du 13 juillet. — *Dupont reste à Andujar.* — *Vedel à Bailen.* — *Gobert arrive à Guarroman.*
Journée du 14 juillet. — *Mouvements de l'armée espagnole.* — *Hésitations de Vedel.* — *La perte de Villanueva.* — *Les ordres de Dupont et les projets de Vedel.* — *Les ordres de Vedel.*
Journée du 15 juillet. — *Vedel va à Mengibar.* — *Il revient à Bailen.* — *Castaños modifie le plan de Porcuna.* — *Dupont évacue les « visos » et se concentre à Andujar.* — *Dupont demande des renforts à Vedel.* — *Les inquiétudes du général Gobert.* — *Vedel décide d'aller à Andujar.* — *Dupont, croyant Mengibar gardé par Vedel, prescrit à Gobert d'aller à la Caroline.* — *La situation à Andujar.* — *La manœuvre espagnole est prête.*

Dupont à Andujar, avec sa 1re division, sa division de cavalerie et le général Lefranc qui vient de lui amener les 1.500 hommes du 6e régiment provisoire (1); Vedel à Bailen, avec la 2e division; cela fait en deux masses, plus de 12.000 hommes dont 1.800 cavaliers, mais en y comptant 3.500 malades traités dans les hôpitaux (2).

Et ainsi, de l'avis de Savary, comme de celui de l'Empereur, le corps de Dupont ne court aucun risque. Il est « plus que respectable » pour l'ennemi qu'il peut avoir devant lui (3).

« Respectable », certes oui, il l'est, mais à la condition de ne pas rester inerte! Malheureusement, Dupont se croit si « respectable » qu'il ne démord pas de son idée fixe d'offensive immédiate sur Cadix. Il n'est venu dans cette position d'Andu-

---

(1) Dupont à Savary, Andujar, 13 juillet (A. H. G. Corr. Mil., 6/10).
(2) Situation du corps de la Gironde au 6 juillet (A. H. G.).
(3) Savary à Dupont, Madrid, 9, 12 et 14 juillet (A. N., BB 30).

jar, mauvaise, tant au point de vue stratégique qu'au point de vue tactique, que pour se rapprocher des renforts dont il escomptait l'arrivée rapide (1). Et il ne songe qu'à se reporter en avant, au plus vite.

Le 11 juillet, Savary a dû lui écrire pour réfréner son ardeur :

« Vous ne pouvez encore vous porter en avant... Je suis aussi impatient que vous de pouvoir vous faire connaître le moment où il faudra marcher (2)... »

Le 14, après lui avoir dépeint une situation générale très indécise, il réitère :

« Vous voyez donc, général, la nécessité de ne rien entreprendre encore, malgré que vos observations soient très justes (3)... »

Enfin, sur une lettre du 9, où Savary l'engage encore à prendre patience et à s'efforcer de surmonter la disette dans sa position d'Andujar, Dupont se croit rivé à cette position, et répond :

« Je remplirai vos instructions, relativement à la position que j'occupe, et je m'y maintiendrai (4)... »

Ainsi Savary disait : « *Restez à Andujar* », en réponse à Dupont qui disait : « *Je veux aller à Cadix.* » Et Dupont croit alors qu'il a l'ordre de *rester à tout prix à Andujar même si les circonstances nécessitaient une retraite.*

Fatal malentendu, incompréhensible de la part d'un homme de guerre aussi expérimenté que Dupont et dont l'importance échappe à Savary et à Belliard, dans la haute idée qu'ils ont, tous les deux, des talents du vainqueur d'Albeck.

Le 13 juillet, Dupont sait que le maréchal Moncey a échoué dans sa tentative contre Valence (5). Devant lui, des indices, non équivoques de l'activité de l'ennemi se multiplient, et cependant, il écrit ces lignes au duc de Rovigo :

« Aujourd'hui, un corps de 25.000 hommes, les communications étant assurées, pourrait agir avec succès et se rendre

---

(1) Dupont à Murat. Q. G. d'Andujar, 28 juin (A. H. G., Corr. Mil. 6/9).
(2) Savary à Dupont, Madrid, 11 juillet (A. N., BB 30/97).
(3) Savary à Dupont, Madrid, 14 juillet (*Ibid.*).
(4) Dupont à Savary, Andujar, 13 juillet (A. H. G. Corr. Mil., 6/10).
(5) Par la lettre de Savary du 9 juillet (A. N., BB n° 97).

LE DÉPLOIEMENT DE L'ARMÉE ESPAGNOLE 107

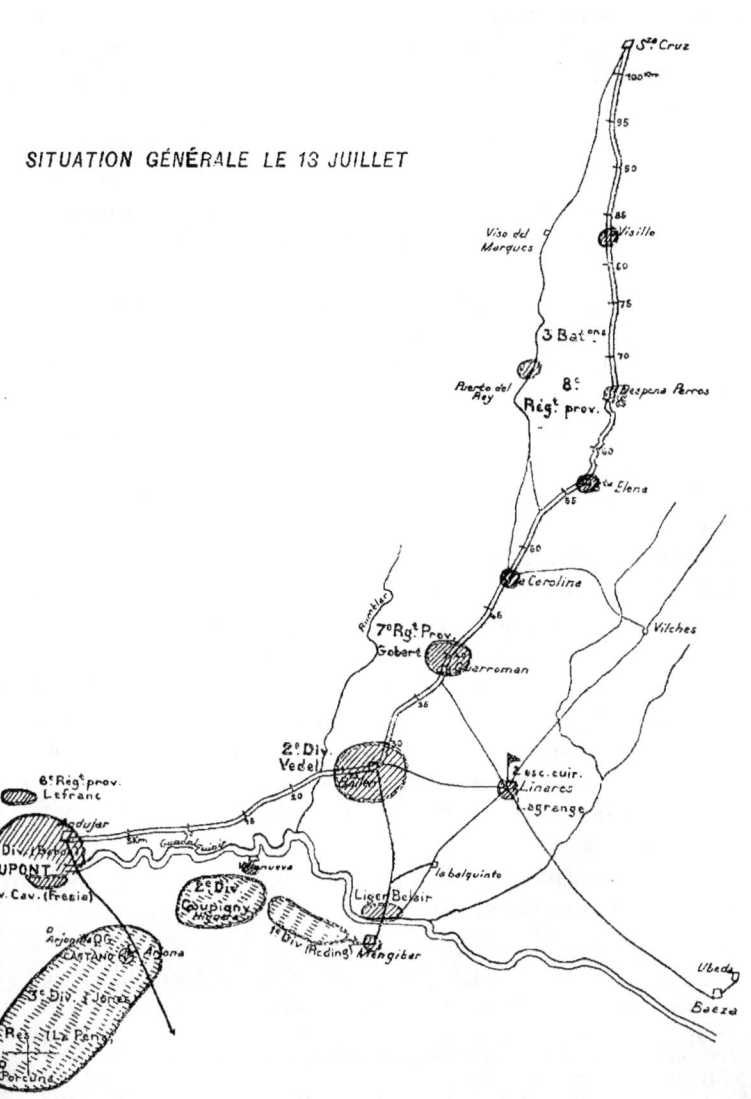

SITUATION GÉNÉRALE LE 13 JUILLET

promptement maître de Séville. Notre inaction, si elle se prolongeait longtemps, donnerait d'ailleurs aux rebelles du Midi les moyens de se concentrer avec ceux de Galice, de l'Aragon et de Valence... La place de Cadix est très forte du côté de la terre, mais j'espère que nous ne serons pas obligés d'en faire le siège (1). »

Idées fort justes, certes, mais dont la hantise empêchait le général de saisir les réalités immédiates. Combien un coup de boutoir lancé ce jour-là vers Porcuna, eût procuré de plus grands résultats que ces rêveries mélancoliques sur un siège de Cadix !...

Ce 13 juillet, en effet, la 3ᵉ division espagnole (Jones) s'entassait dans Arjona, à 15 kilomètres d'Andujar, et Castaños venait passer la nuit dans cette localité, où allait arriver la réserve de La Peña.

La 2ᵉ division (Coupigny) observait Villanueva, et la 1ʳᵉ division (Reding) précédée de son avant-garde que conduisait le brigadier Venegas, s'engageait déjà sur la route de Mengibar (2).

A Bailen, Vedel manque de vivres. Les réquisitions opérées à Jaen ont eu surtout pour effet de faire fuir les habitants des campagnes environnantes, et même de Baeza et d'Ubeda.

Le général Liger Belair s'est installé au bivouac, près du Guadalquivir, ayant placé une garnison dans Mengibar, et divers postes dans de petits ouvrages construits le long de la rive (3). Et là, ce général demeure inerte, comme tout le monde. Il assiste impassible à l'arrivée des éclaireurs de Reding.

« Conformément à vos instructions, explique Vedel à Dupont, il a défendu de rien engager inutilement (4)... »

Son détachement a d'ailleurs, lui aussi, beaucoup de peine à se procurer des subsistances (5).

---

(1) Dupont à Savary, Andujar, 13 juillet (A. H. G, Corr. Mil., 6/10).
(2) Tabla cronologica de los movimientos hasta Bailen (D. G., Leg. 10, n° 360).
(3) Voir croquis trouvé dans les papiers saisis chez le général Vedel (A. N., BB 30).
(4) Vedel à Dupont, Bailen, 13 juillet (A. N., BB 30/97).
(5) Vedel à Liger Belair, Bailen, 7 juillet (A. N., BB 30/97).

Des renforts arrivent, mais goutte à goutte. Il semble que le pays les boive. Et effectivement, le pays les boit, voici comment. Le général Gobert avait quitté Madrid, le 3 juillet, avec la brigade Dufour, comprenant les 7e et 8e régiments provisoires d'infanterie légère, le 2e régiment provisoire de cuirassiers, 2 pièces de 8, 2 obusiers et 1 pièce de 4, soit 3.000 fantassins et 600 cavaliers (1).

Il a dû laisser 2 bataillons du 8e régiment provisoire, soit 600 hommes, à Manzanares, avec un canon; un effectif à peu près égal, à Puerto del Rey, ce qui, en y comprenant un poste établi à Santa Elena, absorbe la totalité du 8e régiment provisoire dont l'effectif ne dépasse pas 1.500 hommes (2). C'est donc avec le seul 7e provisoire, les cuirassiers et l'artillerie, que Gobert, parti de Santa Cruz le 10 et de Santa Elena le 11, arrive à Guarroman le 12 (3).

En outre, par ordre de l'Empereur, il a laissé dans la Manche le troupeau de 500 bœufs dont il pouvait disposer. De sorte que, dans l'impossibilité où il est de faire vivre son détachement, il doit se débarrasser d'abord de ses cuirassiers, et autant pour leur procurer des fourrages que pour surveiller les directions dangereuses de Baeza et d'Ubeda, il les envoie avec le général Lagrange à Linarès (4). En fin de compte, il lui reste, le 13 au soir, moins de 1.800 hommes à Guarroman...

Ce jour-là, il s'agit pour les Espagnols d'un déploiement le long du Guadalquivir.

La division Jones demeure immobile devant Andujar, n'inquiétant en aucune manière les éclaireurs français installés sur les Visos, tandis que les divisions Reding et Coupigny se rapprochent du fleuve.

---

(1) Belliard à Berthier, Madrid, 2 juillet, minuit.
(2) Situation des troupes composant le corps d'observation de la Gironde à l'époque du 6 juillet 1808 (A. H. G., 6 b/5). Cette situation est la dernière qu'ait établie l'état-major du corps de Dupont.
(3) Dufour à Berthier : Rapport de la division Gobert du 15 au 17 juillet 1808 (A. H. G., Corr. Mil., 6/10).
(4) Vedel à Dupont, Bailen (A. N., BB 30/97); Vedel à Dupont, Bailen, 14 juillet (ibid.).

Dès 5 heures du matin, l'avant-garde de Reding, conduite par le brigadier Venegas, attaque Mengibar, mais mollement.

Ces troupes n'ont pas encore la cohésion qu'exige une offensive vigoureuse. La compagnie de la 1re légion qui occupait le village fait bonne contenance et tient assez facilement en respect la nuée de tirailleurs qui se précipitait devant elle (1).

Le général Liger Belair rend compte qu'il est en présence d'un ennemi très supérieur en nombre.

Vedel ne s'émeut pas de cet avis. Il se borne à le transmettre au général en chef, avec ce commentaire :

« Je pense qu'il peut, avec ce qu'il a, se défendre vigoureusement. D'ailleurs, dès que je saurai qu'il est attaqué, je le ferai appuyer et marcherai moi-même, si les circonstances l'exigent (2). »

Quelques heures plus tard, Liger Belair, sérieusement menacé, appelait de nouveau, et Vedel allait se résoudre à le faire appuyer par sa 1re brigade, quand il apprit que l'ennemi avait cessé ses attaques. Il demeura donc immobile :

« Je suis prêt, écrit-il à Dupont, à me porter où besoin sera... Je ne sais si j'ai un bourdonnement d'oreilles, mais il me semble, depuis cette nuit, entendre constamment le bruit du canon (3). »

Voilà donc un général commandant une division isolée, disposant de tout un régiment de cavalerie, dont le front est menacé par des forces dont il ignore l'importance, qui écoute ses « bourdonnements d'oreilles » pour acquérir sur la situation des éclaircissements sur quoi régler sa conduite, et qui, en attendant, demeure inerte, sans même chercher à savoir ce qu'il a devant lui.

Effectivement, on se battait, le long du Guadalquivir.

Le bataillon français occupant Villanueva en toute tranquillité avait envoyé, le 14 au matin, un détachement à la Higuera, pour y réquisitionner des vivres.

---

(1) D. G., Leg. 10, n° 360.
(2) Vedel à Dupont, Bailen, 14 juillet (A. N., BB 30/97).
(3) Vedel à Dupont, deuxième lettre, Bailen, 14 juillet (*ibid.*).

Ce détachement s'était heurté aux éclaireurs de Coupigny et avait été refoulé.

Surpris et débordé à son tour, le bataillon était rejeté sur la rive nord du Guadalquivir et les Espagnols s'installaient à Villanueva (1).

Il y avait là des moulins, un important dépôt de farine, perte grave pour les défenseurs d'Andujar, dans l'état de dénuement où ils se trouvaient. (2)

Une reconnaissance que Dupont s'est décidé à lancer d'Andujar sur Villanueva y est donc accueillie à coups de canon. Elle rapporte que la localité est occupée par 5 ou 6 bataillons qui doivent, dit-on, la quitter dans la soirée pour aller on ne sait où... sans doute vers Mengibar.

Le commandant du corps de la Gironde pense que si une menace ennemie existe réellement, elle vise Andujar et non Mengibar. Pourtant, il oriente son dispositif de défense de manière à n'être pas surpris du côté de Mengibar. Ordre est donné à Vedel de se tenir prêt à appuyer Liger Belair (3); à Gobert d'être prêt à se joindre à Vedel, et le général en chef compte aussi renvoyer de ce côté, s'il le faut, le général Lefranc et le 6e régiment provisoire d'infanterie (4).

Vedel, lui, monte une manœuvre sans en savoir plus long. Il voudrait, avec les troupes récemment arrivées à Guarroman et à Linarès, franchir le Guadalquivir, à une lieue en amont du bac de Mengibar et prendre à revers, en la coupant de Jaen, la petite fraction ennemie que, gratuitement d'ailleurs, il suppose isolée devant Liger Belair.

Malgré tout le mépris qu'il a pour les levées espagnoles, Dupont n'autorise pas cette manœuvre qui pourrait l'entraîner trop loin. Il rappelle que l'essentiel est d'observer les routes de la Sierra Morena (5).

---

(1) Dupont à Vedel, Andujar, 14 juillet (A. N., BB 30/97).
(2) D. G., Leg. 10, n° 360.
(3) Dupont à Vedel, Andujar, 14 juillet, 5 heures soir (A. N., BB 30/97).
(4) Dupont à Gobert, Andujar, 14 juillet (*ibid.*).
(5) Vedel à Dupont, Bailen, 14 juillet (A. N., BB 30/97); Dupont à Vedel, Andujar, 14 juillet, 5 heures du soir (*ibid.*).

A Gobert, il donne des instructions analogues, en insistant sur la nécessité vitale qu'il y a à garder les communications :

« Si l'ennemi faisait un mouvement sur Ubeda, écrit-il, pour gagner Linarès ou la Caroline, il faudrait bien vite se porter en force avec du canon sur ce point essentiel de la Caroline, qui est la clef de tous les chemins de la Sierra... C'est une position à ne jamais abandonner. Il faut y faire quelques ouvrages pour ajouter à sa défense (1). »

Le soir, Dupont ne douta plus d'une manœuvre de l'ennemi, quand il eut appris qu'un corps espagnol s'était dirigé sur Mengibar (2).

Ordre est immédiatement expédié à Vedel de prendre les armes à minuit et de se rapprocher de Liger Belair (3); à Gobert de se rapprocher de Bailen.

La lettre au général Gobert permet de se faire une idée de la manière dont le général en chef envisage la situation. Pour lui, il y a 5 ou 6 bataillons à Villanueva, avec de la cavalerie et du canon, et il y a 3.000 hommes à Mengibar. Comme le « mouvement des troupes de Villanueva semble annoncer quelque dessein » il juge nécessaire de soutenir Vedel, si ce dernier était attaqué demain matin, « ce qui est probable », bien qu'en réalité la menace sur Andujar soit plus sérieuse. De toute manière, la plus grande vigilance s'impose vers la Caroline et vers Ubeda « car l'ennemi pourrait remonter le Guadalquivir, pour chercher à pénétrer de ce côté et nous inquiéter dans les montagnes » (3).

Pourquoi Andujar est-il plus menacé que Mengibar ou que la Caroline? Dupont n'en sait rien, puisque aucune reconnaissance n'a été envoyée du côté d'Arjona. Il agit suivant une impression; il est inquiet parce qu'il n'est pas éclairé; il perd à chaque instant un peu plus de sa liberté d'action, parce qu'il est réduit à la défensive passive sur un front indéfendable, avec un bandeau devant les yeux, à proximité immédiate de l'ennemi... Tout cela est à peine vraisemblable.

---

(1) Dupont à Gobert, Andujar, 14 juillet (A. N., BB 30/97).
(2) D. G., Leg. 10, n° 360.
(3) Dupont à Vedel, Andujar, 14 juillet, 9 heures soir (A. N., BB 30/97).

LE DÉPLOIEMENT DE L'ARMÉE ESPAGNOLE 113

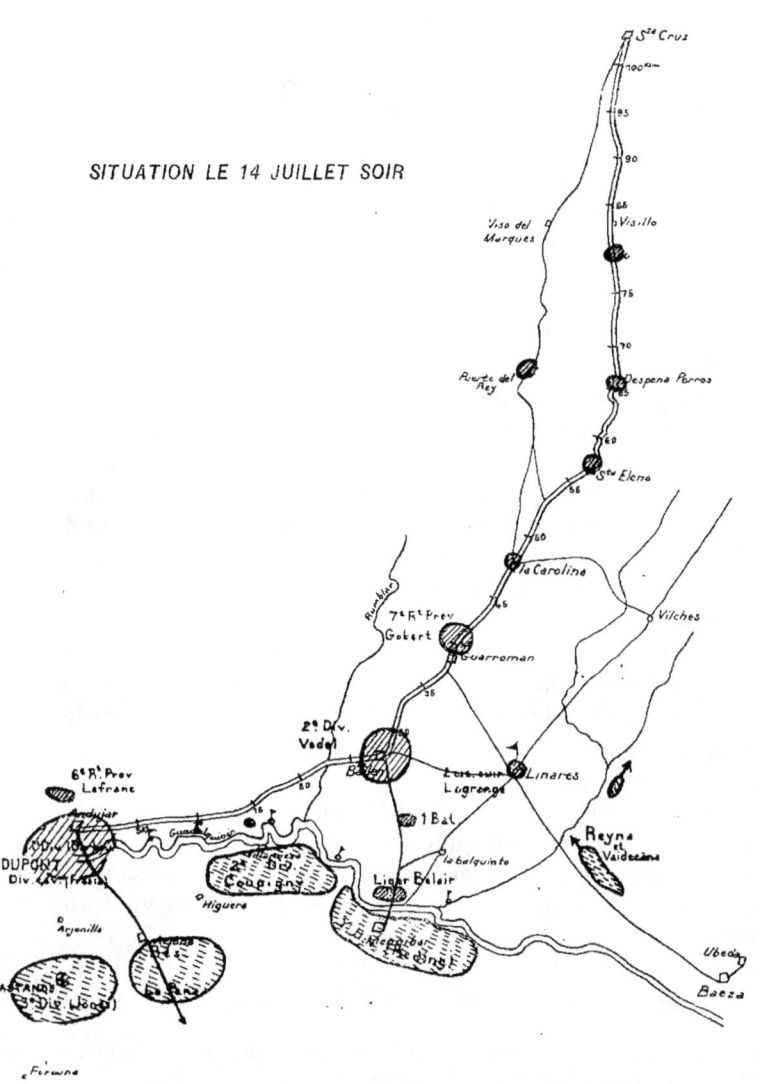

SITUATION LE 14 JUILLET SOIR

GUERRE D'ESPAGNE — III

Vedel reçoit, vers 11 heures du soir, les ordres du général en chef. Les renseignements qu'il possède confirment ceux qui lui sont donnés dans ce document.

Le poste de Santa Potenciana qui surveillait Villanueva a rendu compte, à 2 heures de l'après-midi, qu'il y avait 6.000 ou 7.000 hommes devant Villanueva « avec des cavaliers vêtus de blanc » (1).

La présence de Reding est signalée à Mengibar, avec 7 canons, et le bruit court que l'attaque doit se produire de ce côté demain, ou plutôt le 16, jour anniversaire de la bataille de Las Navas de Tolosa (2). Cette attaque, Vedel l'attend avec confiance.

« Les Espagnols remportèrent sur les Maures une victoire décisive, écrit-il au général en chef; ils n'auront pas, je l'espère, ces mêmes avantages sur nous (3). »

Le général en chef semble lui prescrire d'aller à Mengibar avec toutes ses forces. Lui préfère se maintenir à Bailen, pour ne pas laisser ce carrefour important inoccupé et il se contente de placer un bataillon à mi-distance entre Bailen et Mengibar, de façon que Liger-Belair soit appuyé dès les premiers coups de fusil et que lui-même ait le temps d'accourir avec son gros.

Quant au passage de Villanueva, à 3 lieues de Bailen, il le fait surveiller par un piquet de cavalerie.

Poursuivant d'ailleurs son idée d'un coup de main, Vedel prescrit à Liger Belair, dans le cas où l'ennemi manœuvrant par sa droite, chercherait à remonter le Guadalquivir vers les montagnes, de prendre une vigoureuse offensive pour enlever l'arrière-garde espagnole.

« Il faut l'observer bien attentivement, insiste-t-il, car nous ne devons pas permettre qu'il gagne les montagnes. Le coup vous serait réservé, et vous me feriez prévenir de suite du moindre mouvement que vous feriez pour l'exécuter, afin de vous appuyer (4). »

---

(1) Vedel à Dupont, Bailen, 14 juillet, 2 heures après-midi (A. N., BB 30/97).
(2) Petit hameau de la Sierra Morena, entre la Caroline et Sainte-Elena, où les paysans d'Andalousie battirent les Maures le 16 juillet 1212.
(3) Vedel à Dupont, Bailen, 14 juillet (A. N., BB 30/97).
(4) Vedel à Liger Belair, Bailen, 14 juillet (*ibid.*).

Avant que le jour ne se lève, la réflexion a rendu Vedel un peu moins optimiste. Les instructions du général en chef sont formelles : il doit soutenir Liger Belair qui est sérieusement menacé. Le canon a retenti sur tout le front. L'ennemi a montré partout des effectifs d'une certaine importance et le Guadalquivir, presque à sec, est un obstacle des plus médiocres.

Dès 4 heures du matin, toute la division était en route pour Mengibar. Quand elle arriva, à 6 heures, sur les hauteurs qui dominent le gué à 2 kilomètres, on se battait dans la vallée. Les nôtres avaient dû évacuer Mengibar, qui formait tête de pont sur la rive sud : une tête de pont illusoire d'ailleurs, puisque le fleuve pouvait être franchi partout, mais l'inconvénient très grave de cette évacuation était surtout l'abandon, ici aussi, de nombreux moulins et d'importants dépôts de farine, nouvelle perte qui dans la pénurie angoissante de vivres où l'on se débattait, revêtait le caractère d'un désastre (1).

Au demeurant, l'action était molle. L'ennemi, dont Vedel estima la force à 3.500 hommes, tenait les hauteurs de la rive sud. Il n'avait dans la vallée que quelques tirailleurs occupant les bois d'oliviers qui bordent le fleuve et un gros assez important dans Mengibar.

Vers 8 heures, la tiraillerie cessa même complètement et les groupes espagnols, qui étaient arrivés jusqu'au fleuve, se replièrent pour aller se mettre à l'abri sous les oliviers, car la chaleur était déjà intolérable. Vedel ne jugea pas opportun de prendre l'offensive pour essayer de réinstaller un poste à Mengibar, comme le demandaient avec insistance les généraux Liger Belair et Poinsot. Il reporta toutes les troupes sur les hauteurs pour fuir l'atmosphère étouffante de la vallée et ne laissa aux avant-postes, près du fleuve, que 4 compagnies retranchées dans les ouvrages gardant le gué.

La situation tactique était donc stabilisée de ce côté, assez défavorablement pour nous, d'ailleurs, et la question des vivres y conservait toute sa redoutable acuité. L'arrivée de la division Gobert à Bailen rendit même la position tout à fait critique à

---

(1) D. G., Leg. 10, n° 360.

ce point de vue, car, privée des ressources de Bailen, en même temps que de celles de Mengibar, de Linarès, d'Ubeda et de Baeza, la division Vedel se trouvait dans l'impossibilité de subsister un seul jour.

Aussi, Vedel prit-il, dès midi, la décision de revenir à Bailen.

« D'après ce que j'ai reconnu quant aux positions et à l'état praticable de la rivière, écrit-il à Dupont, je ne pense pas que l'ennemi songe jamais à tenter sérieusement un passage sur ce point, et dans ce cas, je serai aussi bien en mesure à Bailen qu'ici. D'ailleurs, j'ai besoin de vivres et Bailen est mon unique ressource. La division Gobert, qui y est arrivée, a consommé mes vivres (1). »

L'initiative prise par Vedel d'abandonner Mengibar constituait une grave erreur. Il y avait là d'importants approvisionnements qu'il aurait fallu prendre et garder à tout prix.

Au surplus, le retour de cette division à Bailen et le renvoi de Gobert dans les montagnes n'étaient pas conformes aux instructions du général en chef. Ces mesures rendaient incontestablement moins efficace le dispositif conçu par lui pour se maintenir au sud des montagnes.

Le départ pour Bailen fut différé jusqu'au soir. La chaleur était trop forte, les hommes trop affaiblis par la dysenterie, par les privations et par l'abus de l'eau tiède du Guadalquivir, seule boisson dont on disposât, pour qu'on pût sans danger les mettre en route sous ce soleil mortel.

Devant Andujar, Castaños n'est plus immobile. Il semble avoir compris combien le plan de Porcuna était imprudent, qui lui faisait acheminer toute son armée sur Bailen, en prêtant le flanc à un ennemi non fixé.

Donc, à 10 heures, l'avant-garde de la division Jones chassait des Visos les éclaireurs français et s'y installait. Mais, passant de l'excès d'audace à un excès de prudence non moins critiquable, le général espagnol décide de laisser les divisions Jones et La Peña devant Andujar. Ainsi l'armée espagnole sera divisée

---

(1) Vedel à Dupont, bivouac devant Mengibar, 15 juillet (A. N., BB 30/97).

en deux fractions égales, dont l'une, avec le général en chef, s'immobilisera devant Andujar et dont l'autre : deux divisions, sans un chef désigné pour les diriger toutes les deux, marchera sur Bailen...

Les *Visos*, nous l'avons dit, dominaient la vallée du Guadalquivir, à moins d'un kilomètre. De là, on plongeait dans Andujar et aussi dans les organisations de la rive sud, à l'achèvement desquelles le général Dabadie s'employait activement (1). Notre artillerie, en position sur la rive nord, essaya bien de gêner l'installation de l'ennemi sur ces observatoires où sa présence allait rendre tout à fait intenable le séjour d'Andujar, mais son action fut à peu près nulle. Les Espagnols répondirent au feu par le feu et deux batteries : une de campagne et une de position, installées sur les deux pitons 320 qui enserrent le chemin d'Arjonilla entretinrent avec nos canons une lutte sans effet, qui se prolongea jusque vers midi. Le seul résultat de cette canonnade fut de familiariser les levées espagnoles avec le bruit de détonations inoffensives (2).

En même temps, la division Coupigny essayait de forcer le passage du Guadalquivir à Villanueva, et le détachement de Cruz Mourjeon franchissait le fleuve au pont de Marmolejo, pour attaquer le flanc droit et les derrières des défenseurs d'Andujar.

Était-ce une bataille qui commençait sur tout le front, depuis Andujar jusqu'à Mengibar ? On pouvait le croire. Rien n'y manquait : combat de fixation devant Andujar; offensive sur Villanueva et sur Mengibar; mouvement enveloppant par Marmolejo... Seule, la vigueur faisait défaut. Manifestement, les troupes espagnoles n'étaient pas encore en état de mener à bien une action offensive, ni sans doute son commandement de la diriger.

En entendant le canon, Dupont semble sur le point se secouer sa torpeur. Contre Cruz Mourgeon, il détache le général Lefranc avec le 6e régiment provisoire; vers Villanueva, il envoie deux bataillons de la 4e légion (3), et comme l'essentiel, pour lui,

---

(1) Mémoires du capitaine Baste (B. N.).
(2) Journal du général Privé (A. H. G.).
(3) D. G., Leg. 10, n° 360.

est de savoir si l'ennemi fera sa principale attaque sur Andujar ou sur Mengibar, il se décide à lancer une reconnaissance au sud, vers les Visos.

Les effectifs engagés de ce côté sont ridiculement faibles, à la vérité : deux compagnies de voltigeurs de la 3e légion, soutenues par une compagnie de grenadiers du même corps et par un détachement de dragons (1).

A peine ce petit détachement a-t-il parcouru 800 mètres qu'il est en butte aux feux d'artillerie et d'infanterie de la division Jones en position sur les hauteurs. Il doit s'arrêter et bientôt se replier précipitamment car il est attaqué et menacé sur ses deux flancs par une nuée de tirailleurs qu'appuient 200 cavaliers réguliers (2).

Pendant ce temps, si nos canons n'atteignaient pas les Visos trop éloignés, l'artillerie espagnole, redoublant l'intensité de son tir, rendait intenables les retranchements inachevés de la tête de pont au sud du Guadalquivir, qu'elle dominait à 600 ou 700 mètres (3).

Ces retranchements, Dupont donne l'ordre de les évacuer pour éviter des pertes inutiles. Il avait apprécié à une dizaine de mille hommes la force de l'ennemi qui était devant Andujar (4) et dans ces conditions, il ne jugeait pas prudent de livrer bataille sur un terrain d'ailleurs défavorable, avec un fleuve à dos. L'occupation d'une tête de pont devenait donc provisoirement inutile, et puisqu'elle était dangereuse, mieux valait y renoncer. Le soir même l'évacuation était terminée.

La brigade Pannetier prit position le long de la rive, à droite et à gauche du pont. La brigade Chabert était à sa droite; le bataillon des marins de la Garde tenait Andujar et ce qui restait de la brigade suisse, réduite par les désertions, fut gardé en réserve. Quant à la division de cavalerie, elle fut disposée dans

---

(1) Dupont à Savary, Andujar, 15 juillet (A. N., BB 30/97). Cette lettre fut interceptée dans les conditions que l'on verra plus loin, et ne parvint pas à destination.

(2) Mémoires du capitaine Baste (B. N.).

(3) Bonne portée des canons de 12, système Gribeauval, dont étaient armées les batteries espagnoles (A. N., BB 30/97).

(4) Dupont à Savary, Andujar, 15 juillet.

la plaine, immédiatement au nord de la ville, ayant de nombreux détachements le long du Guadalquivir (1).

Pendant que Dupont prenait ces dispositions à Andujar, la seule arrivée de deux bataillons de la 4ᵉ légion devant Villanueva en imposait à Coupigny qui n'osait pas tenter le passage du fleuve et se contentait de tirailler de la rive sud.

D'autre part, le général Lefranc refoulait Cruz Mourgeon et l'obligeait à se réfugier dans les montagnes où ce dernier s'enfonçait avec son détachement jusqu'au Peñascal de Morales, dans une région sauvage et dépourvue de voies de communications. Là, le guerrillero espagnol se trouvait provisoirement dans l'impossibilité de remplir sa mission, qui était d'inquiéter les derrières de l'armée française (2).

15.000 ou 18.000 Espagnols avec une douzaine de canons devant la position d'Andujar; 2.000 ou 3.000 essayant de tourner cette position par l'ouest; 5.000 ou 6.000 la menaçant par l'est à Villanueva, voilà ce que voyait Dupont... Ces données à peu près exactes fortifièrent chez lui l'idée préconçue que l'objectif de l'ennemi était Andujar. Donc, sans connaître la situation de Vedel dans la région de Mengibar, il expédia, vers midi, à ce général, un de ses aides de camp, le capitaine Desfontaines, pour lui demander de lui envoyer une brigade, si l'ennemi n'était pas en forces devant lui et de toute manière, un bataillon et un escadron de cuirassiers (3).

L'aide de camp arrive à Bailen à 1 h. 30. Il y trouve le général Gobert venu de Guarroman à 11 heures du matin avec deux bataillons du 7ᵉ régiment provisoire, soit environ 900 hommes. Le général est sans cavalerie, mais il attend ses cuirassiers qu'il a rappelés de Linarès en quittant Guarroman, à 7 heures du matin. Ce n'est pas que l'importance capitale de la conservation de Guarroman lui ait échappé, mais la faiblesse de ses effectifs ne lui permettait pas de faire mieux.

---

(1) Mémoires du capitaine Baste (A. N., BB 30/97).
(2) D. G., Leg. 10, n° 360.
(3) Général Dupont : Second compte rendu de mes opérations militaires en Andalousie (A. H. G., 4/1). Cet ordre était verbal. Aucune pièce officielle ne le confirme. Gobert à Dupont, Bailen, 15 juillet, 1 h. 30 (A. N., BB 30/97).

Pour remplacer les cuirassiers à Linarès il a laissé à cet important carrefour un demi-bataillon du 7ᵉ régiment provisoire : 300 hommes, sous le commandant Lanusse. Comme instruction : se replier sur Guarroman, s'il y était forcé.

Gobert n'a donc pas assez de monde à Bailen pour envoyer au général en chef le bataillon que ce dernier demande. Mais il dirige le capitaine Desfontaines sur Mengibar, où est Vedel et lui-même annonce à Andujar le très prochain envoi d'un escadron de cuirassiers. Il propose même de se mettre en route avec ses 900 hommes, pour être rendu à Andujar avant le jour (1).

Dans sa dépêche, le général Gobert ne cache pas à Dupont, son vieux camarade de l'armée du Nord (2), les inquiétudes qu'il

---

(1) Gobert à Dupont, Bailen, 15 juillet, 1 h. 30.

(2) *Gobert* (Jacques-Nicolas) était né le 1ᵉʳ juin 1760 à la Basse-Terre. Il avait donc quarante-huit ans. Élève à l'École du génie de Mézières en 1780, lieutenant en 1782, capitaine en 1791, il était adjoint, comme tel, à l'État-major de l'armée du Nord sous Dumouriez. C'est là qu'il se lia d'amitié avec Dupont qui était employé comme capitaine à ce même état-major. Adjudant général en 1792, d'abord à l'armée des Vosges, puis à l'armée du Nord, il est fait, par le général Dampierre, en 1793, général de brigade à titre provisoire et chef d'état-major de l'armée du Nord. Commande à Mézières, à Cambrai, au Quesnoy, à Landrecies et à Philippeville. Destitué en 1793, rappelé comme chef de bataillon du génie à l'armée de l'Ouest; destitué de nouveau en 1795, puis une troisième fois en 1797, on chercherait vainement dans son dossier une pièce justifiant les mesures sévères et réitérées prises contre lui. Un rapport au Directoire fait seul allusion au motif de sa destitution de 1793, qui serait une lettre écrite par lui au représentant du peuple Deporté, où, après le 18 fructidor, il déclarait que « la représentation nationale devait demeurer intacte ». Phrase imprudente qui « fait suspecter son républicanisme et dont l'effet a pu être aggravé par son mariage, en 1795, avec Mˡˡᵉ Berthois de la Rousselière ». A côté du néant des accusations dont le ministre de la Guerre déclare plusieurs fois ignorer la nature, les attestations de civisme et les louanges sur la manière de servir abondent et font penser qu'à cette période de sa carrière, le général fut en butte, comme bien d'autres officiers, à de puissantes et tenaces inimitiés. Réintégré dans le grade de général de brigade en 1799, il est en Italie avec l'armée de réserve. Il fait partie de l'expédition de la Guadeloupe en 1802, et nommé général de division en 1803, il fait à l'armée du Nord les campagnes de 1806 et 1807. Le 11 novembre 1807, il était appelé au commandement d'une division du corps d'armée des Côtes de l'Océan et entrait en Espagne avec le maréchal Moncey. Nous avons vu comment sa division fut détachée du corps de l'Océan auprès de celui de la Gironde, par permutation avec la division Frère (A. H. G., dossier Gobert).

éprouve pour la ligne de communications du corps d'armée.

> Je ne connais pas la position de l'armée, écrit-il. Je pense que le général Vedel est établi sur le Guadalquivir, vis-à-vis de Mengibar, couvrant nos troupes de ce côté. Mais si l'ennemi est en forces, ne peut-il pas passer par les deux ponts vis-à-vis de Baeza, aller droit à Linarès, et de là, sur la Caroline et les défilés? C'est, dit-on, son projet; rien ne s'y oppose et dans un pays où nous n'avons que des ennemis, et eux des amis, nous pouvons ignorer une partie de leur marche (1).

A 3 heures de l'après-midi, le général Lagrange arrive à Bailen, ramenant de Linarès ses escadrons de cuirassiers. Il porte des nouvelles graves : l'ennemi est à Baeza et va se diriger vers la Caroline.

Cet ennemi, c'est le corps de Valdecañas. Fort de 5.000 insurgés, ce corps se rapproche des gorges, pour être en mesure de les occuper si une occasion favorable se présentait à lui, et en attendant, il menace le flanc de nos colonnes, paralyse leurs mouvements et met nos généraux à la devine.

> Ma position est embarrassante, écrit Gobert. Après m'être assuré de la marche de l'ennemi, si je vais à lui, je cours risque de me séparer de vous; si je reste, la porte de Madrid nous est fermée. Ne me blâmez pas sur le parti que je prendrai; je suivrai celui que je croirai le meilleur (2).

Voilà le problème posé clairement, en termes émouvants, et à la minute précise où une solution s'imposait. Si les renseignements donnés à Gobert étaient confirmés, nul doute que Gobert dût se porter d'urgence sur Guarroman et même sur la Caroline, et dès lors, Dupont devait se rapprocher des portes de la Sierra Morena, en allant à Bailen, sinon à Guarroman, pour ne pas laisser son dispositif s'allonger à l'infini. A lire sa lettre, on peut penser que si Gobert se fût trouvé, ce jour-là, à la place du Dupont, il eût certainement pris sans tarder cette sage décision.

Quand le capitaine Desfontaines rejoignit le général Vedel, il le trouva dans la situation que nous avons exposée, se disposant

---

(1) Gobert à Dupont, Bailen, 15 juillet, 1 h. 30 (A. N. BB 30/97).
(2) Gobert à Dupont, Bailen, 15 juillet, 3 heures après-midi (*ibid.*).

à retourner à Bailen, puisque décidément, l'ennemi ne semblait pas menacer Mengibar.

Le général en chef demande un bataillon, ou même une brigade si l'ennemi n'est pas menaçant. Sans chercher à s'assurer, par une action vigoureuse que les Espagnols ne sont pas en force devant Mengibar, Vedel se persuade, on ne sait pourquoi, que Mengibar ne court aucun risque. Tout de suite donc, il décide de laisser en observation devant cette localité, le détachement Liger Belair, renforcé du seul bataillon d'Affry, du 3e régiment suisse et de se rendre lui-même auprès du général en chef avec ce qui lui reste de sa division : la 5e légion, un bataillon du 3e régiment suisse, le 6e régiment provisoire de dragons et 11 canons, au total un peu plus de 3.000 hommes (1).

Faute grave découlant d'un excès de zèle, d'une compréhension inexacte de la situation, et surtout de cette manière qui est toujours celle de Vedel d'agir suivant une impression, sans chercher à s'éclairer; faute dont l'effet va être de laisser insuffisamment tenu un point d'une importance capitale, et par là, de précipiter la catastrophe.

Vedel parti, il n'y a plus dans la région Linarès, Mengibar, Bailen, pour s'opposer aux progrès de la division Reding forte d'une dizaine de mille hommes, que 1.200 hommes à Mengibar, avec Liger Belair, 300 hommes à Linarès, avec le commandant Lanusse; 900 fantassins et 200 cuirassiers à Bailen, avec le général Gobert, ensemble 2.600 hommes (2).

Or, tandis que Vedel s'acheminait vers Andujar, Dupont recevait à 9 heures du soir la lettre par laquelle Gobert lui signalait, à 3 heures de l'après-midi, la marche probable de l'ennemi vers la Caroline. Sa surprise fut grande de n'avoir pas été prévenu par Liger Belair de la présence d'un ennemi de quelque importance à Baeza. Mais l'idée ne lui vint pas, pour cela, d'aban-

---

(1) Vedel à Dupont, bivouac devant Mengibar, 15 juillet (A. N., BB 30/97).

(2) A Mengibar, le détachement du général Liger Belair, renforcé de 4 compagnies, comprend 21 compagnies et 80 dragons. (Commandant d'Affry, chef de bataillon du 3e suisses, laissé en renfort avec 4 compagnies du 3e suisses, à Belliard, Madrid, 26 juillet.)

LE DÉPLOIEMENT DE L'ARMÉE ESPAGNOLE 123

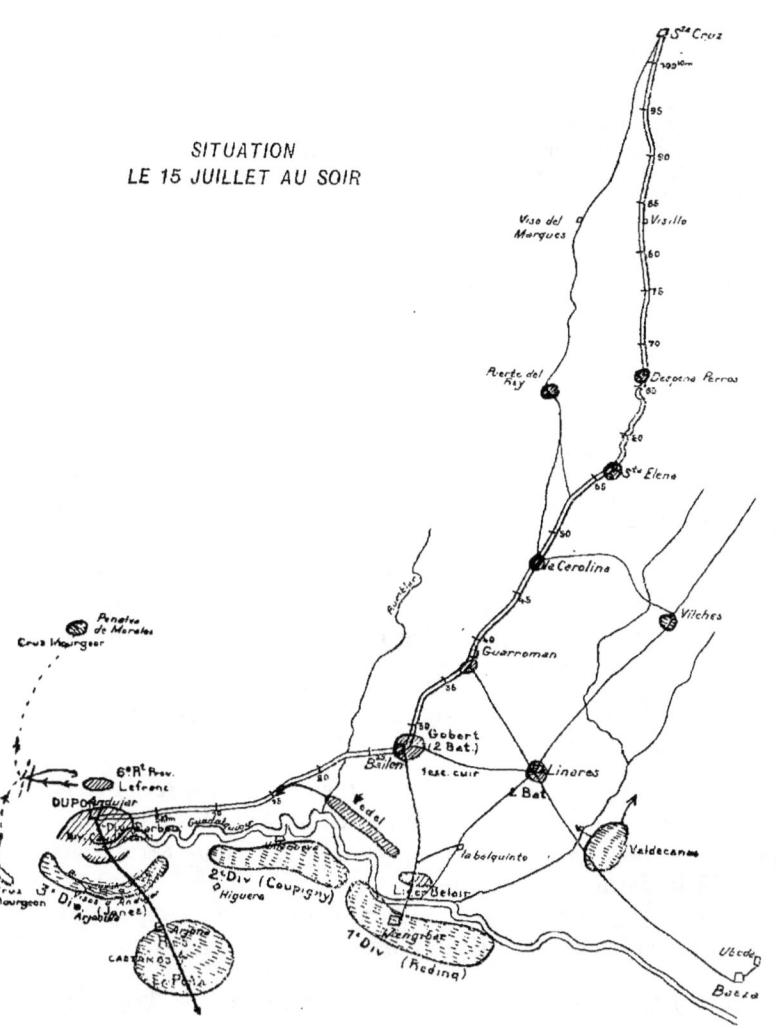

SITUATION
LE 15 JUILLET AU SOIR

donner Andujar. Dans la pensée que Vedel tenait toujours Mengibar avec des forces suffisantes, il envoie Gobert à la Caroline :

> La position de la Caroline, lui écrit-il, est de la plus grande importance. Si l'ennemi s'y porte réellement, il faut le gagner de vitesse et y établir la défense la plus opiniâtre. Je t'ai engagé à y faire construire quelques ouvrages. Il faut y faire venir tout ce que tu as laissé en arrière à Madridejos. Manzanarès et autres endroits, parce que ce point est la clef de la Sierra Morena. Les détachements doivent s'y rendre à marches forcées... Il sera nécessaire en même temps d'occuper Bailen, pour lier notre position de la Caroline à Andujar...

Gobert lui paraissant mal orienté, il lui dit ce qu'il pense de la situation : en résumé, que les Espagnols ayant 18.000 hommes devant Andujar, 6.000 devant Villanueva et 3.000 vers Marmolejo, ne peuvent avoir de forts effectifs vers Baeza. Il connaît d'ailleurs le jugement droit et le calme du général; il lui fait crédit :

> Je m'en rapporte entièrement à toi, lui écrit-il, tu sens comme moi l'importance de la Caroline. Il faut garder ce poste à tout prix. Préviens-moi de suite du parti que tu prendras, d'après les avis sûrs que tu auras recueillis (1)...

Son rapport à Savary, rédigé à peu près à la même heure, n'indique d'ailleurs pas qu'il soupçonne, en aucune manière, le danger de sa position. Même ce rapport contient encore une allusion à la marche en avant :

> Je supplie Votre Excellence, écrit-il, de m'envoyer des renforts nécessaires, afin que nous puissions reprendre nos opérations...

Il est vrai que cette allusion est tempérée cette fois par le compte rendu de l'installation de l'ennemi sur les Visos d'Andujar et par une phrase un peu pessimiste : « Nous résisterons jusqu'à la dernière extrémité. »

Cette lettre interceptée et lue dans les bivouacs espagnols, suffira pour y déchaîner l'enthousiasme (2).

La situation matérielle à Andujar était atroce. La dysenterie

---

(1) Dupont à Gobert, Andujar, 15 juillet (A. N., BB 30/97).
(2) Dupont à Savary, Andujar, 15 juillet (A. N., BB 30/97) et traduite en espagnol (D. G., Leg. 10, n° 360.)

sévissait, au point que près des trois quarts de l'effectif de la division Barbou en étaient atteints. Les hôpitaux regorgeaient de malades et pourtant ne contenaient que des malheureux incapables de tenir une arme. Réduits à 4 onces de pain par jour (1), les plus valides étaient fort affaiblis. Ils étaient réduits à chercher des grains de blé dans les champs et les écrasant entre deux pierres, ils en confectionnaient une bouillie qu'ils faisaient cuire avec leur viande. Comme boisson, toujours de l'eau tiède. Pas de vin, aucun cordial pour soutenir les organismes débilités par une chaleur mortelle, dépassant 40° pendant le jour et 30° pendant la nuit (2).

Or, le 15 au soir, la manœuvre espagnole est préparée et ses éléments sont à pied d'œuvre. Si le détachement de Cruz Mourgeon a échoué dans sa tentative d'enveloppement, la division Jones tient toujours Andujar sous le feu de ses canons. La division Coupigny est devant Villanueva, la division Reding devant Mengibar et le détachement Valdecañas se porte de Baeza sur Linarès, envoyant des partisans vers Vilches, pour menacer la Caroline. La division La Peña est toujours disponible à Arjona, prête à agir où besoin sera : sur Andujar ou sur Mengibar, Le déploiement en vue de la bataille est terminé le long du Guadalquivir, cependant que les divisions françaises réduites, fatiguées et désorientées ne savent où faire face (3).

---

(1) L'once valait 30 gr. 59 d'aujourd'hui. La ration journalière était donc de 123 gr. 36.
(2) Journal du général Privé (A. H. G., 4/2).
(3) D. G., Leg. 10, n° 360.

CHAPITRE III

LA MANŒUVRE D'ANDUJAR

SOMMAIRE

Journée du 16 juillet. — *La division Reding franchit le Guadalquivir.* — *Le général Gobert se porte au secours du général Liger Belair.* — *Combat entre Mengibar et Bailen. Mort du général Gobert.* — *Reding rétrograde sur Mengibar.* — *Le général Dufour se porte sur Guarroman.* — *Vedel à Andujar.* — *Coupigny intercepte un courrier de Dupont.* — *Optimisme de Dupont.* — *Dupont renvoie Vedel à Bailen avec une mission inexécutable.*
Journée du 17 juillet. — *Vedel poursuit sa marche au delà de Bailen sur Guarroman.* — *Il pousse Dufour sur Santa Elena.* — *Dupont s'attarde à Andujar.* — *Reding et Coupigny marchent sur Bailen.*
Journée du 18 juillet. — *Reding et Coupigny à Bailen.* — *Dupont reste à Andujar.* — *Indécision de Vedel.* — *Dufour reçoit l'ordre de rétrograder.* — *Vedel décide de revenir à Bailen.* — *Dupont décide de quitter Andujar.* — *La marche de Dupont sur Bailen.*

Éclairé comme il l'était sur les mouvements des Français, Castaños aurait pu terminer les opérations dès le 16 juillet par une victoire décisive. Jones et Coupigny, accrochés aux Visos, pouvaient maintenir, par des démonstrations vigoureuses, Dupont et Vedel dans Andujar; La Peña et Reding, bousculant les faibles détachements de Liger Belair et de Gobert, franchissaient le Guadalquivir à Villanueva et à Mengibar et prenaient Andujar à revers. Le coup de Bailen réussissait trois jours plus tôt à Andujar sur Dupont et Vedel réunis.

Mais Castaños était plus un diplomate qu'un général; sans doute aussi son armée n'avait-elle pas encore la cohésion nécessaire pour permettre une manœuvre aussi décisive. Il hésita; il ne donna pas des ordres fermes à ses divisionnaires; il ne les dirigea pas, de sorte que la bataille, vigoureusement commencée ce jour-là, s'arrêta d'elle-même, au moment où elle aurait pu être gagnée par les Espagnols.

LASALLE.

Le 16, à 3 heures du matin, Reding passait le Guadalquivir au gué de Rincon. Des renforts envoyés par Coupigny : un régiment d'infanterie, un détachement de cavalerie et deux pièces de canon, avaient été laissés sur la rive sud avec mission d'attirer par leurs feux l'attention des avant-postes français (1). La nuit était obscure; elle eût peut-être suffi à masquer le mouvement des Espagnols sans que la nécessité s'imposât de réveiller par des coups de canon l'ennemi qui dormait.

Du reste, Liger Belair ne fut pas surpris; une reconnaissance qu'il avait envoyée vers 2 heures du matin vers Jabalquinto l'avait averti en temps utile que de grandes forces ennemies passaient le fleuve en amont de sa position (2). Malheureusement, le général ne disposait pas de moyens suffisants pour s'opposer à cette manœuvre. Il s'empressa d'appeler à lui les quatre compagnies laissées le long du fleuve et ayant concentré son faible détachement sur les hauteurs, il informa le général Gobert qu'il s'attendait à une attaque, déclarant que si celle d'hier avait été insignifiante, celle qui se préparait paraissait devoir être plus sérieuse (3).

Donc, au point du jour, le passage de toute sa division étant achevé, Reding attaque la gauche de Liger Belair, lequel se rendant tout de suite compte de l'écrasante supériorité numérique de l'ennemi, adresse un appel pressant au général Gobert et se met en devoir de replier ses 1.100 hommes sur Bailen.

La retraite s'exécute dans un ordre parfait : l'infanterie en colonne de pelotons, l'artillerie au centre du dispositif.

Un moment, une charge de dragons espagnols met la droite en péril. Mais les Suisses du commandant d'Affry font bonne contenance et les Espagnols, malgré leur nombre, sont refoulés. Seule une pièce de canon dont l'attelage avait été tué doit être abandonnée dans le fond d'un ravin (4).

Dès la première communication reçue, Gobert s'était tenu prêt

---

(1) D. G., Leg. 10, n° 360. Rapport de Reding.
(2) Le commandant d'Affry à Belliard, Madrid, 26 juillet 1808 (A. N., BB 30/97).
(3) Gobert à Dupont, Bailen, 16 juillet (*ibid.*).
(4) Commandant d'Affry à Belliard, Madrid, 26 juillet (A. N., BB 30/97).

à soutenir Liger Belair. Le général Lagrange venait de le rejoindre avec les cuirassiers rappelés de Linarès et après avoir envoyé à Andujar l'escadron demandé par Dupont, le général se trouvait disposer de 200 de ces redoutables cavaliers. Mais comme infanterie, il n'avait que 900 hommes du 7e régiment provisoire. Les 120 hommes qu'en exécution des ordres du général en chef, il venait de rappeler de Guarroman où devaient les remplacer 300 hommes du 8e régiment provisoire, n'étaient pas encore là (1).

Pourtant, au deuxième compte rendu de Liger Belair, le général Gobert adresse ce mot rapide au général en chef :

Je marche. Le général Belair me fait dire qu'il est obligé d'abandonner son poste; je cours à lui. Il est très vrai qu'il y a 5.000 hommes à Baeza (2).

Gobert va donc se battre à Mengibar, sachant qu'une menace s'affirme à Baeza. Peut-être eût-il été plus sage de se fortifier dans Bailen et d'y appeler Liger Belair au lieu d'aller à lui pour livrer en rase campagne avec de faibles effectifs une bataille dont l'issue était loin d'être certaine.

Plein de confiance et d'allant, Gobert jugea qu'il aurait le temps de battre l'ennemi de Mengibar avant que celui de Baeza fût en mesure d'intervenir. Au moins, il était éclairé; il savait qu'il allait au devant de forces numériques importantes; la faute qu'il commit fut de sous-estimer la valeur de ces forces.

A 8 heures du matin, il rencontre à mi-chemin de Mengibar, sur les hauteurs qui forment la rive droite du torrent du Guadalimar, les troupes de Liger Belair dont la retraite continuait à s'exécuter en bon ordre. Il les arrête, les dispose face à l'ennemi et les encadre : à gauche par un bataillon du 7e régiment provisoire et par 150 cuirassiers; à droite par quatre compagnies du même régiment d'infanterie, 80 dragons arrivés de Bailen dans la nuit, et 50 cuirassiers (3).

C'était donc un total d'environ 2.000 hommes qui se trouvaient en ligne contre une dizaine de mille hommes de troupes régu-

---

(1) Gobert à Dupont, Bailen, 16 juillet (A. N., BB 30/97).
(2) Gobert à Dupont, Bailen, 16 juillet (*ibid.*).
(3) Le commandant d'Affry à Belliard (citée).

LA MANŒUVRE D'ANDUJAR

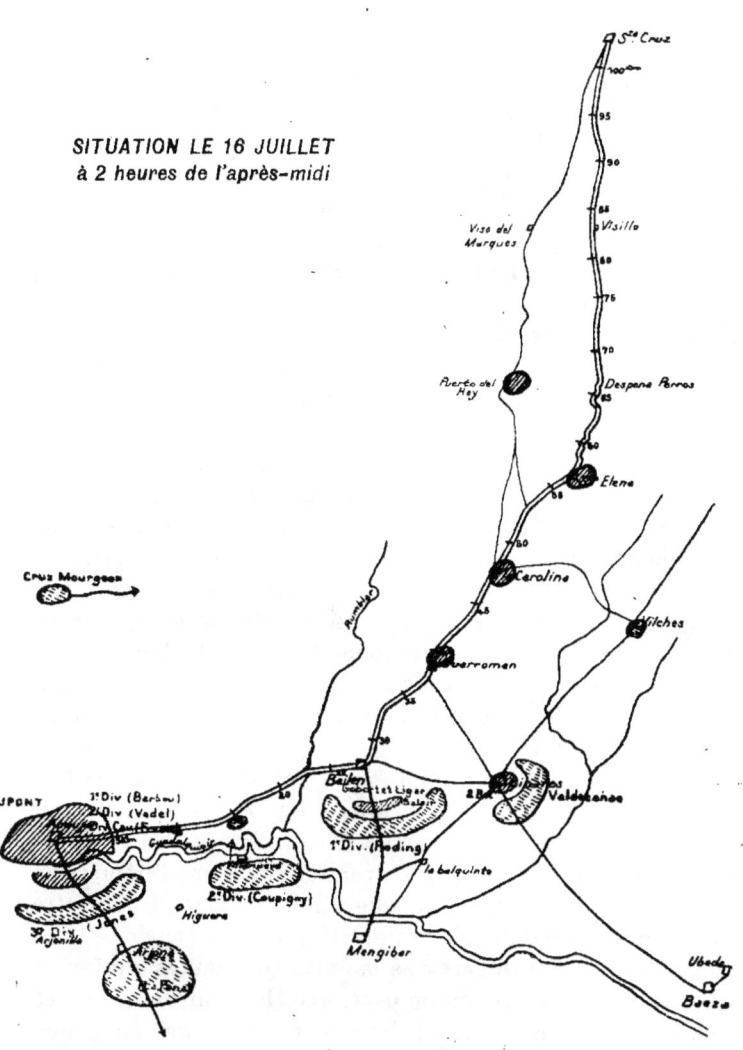

SITUATION LE 16 JUILLET
à 2 heures de l'après-midi

lières, appuyés par un nombre indéterminé de paysans armés, progressant sur les flancs de la ligne française et cherchant à gagner ses derrières. Des deux côtés, l'artillerie est au centre, et comprend une dizaine de pièces (1).

La canonnade s'engage et les Espagnols sont maintenus de front mais leur grande supériorité numérique leur permet de s'étendre et de déborder les deux ailes françaises.

A midi, sur l'ordre de Gobert, les cuirassiers chargent la droite de Reding. A la tête de 150 cavaliers, le général Lagrange et le major Christophe, commandant du régiment, refoulent les tirailleurs qui débordaient notre flanc gauche, mais ne peuvent entamer la ligne espagnole formée sur ce point par les Gardes wallonnes et par les deux régiments de *Reina* et de *Corona*.

A 1 contre 10, nos cuirassiers doivent se replier. Leur héroïsme avait suffi pour permettre à Gobert de rompre le combat; il ne suffit pas pour lui procurer le succès.

Tout de suite, d'ailleurs, la marée ennemie remonta, et en dépit de la fatigue des cavaliers, une nouvelle charge se révéla nécessaire, non plus pour bousculer les masses espagnoles, mais pour dégager notre infanterie et lui permettre de battre en retraite avant d'être absolument à bout de forces.

Le général Gobert allait, cette fois, prendre lui-même le commandement de ses cuirassiers quand une balle l'atteignit à la tête et le renversa. Sa blessure était des plus graves; on le transporte à Bailen, puis à Guarroman. Il devait mourir là, quelques heures plus tard.

Cet homme d'un calme, d'un sang-froid, d'un bon sens, d'un esprit de décision et d'un élan tout à fait remarquables, était de ceux dont l'action était susceptible de changer la face d'une affaire. Il est mort deux jours avant le désastre; l'impression très nette de toute l'armée fut que, s'il avait vécu, ce désastre ne se serait pas produit. Et vraiment, quand on songe au tempérament du général Gobert et à la nature des fautes qui furent commises sur ce théâtre, on ne peut, avec le recul du temps et la connaissance plus complète des documents et des faits, que

---

(1) Le commandant d'Affry à Belliard (citée). ARTECHE, *loc. cit.*, t. II, p. 464.

CHAMP DE BATAILLE DE MENGIBAR

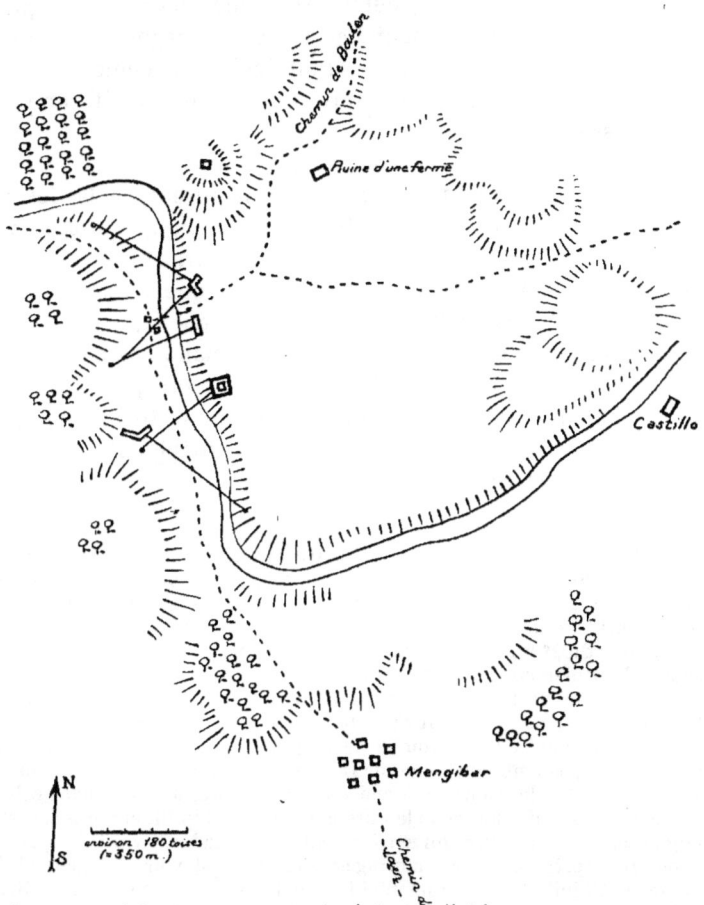

Croquis trouvé dans les papiers saisis chez le Général Vedel

garder encore aujourd'hui l'impression qu'eurent les soldats de 1808 (1).

Exaspérés par la mort d'un chef qu'ils aimaient, les cuirassiers conduits encore une fois à la charge par le général Lagrange et par le major Christophe, déployèrent une magnifique vigueur. Le mouvement enveloppant de la droite espagnole fut enrayé et même, les deux adversaires étant également épuisés, l'action s'arrêta. Vers 2 heures de l'après-midi, le feu avait complètement cessé.

Reding avait été impressionné par la fureur de la dernière charge. Ne se sentant pas soutenu par Coupigny qui aurait dû à ce moment, avoir franchi le Guadalquivir, et s'être porté à sa hauteur; craignant au contraire à chaque instant de voir déboucher la division Vedel sur son flanc gauche; mal ravitaillé au surplus, quand ses hommes harassés manquaient de vivres et surtout d'eau sous un soleil mortel, il n'osa pas poursuivre un combat qui, s'il devenait définitivement victorieux, ne pouvait que le compromettre davantage, en entraînant sa division plus avant vers Bailen.

---

(1) Baron Christophe de la Motte Guéry. Cité par Titeux (*loc. cit.*, t. II, p. 425). Le lieutenant-colonel Fournier, aide de camp du général Gobert, rendant compte de la mort du général au général Dupont, dit qu'il mourut « d'un coup de sabre qui l'atteignit à la tête, chargeant l'ennemi à la tête du 2⁰ régiment provisoire de cuirassiers. » (Lettre du lieutenant-colonel Fournier citée par Titeux, *loc. cit.*, p. 426). Pourtant, le procès-verbal de cette mort, rédigé en présence des généraux et des chefs de corps, dit que la cause de la mort fut une balle à la tête. Le général mourut dans la maison du curé de Guarroman, le 17 juillet, à 3 heures du matin. Son corps ne fut pas embaumé, comme il en avait manifesté le désir, mais son cœur le fut. On le remit, enfermé dans une boîte, au lieutenant-colonel Fournier qui s'était chargé de le faire parvenir à la famille et qui le conserva religieusement par devers lui sur les pontons de Cadix, avant de pouvoir accomplir, après plusieurs naufrages, son pieux devoir. Le général fut inhumé le 17 juillet à Guarroman et les troupes qui l'adoraient lui rendirent les honneurs militaires. Il laissait une fortune considérable que son fils sut utiliser de manière à empêcher son nom de tomber dans l'oubli. 200.000 francs furent consacrés à l'érection au Père Lachaise d'un monument où le cœur fut déposé. L'Académie française et l'Académie des Inscriptions et Belles-Lettres reçurent les fonds nécessaires pour récompenser chacune, par deux grands prix, l'un de neuf mille, l'autre de mille francs, les meilleurs ouvrages sur l'Histoire de France.

Profitant donc de son énorme supériorité numérique, il laissa un rideau devant les Français et, à l'abri des mamelons, se retira vers Mengibar, où il était de retour vers 4 heures (1).

Le général Dufour avait pris le commandement des troupes de la division Gobert.

Sentant la nécessité d'interdire à l'ennemi l'accès de Bailen, ce général décide tout d'abord de rester sur le champ de bataille jusqu'à la nuit. Mais, dès 3 heures de l'après-midi, divers bruits lui ayant fait craindre que l'ennemi ne menaçât Guarroman, il songe à se replier sur ce point « afin de conserver le débouché des gorges » (2).

A 10 heures du soir, encore aucun renseignement précis, mais toujours des bruits tenaces, voulant que l'ennemi soit à Guarroman. Devant la ligne française, toujours rangée en bataille, les Espagnols semblent à chaque instant être moins nombreux. Les soldats sont écrasés de fatigue. Le général Dufour décide enfin de se replier sur Bailen où il sera peut-être mieux placé pour juger de la situation et, en tous cas, pour faire reposer ses hommes.

Mais quelle n'est pas sa surprise, en arrivant à Bailen, vers 11 heures, d'y trouver le bataillon Lanusse envoyé la veille à Linarès. Ce bataillon a été chassé de Linarès dans la matinée par une force de 5.000 à 6.000 hommes, et se trompant de direction, il est venu à Bailen, au lieu d'aller à Guarroman, comme le général Gobert le lui avait prescrit.

Fausse manœuvre qui rend tragique une situation déjà grave. Une douzaine de kilomètres à peine séparent Linarès de Guarroman ; sans nul doute, le corps ennemi de Linarès s'est hâté de se porter dans cette direction, et il peut y être arrivé, interceptant les communications de l'armée. Peut-être même ce corps sert-il d'avant-garde à la division Reding qui s'est repliée sur Mengibar depuis plusieurs heures, alors que rien ne semblait motiver cette retraite. Cette division peut fort bien avoir

---

(1) D. G., Leg. 10, n° 360. Rapport de Reding.
(2) Dufour à Dupont. Sur les hauteurs en avant de Bailen, 16 juillet, 3 h. 30 du soir (A. N., BB 30/97).

remonté le Guadalquivir pour s'engager sur le chemin de Linarès. Situation angoissante et nécessitant une décision immédiate.

Le bataillon Lanusse est tout de suite poussé en avant-garde sur Guarroman, et le général Dufour, ne laissant qu'un court répit à ses troupes harassées par une rude journée de combat, se met en route à minuit avec toutes ses forces (1). Il arrive à Guarroman avant le jour.

L'ennemi n'y est pas. Les rares habitants qui consentent à parler, disent qu'il y a 7.000 ou 8.000 hommes entre Linarès et Guarroman. Les reconnaissances, lancées un peu dans toutes les directions, sont fort gênées dans ce pays tourmenté et boisé. Elles découvrent de l'ennemi partout, mais sont dans l'impossibilité de déterminer sa force. Un bruit veut qu'un corps espagnol soit en route pour Santa Elena, à 18 kilomètres plus au nord.

Sans désemparer, le bataillon Debron, du 7e provisoire, est envoyé sur ce point important, avec 25 cuirassiers et une pièce de 4. Si ce détachement est attaqué, il appellera à son secours et résistera, jusqu'à la dernière extrémité.

Deux compagnies du 8e provisoire, occupant la Caroline, devaient venir à Guarroman. Elles reçoivent l'ordre de rester à la Caroline.

Quant à Dufour, il compte se tenir à Guarroman, s'éclairant de son mieux et attendant soit des ordres d'Andujar, soit un appel de Santa Elena (2).

Pendant ces graves événements, la division Vedel avait exécuté, le long du Guadalquivir, par un sentier de traverse, serpentant à travers des rochers et des précipices, une marche des plus pénibles qui avait duré toute la nuit du 15 au 16 et plus de la moitié de la journée du 16. La nuit, par une obscurité profonde, à chaque instant une roue se brisait ou un canon roulait avec son attelage dans un ravin d'où l'on ne le retirait qu'à grand'peine. La chaleur était d'ailleurs étouffante et les hommes, privés de nourriture, étaient harassés.

Au surplus, ce mouvement s'effectuait à quelques centaines

---

(1) Dufour à Vedel, Bailen, 17 juillet (A. N., BB 30/97).
(2) Dufour à Vedel, Guarroman, 17 juillet (A. N., BB 39/97).

de mètres des postes de Coupigny qui ne tardèrent pas à l'éventer, circonstance qui eût certainement occasionné un désastre si le général espagnol eût été plus audacieux.

On mit dix-neuf mortelles heures à parcourir les 27 kilomètres qui séparent, par ce chemin, Mengibar d'Andujar et il était 2 heures de l'après-midi quand sous un soleil de feu, la tête de la colonne de la division arriva à Andujar. Vedel l'y avait devancée depuis midi; les équipages n'y furent rendus que vers 8 heures du soir (1).

Ces troupes à bout de forces, Dupont les plaça au bivouac à côté de la cavalerie et leur fit distribuer du biscuit et un peu d'eau-de-vie. Au général Vedel qu'il reçut dans une chapelle, hors de la ville, il fit un excellent accueil (2). Vedel amenait en effet à peu près la valeur d'une brigade, ce qui lui avait été demandé, et on s'attendait pour ce jour-là, jour anniversaire de la bataille de Las Navas de Tolosa, à une offensive de Castaños sur Andujar (3).

Justement, vers midi, l'artillerie espagnole qui avait suspendu

(1) Philippe GILLE, *Mémoires d'un conscrit de 1808*.

(2) Le général Marescot, premier inspecteur général du génie, qui, chargé de se rendre à Cadix, était réduit par les circonstances à suivre en témoin le corps d'armée de Dupont, vint aussi voir le général Vedel, et il lui dit : « *Soyez le bien arrivé ; vous étiez le bien désiré...* » et il ajouta en s'adressant à la fois à Dupont et à Vedel : « *Maintenant que vous voilà réunis, j'espère que vous ne vous séparerez plus.* » Ce à quoi Vedel répondit : « *Je suis fort aise de n'avoir plus de responsabilité.* » (Interrogatoire du général Marescot par le général Buquet, le 28 septembre 1808, A. H. G., 4/1). Ce détail semble indiquer que l'arrivée de Vedel à Andujar ne fut pas précisément une surprise et que même certains officiers, sinon le général en chef, en furent satisfaits. L'impression, à l'état-major du corps d'armée, fut même que ce mouvement avait été ordonné par le général en chef dont l'idée fixe était de profiter d'une faute de l'ennemi, pour l'attaquer à Andujar avec les plus grandes forces possible (Interrogatoire du capitaine de Villoutreys, le 29 août 1808, A. H. G., 4/1). Dupont dit bien (Relation de la campagne d'Andalousie et Précis de mes opérations militaires en Andalousie depuis le 15 jusqu'au 22 juillet 1808, A. H. G., 4/1) qu'il avait « vu avec peine le mouvement du général Vedel sur Andujar », mais la faute de son lieutenant ne semble lui être réellement apparue que le soir du 16, quand il fut informé du combat de Mengibar. A midi, au contraire, il semble avoir accueilli avec satisfaction le renfort qui lui arrivait car il croyait bien avoir devant lui, à Andujar, la masse principale de l'armée de Castaños.

(3) Dupont à Belliard et à Savary, 16 juillet, Andujar (A. N., BB 30/97).

son tir pendant quelques heures, le reprenait et de fortes colonnes que l'on estima à 5.000 hommes, descendirent des Visos vers le pont d'Andujar (1). Démonstration théâtrale qui se réduisit en définitive à un simple combat d'artillerie, car ces troupes n'arrivèrent pas jusqu'au fleuve. Elles obliquèrent très vite à droite, mouvement qui les rapprochait de la division Coupigny (2).

Quand l'arrière-garde de Vedel se fut éloignée de Villanueva, Coupigny, averti des mouvements des Français, fit immédiatement franchir le Guadalquivir à un détachement composé du régiment de cavalerie Borbon et d'un bataillon de volontaires catalans.

Arrivé sur la route de Bailen à Andujar, ce détachement tomba sur un convoi insuffisamment escorté, venant d'Andujar.

Dans ces voitures, on trouva les deux lettres où Dupont exposait sa situation à Belliard et à Savary. On y vit l'impossibilité où les Français étaient de rester à Andujar, leur besoin urgent de vivres et de renforts et leur inquiétude pour leurs communications... Traduites en espagnol, imprimées à des centaines d'exemplaires et répandues dans les rangs de l'armée de Castaños, ces dépêches y soulevèrent autant d'enthousiasme qu'aurait pu le faire l'annonce d'une victoire (3).

Depuis l'arrivée de Vedel à Andujar, Dupont croyait sa situation rétablie. Avec 12.000 hommes, il se sentait parfaitement en mesure d'arrêter toute l'armée de Castaños. D'autre part, sa gauche, entre Mengibar et Bailen, étant solidement appuyée par la division Gobert qui tenait aussi les gorges, il pouvait attendre les événements.

Vers 6 heures du soir, le rapport de Dufour, daté du champ de bataille devant Bailen, 3 h. 30, vient un peu ébranler ce robuste optimisme, mais point encore faire sentir au général Dupont tout le tragique de sa situation.

Pourtant, un caractère moins fortement trempé se fût sans doute sérieusement alarmé, car les nouvelles étaient graves : le

---

(1) Mémoires du capitaine Baste (cités).
(2) D. G., Leg. 10, n° 360. Compte rendu de Castaños.
(3) D. G., Leg. 10, n° 360. Compte rendu de Coupigny.

général Gobert grièvement blessé ; des forces ennemies évaluées à 12.000 hommes arrivées devant Bailen ; les communications de l'armée menacées aussi par 7.000 hommes occupant Linarès ; le général Dufour envisageant la nécessité de se replier sur Guarroman, avec ses 2.000 hommes, pour protéger les gorges (1)...

Dupont ne s'émeut pas. Se croyant rivé à Andujar par ses instructions, il ne songe pas un instant à concentrer toutes ses forces à Bailen. Il estime faire assez en renvoyant Vedel sur ce point.

Vedel est près de lui, dans une maison voisine. Il juge inutile de le voir, pour l'éclairer et l'orienter. Il se borne à lui écrire et l'ordre qu'il lui fait remettre est même très laconique. Il s'agit d'aller le plus rapidement possible à Bailen pour y faire sa jonction « avec le corps qui a combattu aujourd'hui à Mengibar et qui s'est replié sur cette ville ».

Renforcé par le 6e régiment provisoire d'infanterie, un escadron de dragons et un escadron de chasseurs, Vedel doit rejeter l'ennemi sur Mengibar, au delà du fleuve et assurer les postes très importants de Guarroman et de la Caroline. Si l'ennemi occupe Baeza, il l'en chassera ; après quoi, il reviendra avec une partie de ses forces à Andujar « afin, écrit le général en chef, de combattre l'ennemi qui se trouve devant nous » (2).

En même temps, Dupont envoie un courrier au général Dufour :

« Dans le cas, lui écrit-il, où vous reconnaîtriez l'impossibilité de vous maintenir dans votre position, vous vous retireriez sur la route d'Andujar, pour opérer votre jonction avec la 2e division, ou à Guarroman, suivant les circonstances dans lesquelles vous vous trouverez (3). »

La mission de Vedel est inexécutable. Après une marche de nuit et de jour de dix-neuf heures, par des chemins atroces, sa division n'est à Andujar que depuis 2 heures de l'après-midi

---

(1) Dufour à Dupont. Champ de bataille devant Bailen, 3 h. 30 après-midi (A. N.).

(2) Dupont à Vedel, Andujar, 16 juillet (A. N., BB 30/97).

(3) Dupont à Dufour, Andujar, 16 juillet. Lettre remise le 17 au soir, à Guarroman, peu avant l'arrivée de Vedel (Dufour à Berthier, A. H. G., Corr. Mil., 6/10).

et ses convois viennent à peine d'y arriver. En exécution de l'ordre reçu, elle doit repartir à 7 heures du soir pour parcourir les 27 kilomètres qui séparent Andujar de Bailen.

A Bailen, on rencontrera très probablement l'ennemi qu'on devra mener battant jusqu'au delà de Mengibar, à 12 kilomètres de Bailen.

Si l'ennemi est à Baeza, il faudra l'en chasser de haute lutte. Or, Baeza est à 27 kilomètres de Mengibar, par des chemins atroces.

Et après ces étapes et ces combats, la division devra revenir à Andujar, c'est-à-dire couvrir encore une cinquantaine de kilomètres pour être prête à se battre aux côtés de la division Barbou...

On croit rêver en lisant un pareil ordre.

Au surplus, ce formidable programme semble faire une complète abstraction d'une valeur combative quelconque de l'ennemi. Or, l'ennemi est là, en forces, tout le long du Guadalquivir et d'après les termes de la lettre de Dupont à Savary, écrite le matin, il montre « un plan régulier » (1).

La division Vedel quittait Andujar à 11 heures du soir, à peu près au moment où le détachement du général Dufour quittait Bailen pour se rendre à Guarroman.

Vedel emmène donc sur la route de Bailen un effectif d'environ 5.500 hommes (2).

Les troupes sont harassées, la chaleur est étouffante. La marche est lente. Ce n'est qu'à 8 heures du matin, après toute une nuit d'efforts, que la colonne arrive à Bailen, ayant parcouru en moyenne 3 kilomètres à l'heure (3).

A Bailen, il n'y a personne, ni Français, ni Espagnols; les

---

(1) Dupont à Savary, Andujar, 16 juillet (A. N., BB 30/97).

(2) Cet effectif se décompose ainsi : 1/2 bataillon de la 1re légion (4 compagnies ayant été laissées à Liger Belair) : 300 hommes ; 3 bataillons de la 5e légion (général Poinsot) : 2.200 hommes ; 1 bataillon du 3e suisses (commandant d'Affry) : 750 hommes ; 1 bataillon de la 4e légion (capitaine Baste) : 600 hommes ; 4 bataillons du 6e régiment provisoire d'infanterie légère : 1.400 hommes ; 2 escadrons de cavalerie : 200 hommes ; 10 canons. Au total : 5.450 hommes.

(3) Vedel à Belliard, Santa Elena, 21 juillet (A. N., BB 30, registre Corr. général Vedel) ; Vedel à Dupont, Bailen, 17 juillet, 8 h. 1/2 matin (*ibid.*).

LA MANŒUVRE D'ANDUJAR

SITUATION LE 16 JUILLET
A MINUIT (nuit du 16 au 17)

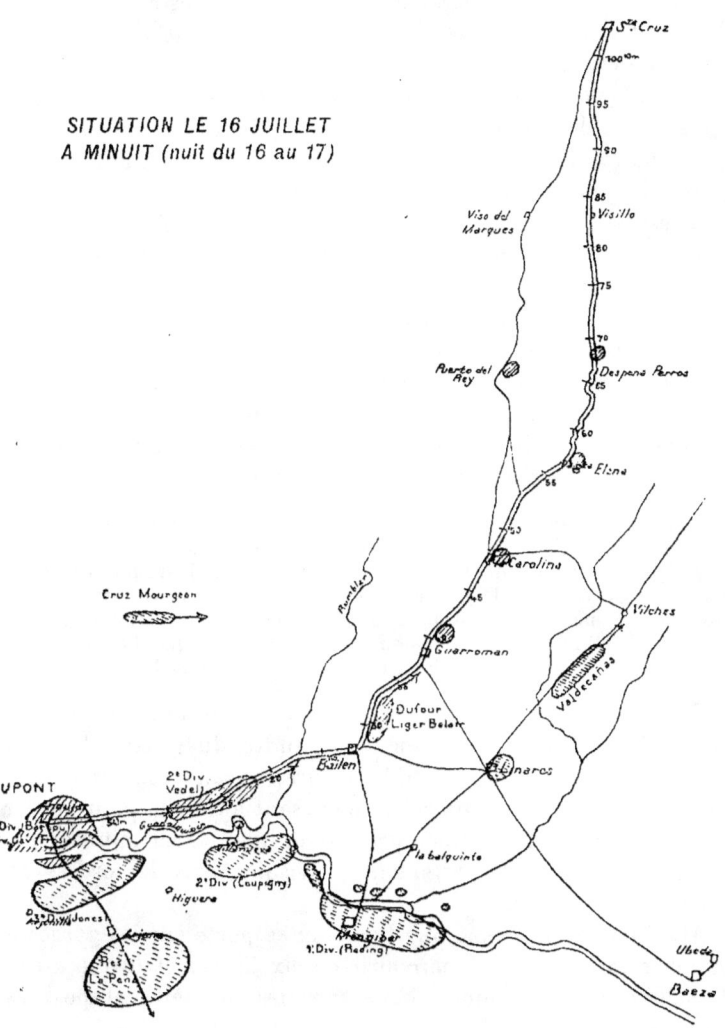

éclaireurs ennemis n'ont pas encore poussé jusque-là et le général Dufour est parti pour Guarroman à minuit avec tout son détachement. Même ce général n'a laissé aucun poste à Bailen et il est difficile de comprendre pourquoi un point aussi important a pu être abandonné...

Le corregidor et quelques habitants disent que le corps ennemi qui s'est battu hier à Mengibar a dû se joindre à celui d'Ubeda; que tous les deux ont dû pousser par Linarès sur Santa Elena et que le général Dufour s'est certainement porté vers le nord, pour essayer de les arrêter. L'effectif du corps de Mengibar serait évalué à 6.000 hommes; celui du corps d'Ubeda est inconnu. Propos volontairement alarmistes peut-être, mais la fatigue est telle que Vedel n'essaie pas de les vérifier.

Il disposait pourtant de deux escadrons de cavalerie. Il eût pu s'éclairer, savoir tout au moins s'il y avait des Espagnols à Linarès... Il n'y songea pas. Il bâtit sur une hypothèse vraisemblable, sans doute, mais gratuite, une manœuvre dont il sentait cependant bien tout le caractère décisif.

> Comme les instructions de V. E., écrit-il à Dupont, portent que je dois faire ma jonction avec le corps qui s'est replié sur Bailen, quoique harassé de fatigue, je partirai d'ici pour me rendre encore aujourd'hui à Guarroman, afin de regagner la journée que l'ennemi a sur moi, l'atteindre, le battre et déjouer ainsi ses projets sur les gorges. Je vais écrire au général Dufour, pour l'informer de mon mouvement, savoir quelque chose de positif sur sa marche et sur les données qu'il peut avoir de celle de l'ennemi (1)...

Puis, sans autre renseignement, sans nouvelles instructions du général en chef, sans même attendre, du général Dufour, une réponse à la dépêche qu'il lui a adressée (2), il remet en route sa division, à 4 heures du soir, ne laissant à Bailen, pour garder ce point, dont l'importance grandit de minute en minute, que deux bataillons du 6ᵉ régiment provisoire, sous les ordres du général Cavrois (3).

Aiguillonné par l'idée que l'ennemi se porte sur les gorges à marches forcées, il fait parcourir en six heures et demie à son détachement, dont nous connaissons les dernières étapes, les

---

(1) Vedel à Dufour, Bailen, 17 juillet, 8 h. 1/2 matin (A. N., BB 30/97).
(2) Vedel à Dufour, Bailen, 17 juillet (*ibid.*).
(3) Vedel à Dufour, Guarroman, 17 juillet, 10 h. 30 soir (*ibid.*).

30 kilomètres qui séparent Baïlen de Guarroman, et il arrive dans cette localité à 10 h. 30 du soir.

Il est surpris de trouver là le général Dufour, quand il le croyait parti pour Santa Elena. Il lui donne l'ordre de se mettre en route d'extrême urgence, parce que « les rapports de quelques paysans s'accordent à dire que l'ennemi marche par plusieurs chemins pour s'emparer des gorges » (1).

S'éclairer?... Il n'y songe toujours pas. Il craint seulement que l'ennemi ne le devance à Santa Elena, mais il estime exagérés les rapports qui portent à 8.000 ou 10.000 hommes l'effectif de cet ennemi. Mais pourquoi dès lors s'écarter autant de Dupont, avec toutes ses forces?

Dans sa dépêche au général en chef, il se déclare d'ailleurs décidé à chercher l'ennemi sur toutes les routes « afin de le battre partout » avec sa division qui aura ainsi depuis le 15 au matin, c'est-à-dire en trois jours et trois nuits, parcouru au minimum 128 kilomètres, soit 42 kilomètres par vingt-quatre heures. Il compte ensuite rejoindre Dupont par Baïlen « dans le plus court délai », c'est-à-dire parcourir encore 89 kilomètres, pour venir se battre à Andujar.

Et c'est bien là l'esprit des ordres qu'il a reçus.

L'importance capitale du carrefour de Baïlen, il ne la sent d'ailleurs que du point de vue d'une manœuvre française et il n'imagine pas un instant ce qui se passerait si l'ennemi s'y installait...

J'ai examiné de nouveau la situation de Baïlen, écrit-il à Dupont; elle me paraît très avantageuse sous tous les rapports. Un corps d'armée établi à Baïlen serait maître de tout le royaume de Jaen, en faisant occuper Baeza et Ubeda, et y vivrait bien. La position de Jabalquinto commande toutes les autres. Ce village est à peu de distance de Baïlen et couvre tout le pays (2)...

Quant à Dufour, il n'obéit qu'à regret à l'ordre de se porter sur Santa Elena : « Que deviendra le général Dupont? » aurait-il demandé. L'ordre qui lui avait été donné n'en fut pas moins

---

(1) Vedel à Dupont, Guarroman, 17 juillet, 10 h. 30 (A. N., BB 30/97).
(2) A. H. G., Corr. Mil., 6/10.

maintenu et Dufour, parti de Guarroman à 10 h. 30 du soir, arrivera à Santa Elena dans la matinée du 18.

Vedel le suit à quelques heures de distance et arrête, au point du jour à la Caroline, en pleine sierra, à 50 kilomètres d'Andujar, ses troupes rompues de fatigue et ses voitures hors d'état de rouler davantage (1).

Avant de quitter Guarroman, il y a rappelé le général Cavrois, de sorte que personne ne garde plus Bailen.

A Andujar, Dupont n'a encore reçu, à 11 heures du matin, aucune nouvelle, ni de Vedel, ni de Dufour. Toute la journée du 17 s'est passée pour lui dans l'attente. Des partis ennemis s'étant montrés sur la route de Bailen, il a dû envoyer deux compagnies à la Poste pour assurer le passage des courriers.

Il commence à être inquiet, car non seulement le calme est devenu profond devant Andujar, mais l'ennemi semble même évacuer quelques-unes de ses positions et glisser vers l'Est. C'est l'opinion de tout le monde que les Espagnols vont chercher à menacer les communications de la division Barbou. Et Dupont en vient tout de même à se demander s'il n'aurait pas avantage à se rapprocher des gorges...

Si vous trouviez devant vous des forces trop considérables, écrit-il à Vedel, je marcherais de suite pour vous joindre. L'essentiel est de rester maître de nos communications (2)...

Inspiration malheureusement fugitive!

Quelques instants plus tard, des dépêches de Vedel, de Dufour et du capitaine Baste viennent révéler une situation tout au moins dangereuse. Elles montrent l'ennemi cherchant ouvertement à s'emparer des défilés, et Dufour et Vedel remontant vers le nord, en luttant de vitesse avec les Espagnols pour ne pas se laisser devancer aux portes de la Sierra Morena. Et Dupont d'applaudir à ce mouvement.

D'après les mouvements de l'ennemi, écrit-il, le général Dufour a très bien fait de gagner de vitesse la Caroline et Santa Elena, pour occuper

---

(1) Rapport du capitaine Mercier (A. N., BB 30/97).
(2) Dupont à Vedel, Andujar, 17 juillet (A. N., BB 30/97).

la tête des gorges; je vois avec plaisir que vous vous hâtez de vous réunir à lui, afin de combattre avec avantage, si l'ennemi se présente. Mais au lieu de se rendre à Santa Elena, l'ennemi peut suivre la vieille route qui, de Baeza, va à Quemada, et qui est parallèle à la grande route. S'il prend ce parti, il faut le gagner encore de vitesse au débouché de cette route, afin de l'empêcher de pénétrer dans la Manche...

Et voici le seul cas où il envisage la nécessité d'abandonner lui-même Andujar :

Il y a encore devant Andujar un ennemi assez nombreux; mais s'il est passé plus de 10.000 hommes par les montagnes, je ne dois pas balancer à quitter Andujar et à me réunir à vous, pour suivre l'ennemi et lui livrer bataille. Marquez-moi bien rapidement ce que vous aurez de certain à cet égard. Mon parti dépend de ce que vous me direz (1)...

Ténacité et force d'âme, à coup sûr, mais aussi paresse cérébrale et manque d'imagination. Les minutes sont précieuses; les communications de la division Barbou sont compromises; le corps d'armée n'est pas en situation de combattre et le général attend pour exécuter la manœuvre indispensable, qu'on ait compté 10.000 ennemis dans les montagnes et qu'on lui ait fait parvenir ce renseignement... Il ne peut pourtant plus dire, après avoir écrit cette lettre, que ce sont les ordres de Madrid qui le maintiennent encore à Andujar, et l'empêchent de se replier sur Bailen ! Ce qui le maintient à Andujar, c'est évidemment une sorte d'inertie intellectuelle et la croyance bien ferme que l'ennemi est toujours immobile devant ses positions.

Les événements vont le pousser, bien malgré lui.

Le major Bessart, parti en reconnaissance avec le 2e régiment provisoire de dragons, a vu les bivouacs d'une dizaine de mille hommes sur les hauteurs dominant Villanueva.

Dix mille Espagnols à 3 ou 4 kilomètres de la route de Bailen, quand Bailen n'est plus tenu par nos troupes... Voilà qui est grave. Cette nouvelle réveille décidément Dupont. Il ordonne de préparer pour le soir même l'évacuation d'Andujar (2)...

Mais le soir, l'ordre de départ n'est pas donné. Le général en chef a décidé d'attendre des renseignements plus précis.

---

(1) Dupont à Vedel, Andujar, 17 juillet (citée).
(2) Journal du général Privé (A. H. G. 4/2).

Et justement ce soir-là, Coupigny — car c'était bien sa division qui avait été vue sur les hauteurs de Villanueva — quittait ses bivouacs avec toutes ses forces et se dirigeait vers Mengibar.

A la tombée de la nuit, la division Reding que personne ne surveillait, franchissait, elle aussi, le Guadalquivir sur des barques, et les deux divisions, fortes ensemble de 18.000 hommes de troupes régulières sans parler des paysans armés non enrégimentés, se trouvaient réunies, dès la pointe du jour, à Bailen, sans avoir eu à tirer un coup de fusil.

Quant à Castaños, il n'avait prescrit aucun mouvement aux divisions Jones et La Peña. Il attendait le résultat des opérations des divisions Reding et Coupigny (1).

A 9 heures du matin, les divisions Reding et Coupigny, dont Reding a pris le commandement en raison de son ancienneté, sont au bivouac immédiatement à l'ouest de Bailen, sur une ligne de près de 2 kilomètres, la droite au Cerro Valentin, la gauche au bas des pentes du Haza Valona. Ses bivouacs sont ainsi à cheval sur la route de Bailen, et bien que les unités des deux divisions, surtout celles de cavalerie, soient un peu mélangées, la division Reding se trouve en majorité au nord et la division Coupigny au sud de cette route (2).

Reding s'est couvert du côté de l'est, par où la division Vedel est partie et d'où elle peut à chaque instant déboucher. Le régiment de cavalerie de Montesa est établi sur le Cerro del Ahorcado, avec, en avant de lui, sur la route de Madrid, une forte ligne de tirailleurs. D'autre part, les deux Cerros del Ahorcado et de San Cristobal sont occupés : le premier par le bataillon d'Irlande, le régiment provincial de Jaen et le régiment provisoire d'Antequera; le second par le régiment provisoire de Grenade, le régiment de la Couronne, le 3ᵉ bataillon des volontaires de Grenade et deux compagnies du régiment de Jaen.

L'importance de cette couverture prouvait l'inquiétude de Reding, qui, obligé en vertu du plan de Porcuna, de se porter

---

(1) D. G., Leg. 10, n° 360. Comptes rendus de Reding, de Coupigny et de Castaños.

(2) D. G., Leg. 10, n° 360. Comptes rendus de Reding, Coupigny. Récit de la bataille de Bailen.

SITUATION LE 17 JUILLET
(10 heures du soir)

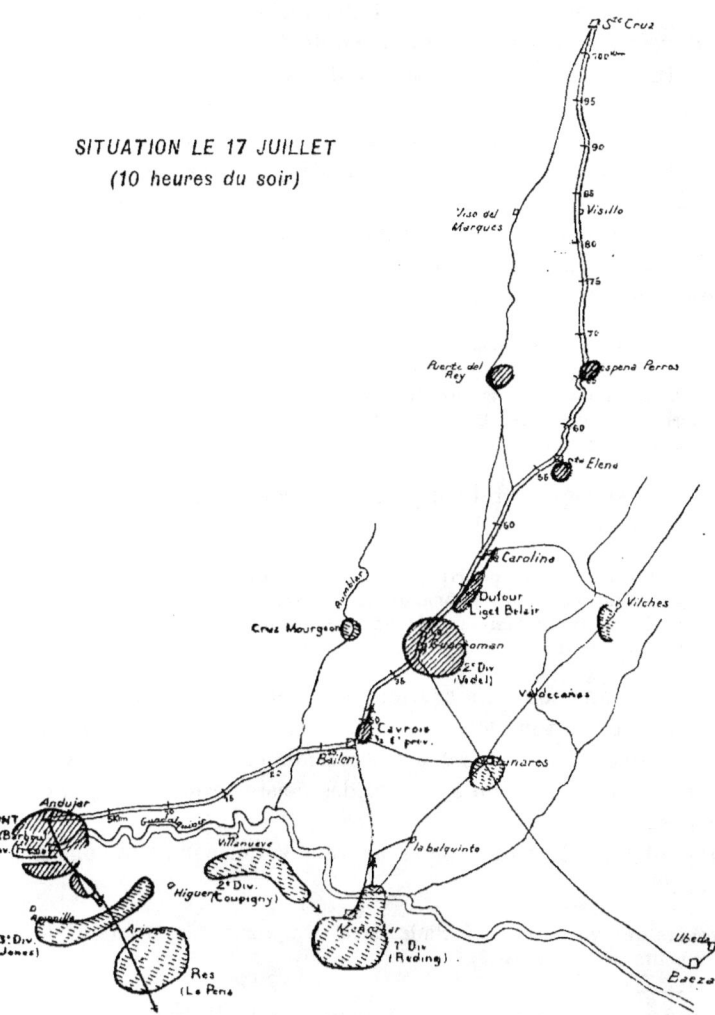

de Bailen sur Andujar, redoutait avec grande raison d'être pris à dos par la division Vedel, au cours de ce mouvement.

A peine installé à Bailen, il demandait même à Castaños s'il devait marcher sur Andujar, en dépit de tous les risques de l'aventure, ou s'il ne devait pas plutôt se porter sur la Caroline.

Castaños lui ayant répondu de marcher sans délai sur Andujar, le départ fut fixé au lendemain matin 3 heures.

Dupont a reçu, à 7 heures du matin, la dépêche que Vedel lui adressait de Guarroman, la veille, à 10 heures du soir (1).

Cette dépêche lui fait clairement comprendre la manœuvre de l'ennemi, mais parce que Vedel a atteint Guarroman, il estime que cette manœuvre est déjouée.

> L'intention de l'ennemi est évidente, écrit-il. Il a voulu nous enfermer dans la Sierra Morena, entre Andujar et Santa Elena, dans l'espoir de nous affamer, pour nous attaquer ensuite de front. J'espère que le général Dufour sera arrivé à temps à Santa Elena, et que l'ennemi n'aura pas pu gagner les gorges avant la réunion de vos forces sur ce point si important...

Puis il engage son lieutenant à garder Baeza et Linarès. Après quoi seulement il ajoute :

> Aussitôt que vous le pourrez, envoyez-y (à Bailen) quelques troupes pour assurer nos communications. Je ne puis me dégarnir ici, comme vous le sentez bien, ayant toujours devant moi l'ennemi que vous avez vu, et qui paraît être de la même force...

Il table donc toujours sur une complète immobilité de l'ennemi. Pourtant, tout le monde, dans le camp français, depuis les généraux jusqu'aux soldats, s'attendaient à une manœuvre par Mengibar, puisqu'on avait vu des masses espagnoles glisser vers l'est (2).

Dupont lui-même termine sa lettre à Vedel par cette constatation :

> J'espère que votre retour à Bailen sera très prompt; l'ennemi fait des mouvements devant nous (3)...

---

(1) Vedel à Dupont, Guarroman, 17 juillet, 10 heures soir (A. N., BB 30/97).

(2) Journal du général Privé (A. H. G., 4/2). Interrogatoire du capitaine Villoutreys (A. H. G., 4/1).

(3) Dupont à Vedel, Andujar, 18 juillet, 10 h. 30 matin (A. N., BB 30/97).

Cette lettre ne franchit pas les lignes espagnoles.

Isolé, Vedel est réduit à ses seules inspirations. Il ne reçoit plus d'ordres; les renseignements qu'il recueille sont négatifs, mais à l'inverse de Dupont qui n'a pas assez d'imagination, lui en a trop.

Arrivé à la Caroline le 18, à 9 heures du matin, tandis que Dufour arrivait à Santa Elena, il a été rejoint par le commandant Dugazon, de l'État-major général, venu de Madrid avec des dépêches. Il a su par cet officier que les communications avec la Manche étaient libres et que, selon toute apparence, aucune force sérieuse ne les menaçait.

Il a appris, d'autre part, que l'ennemi était à Baeza, à Ubeda, à Linarès et à Mengibar. Il sait que Reding est à Mengibar mais il ne connaît pas le nom du commandant des forces qui sont à Baeza et ce détail l'inquiète, plus que la présence de Reding à Mengibar, à 12 kilomètres de Bailen.

Dans l'incertitude, il décide de passer la journée à la Caroline Demain, il ralliera Dufour, laissera un poste à Santa Elena et avec Dufour, se portera sur Linarès, puis sur Bailen, après avoir battu l'ennemi (1). Comme Dupont, Vedel échafaude donc tous ses plans sur l'hypothèse que l'ennemi demeure et demeurera immobile.

Dufour s'est établi à Santa Elena. Il y a été renforcé par le bataillon Leblanc, du 8e régiment provisoire, que le bataillon Gleize, de ce même régiment, venu de Manzanares, a relevé de son service de garde dans les gorges.

Mais Santa Elena est sans ressources. La montagne ne procure ni vivres ni fourrages, et au fur et à mesure que nos détachements, en marche vers le sud, quittent la Manche, les réquisitions opérées dans cette province obtiennent moins de résultats. Réduit à la demi-ration pour le 18, et ne pouvant compter sur rien pour le lendemain, Dufour envisage la nécessité, si son séjour à Santa Elena doit se prolonger, de « jeter des troupes sur cer-

---

(1) Dupont à Vedel, La Caroline, 18 juillet, 10 h. 30 matin (A. N., BB 30/9).

tains points de la Manche, tant pour se procurer des vivres que pour assurer la route de Madrid » (1).

L'ordre qu'il reçoit de Vedel, d'avoir à rétrograder, le tire d'embarras. Il s'agit, puisqu'il n'y a pas d'ennemis dans la Sierra Morena, et qu'en outre les chemins venant de Vilches, de Linarès et d'Aldea Quemada, sont impraticables, de repartir sur Vilches et sur Las Navas de Tolosa. Un bataillon doit être laissé dans les gorges, et ce bataillon, allant au besoin jusqu'à Santa Cruz, aura mission, à la fois, de garder le défilé et de faciliter l'arrivée des subsistances. En outre, deux bataillons continueront à tenir Santa Elena, avec deux pièces de canon. En principe, le général Vedel déclare vouloir s'établir à Bailen, mais l'ennemi occupant Linarès, il veut d'abord, par Guarroman, aller l'y combattre.

La lettre du général Vedel est floue, presque incohérente. Manifestement, le général est désorienté et dans l'indécision la plus absolue sur ce qu'il doit faire (2).

Quelques minutes après avoir expédié celle-ci, il en adresse une autre au général Cavrois, qui vient de quitter Bailen au moment même où l'ennemi allait y arriver. Il lui prescrit de s'arrêter à Guarroman et de faire surveiller les routes de Linarès et de Bailen (3).

Or, il va recevoir un renseignement d'importance par le courrier même qu'il a envoyé au général en chef. Devant Bailen, ce courrier s'est heurté aux avant-postes espagnols et n'a pu atteindre la localité. Grâce à son escorte de 18 dragons, il a pu se dégager et il rapporte ses dépêches à la Caroline. Cette fois,

---

(1) Dupont à Vedel, Santa Elena, 18 juillet (A. N., BB 30/97).

(2) Vedel à Dufour, La Caroline, 18 juillet, deux lettres sans heure. Au moment où il recevait ces lettres, le général Dufour était rejoint par le 8e régiment provisoire. Il disposait de toute sa brigade mais chaque régiment ne comptait pas plus de 1.100 hommes. En faisant état de 120 cuirassiers, le total de ses forces était donc de 4.500 hommes. Laissant 3 bataillons et 2 compagnies à la Caroline, pour garder les convois, il ne pouvait aller à Guarroman avec plus de 3.200 hommes (Dufour à Vedel, 18 juillet, A. N., BB 30/97).

(3) Vedel à Cavrois, La Caroline, 18 juillet (A. B. BB 30/97).

LA MANŒUVRE D'ANDUJAR 149

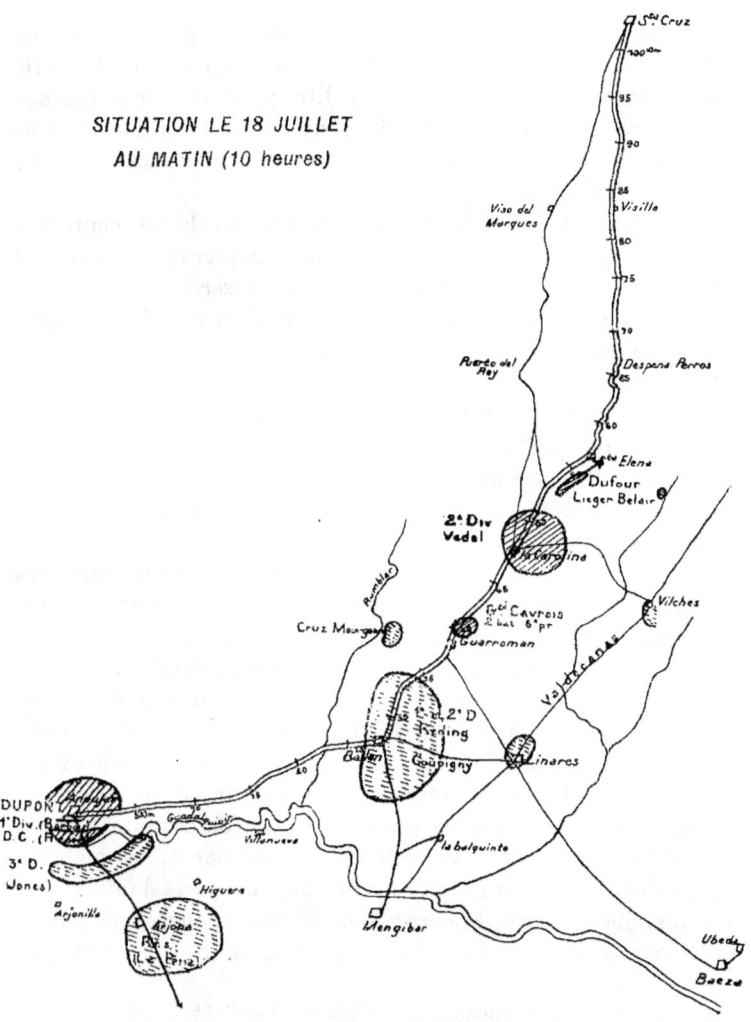

SITUATION LE 18 JUILLET
AU MATIN (10 heures)

Vedel n'hésite plus. Il décide de se porter sur Bailen dans la nuit même (1).

A Andujar, aussi, Dupont vient d'apprendre que l'ennemi est à Bailen. Il avait détaché, la veille au soir, un bataillon à moitié chemin entre Andujar et cette localité, pour assurer le passage des courriers (2) et un détachement de ce bataillon, poussé jusqu'au Rumblar, a découvert d'importants bivouacs espagnols au delà du ruisseau (3).

Cette circonstance n'émeut pas le général en chef. Il pense que Vedel, qui opère dans les montagnes, ne manquera pas de prendre cet audacieux ennemi à revers et de l'écraser.

Il va cependant quitter Andujar, mais il ne veut le faire qu'à la tombée de la nuit, d'abord à cause de la chaleur, puis pour tromper Castaños le plus longtemps possible, lui dérober une marche et gagner ainsi le temps de se rendre maître de Bailen, dans le cas peu probable où l'ennemi y serait en forces.

Les dispositions sont donc prises pour le départ. Elles indiquent très nettement que, dans l'esprit du général en chef, le danger est à Andujar et non à Bailen.

L'avant-garde sera composée de bonnes troupes, mais les meilleures tiendront Andujar jusqu'au dernier moment, puis fermeront la marche. Les Suisses, dont le loyalisme est douteux, seront, comme les équipages, encadrés dans le gros de la colonne.

La chaleur est excessive et cette circonstance favorise les préparatifs des Français, car les Espagnols, retirés sous les oliviers, dorment. Mais les hommes, réduits à un tiers de ration depuis une huitaine de jours, privés de vin, d'eau-de-vie et même de vinaigre, atteints pour la plupart de dysenterie, sont très faibles. Les hôpitaux sont encombrés par 1.500 malades incapables de marcher et pour le transport desquels il faut réquisitionner 500 voitures. Encore 500 malingres incapables de porter une arme devront-ils se traîner à pied, derrière la colonne, et

---

(1) Registre de correspondance du général Vedel (A. B. BB 30/97).
(2) Relations de la campagne d'Andalousie du général Barbou (Citée par Titeux, *loc. cit.*, t. II, Annexe II, p. 749).
(3) Général Dupont, *Précis des opérations militaires d'Andalousie* (A. H. G., 4/1).

il faudra abandonner dans Andujar 300 malades dont l'état est trop grave pour qu'on puisse les transporter (1).

Dupont a décidé de ne pas faire sauter le pont d'Andujar, pour ne pas alerter l'ennemi. On se contentera d'obstruer le passage avec des poutres, des chariots renversés et des amoncellements de lourds matériaux. Une garde restera dans la ville le plus longtemps possible, avec l'ordre d'empêcher les habitants de sortir de chez eux pour aller avertir Castaños de la retraite des Français. Tout cela est fort judicieux.

A 6 heures du soir, quelques éléments de la brigade Chabert, les moins exposés aux vues des Espagnols, rompent les premiers, se glissent derrière Andujar et se mettent en route sans éveiller l'attention. Cette avant-garde, dont le commandement est confié au major Teulet, est forte de 1.200 hommes et comprend 3 compagnies d'élite (voltigeurs et grenadiers), des 1er et 2e bataillons de la 4e légion; tout le 3e bataillon de cette légion; un escadron et 4 pièces de 4 (2).

A 8 heures du soir, le gros de la colonne se met en marche à son tour. En premier lieu, les troupes placées du côté de la route de Madrid, puis le convoi et les bagages, escortés par les Suisses, la division de cavalerie et enfin, comme arrière-garde, deux bataillons de la Garde de Paris et le bataillon des marins de la Garde impériale, avec lesquels marche le général Barbou. L'artillerie est répartie tout le long de la colonne par groupes de quatre pièces de 8 et de 4 (3).

Marche des plus pénibles, dans une atmosphère étouffante. La colonne soulevait une poussière épaisse et brûlante. Les hommes marchaient lentement, soutenus par la seule idée de trouver à Bailen quelques vivres... de l'eau surtout (4).

Il était déjà 3 heures du matin, quand, dans le petit jour rougeâtre qui annonçait une journée particulièrement chaude,

(1) Rapport de Daugier au maréchal Mortier, 8 décembre 1808 (TITEUX, loc. cit., t. II, annexes, p. 752); D. G. Leg. 10, n° 360. Rapport de Castaños.
(2) Ordre de marche, pour la marche sur Bailen, 18 juillet (A. N., BB 30/97).
(3) Rapport du commandant Daugier (cité; Interrogatoire du capitaine Villoutreys (cité).
(4) Lettre du commandant Carrère-Vental au comte Dupont, fils du général, le 16 mai 1840 (TITEUX, loc. cit., t. II, annexe, p. 759).

l'avant-garde franchit le Rumblar; elle avait mis neuf heures à parcourir 22 kilomètres (1).

De son côté, ses troupes ravitaillées, rafraîchies et reposées par une longue journée de calme sous les oliviers, Reding avait donné l'ordre de lever le camp, pour marcher sur Andujar.

Son avant-garde, commandée par le brigadier Venegas, se rassemblait à la Cruz Blanca, entre le Cerrajon et le Petit Zumacar, quand des coups de fusil éclatèrent au pont du Rumblar. Les avant-postes espagnols étaient attaqués par les éclaireurs du major Teulet (2).

---

(1) Général Dupont, *Relation de la campagne d'Andalousie* (A. H. G., 4/1).

(2) D. G., Leg. 10, n° 360. Rapport de Reding.

CHAPITRE IV

LA BATAILLE DE BAILEN

SOMMAIRE

L'avant-garde de Dupont franchit le Rumblar. — Dispositions de Reding. — Arrêt de l'avant-garde française. — Dupont pousse en avant sa cavalerie et son artillerie. — Charge de la brigade de cavalerie Dupré. — Lutte d'artillerie. — Arrivée de la brigade Chabert et de la brigade de cavalerie Privé. — Dupont décide de brusquer l'attaque. — Reding attaque, de son côté. Charge des brigades Privé et Dupré. — Échec de la brigade Chabert. — Une charge de la brigade Privé la dégage. — Extrême fatigue des troupes. — Reding prend l'offensive à sa droite. La Garde de Paris la repousse. — Dupont tente encore un effort. — Dernier effort. — Dupont est blessé. — Défection des Suisses. — Désagrégation des troupes françaises. — Dupont demande un armistice à Reding. — Les divisions espagnoles d'Andujar arrivent sur le Rumblar. — Vedel marche sur Bailen. — Vedel attaque San Cristobal et l'Ahorcado. — Il s'empare de l'Ahorcado, mais échoue devant San Cristobal. — Les conditions de Castaños. — Dupont envoie un parlementaire à Castaños, pour convenir d'un arrangement.

Les deux divisions de Reding devaient partir pour Andujar le 19 juillet, à 4 heures du matin. Chargé du commandement de l'avant-garde, le brigadier Venegas, avait alerté ses troupes à 2 heures, une heure avant l'heure fixée pour le réveil du gros de la colonne et fait occuper par les postes avancés les mamelons bordant le Rumblar, ainsi qu'une ferme qui commande la route de Bailen.

Aux premiers coups de fusil, le major Teulet, qui commandait le bataillon d'avant-garde de la colonne de Dupont, fit accélérer la marche de ses voltigeurs, chassa de la ferme la compagnie de chasseurs wallons qui s'y était retranchée et poussant devant lui, dans l'obscurité, toute une ligne de tirailleurs ennemis, progressa sur la route de Bailen (1).

(1) Souvenirs inédits du colonel Teulet (d'après TITEUX, *loc. cit.*, t. II); Description de la bataille de Bailen (D. G., Leg. I, n° 28).

A 2 kilomètres environ de cette localité, la route passe, en un point appelé la Cruz Blanca, entre deux mamelons boisés qui surplombent la vallée d'une quarantaine de mètres : le Petit Zumacar au nord et le Cerrajon au sud. Le régiment des gardes wallonnes était déjà là. Le brigadier Venegas l'y avait conduit au pas de course et les éclaireurs français durent s'arrêter.

Reding donnait à ce moment, sur la route, ses instructions aux généraux et aux chefs de corps, pour la marche de la journée. En entendant la fusillade, il ne douta nullement qu'il s'agît d'une attaque sérieuse et il renvoya immédiatement les colonels à leur régiment, leur prescrivant de prendre position sur les hauteurs mêmes où ils avaient passé la nuit.

Ainsi, du Cerro Valentin au Haza Valona, en empruntant la croupe qui sépare le ruisseau des Alamices de Bailen, la ligne de bataille espagnole se trouva dessiner un arc de cercle régulier de près de 2 kilomètres de développement et d'un kilomètre de rayon, avec, comme centre, précisément le défilé de la Cruz Blanca par où les Français devaient déboucher.

Depuis ce défilé jusqu'à Bailen, le terrain était entièrement dénudé. C'étaient des champs labourés dont les récoltes avaient été enlevées et au milieu desquels le lit de cailloux du torrent des Alamices, absolument à sec, dessinait une ligne blanche.

Sur le Cerro Valentin, étaient, du nord au sud : les deux bataillons des volontaires de Barbastro et de Catalogne, une compagnie de gardes wallonnes, le régiment de Ordenes Militares et le bataillon de Tejas. Ces forces étaient sous le commandement du brigadier Venegas.

A la gauche du bataillon de Tejas, une grande batterie occupait la première ligne, et à gauche de cette batterie, le centre était constitué par un bataillon de volontaires de Grenade. Au delà, le régiment de la Reine encadrait, à droite, une grande batterie centrale qu'encadraient à gauche : un bataillon de Ceuta, appuyé à la grande route, un bataillon d'Irlande et un bataillon de Bujalance.

Enfin, à l'aile gauche se trouvaient les régiments provinciaux de Cuenca, de Ciudad Real et de Trujillo et le 3e bataillon du régiment d'Ordenes Militares. Reding, estimant cette partie

LA BATAILLE DE BAILEN

SITUATION LE 19 JUILLET
à 2 heures du matin.

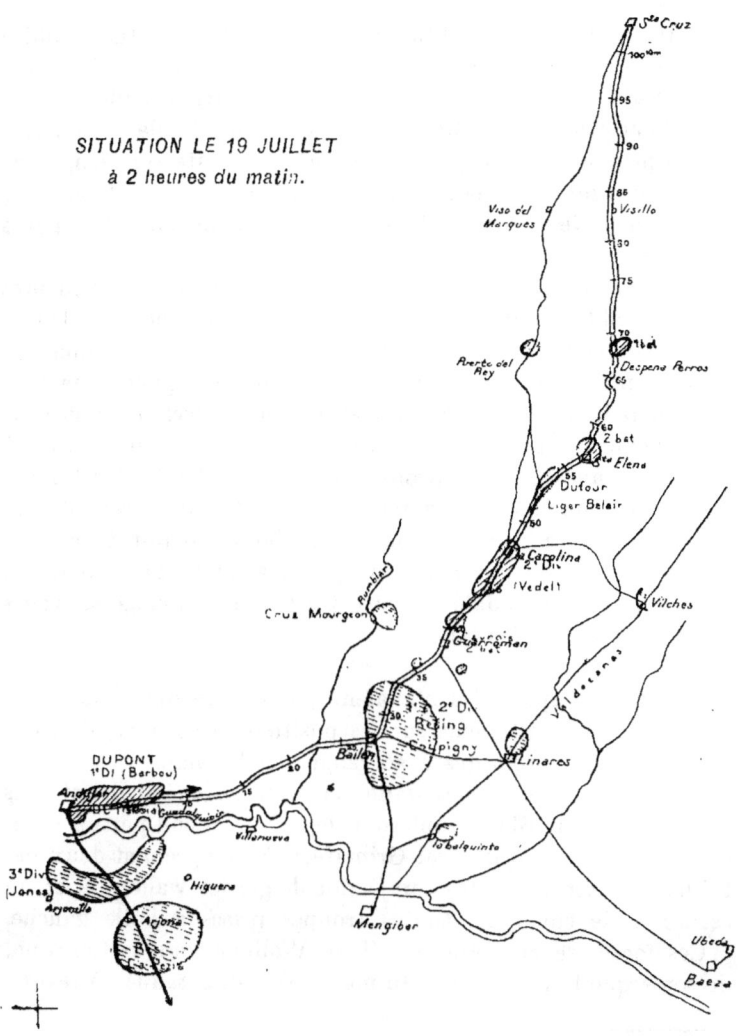

de la ligne insuffisamment tenue, y remplaça le bataillon d'Ordenes Militares par le régiment suisse de son frère Nazaire Reding, fort de 1.100 hommes.

Cette première ligne d'infanterie et d'artillerie était doublée par une seconde comprenant : derrière le bataillon d'Irlande, un bataillon de volontaires de Grenade; derrière l'aile gauche, dont la position paraissait le moins forte et qu'il fallait maintenir à tout prix pour ne pas perdre la ligne de retraite sur Mengibar : une compagnie de sapeurs, le régiment de ligne de Jaen, cinq compagnies de gardes wallonnes et une compagnie de sapeurs mineurs.

La cavalerie formait une troisième ligne répartie à peu près derrière tout l'ensemble du front : à droite, derrière la batterie, les chasseurs d'Olivenza, puis les guérillas du baron de Montaña et les régiments de Numancia et de Reina; le régiment de Farnèse entre les batteries de droite et du centre; derrière la batterie de gauche, les régiments de Bourbon et d'Espagne; enfin à l'extrême gauche, les escadrons de lanciers de Xérès et d'Utrera. Les lanciers de Xérès, au nombre de 400, étaient les redoutables *garrochistas*, ces hommes dont le métier consistait à rester à cheval nuit et jour, et armés d'une pique, à dompter et à conduire, des pâturages d'Andalousie aux torils, les taureaux sauvages destinés aux corridas (1).

Les unités espagnoles n'avaient pas encore quitté leurs bivouacs dressés justement sur les positions à occuper, de sorte qu'elles furent promptes à se ranger en bataille.

Le bataillon des gardes wallonnes, seul engagé au début dans le défilé de Cruz-Blanca, fut tout de suite soutenu par un détachement, confié au général Grimarest et comprenant deux bataillons provinciaux, une compagnie de gardes wallonnes et un escadron de cavalerie, toutes troupes prises à l'aile gauche.

Ces forces se portèrent du Haza Wallona vers le Cerrajon, de sorte que la faible ligne du major Teulet, attaquée à revers,

---

(1) D. G., Leg. 1, n° 28. Bataille de Bailen. Movimientos estrategicos del ejercito español de Andalucia. Gomez Imas, *Los Garrochistas en Bailen*, p. 46.

fut obligée de se replier, en grand danger de perdre ses quatre canons. Le combat fut très vif. Tombées un moment aux mains des Espagnols, deux de ces pièces durent être reprises à la baïonnette.

Teulet rallia ses compagnies le long du Rumblar, et l'artillerie prit position sur le mamelon 304, à l'ouest du torrent, d'où elle ouvrit le feu sur les forces de Grimarest, tandis que le peloton de chasseurs, rangé en bataille sur la route, tenait en respect le régiment de cavalerie de Farnèse, accouru pour charger la colonne en retraite (1).

L'avant-garde française arrêtée, le régiment de Farnèse resta en position, barrant la route, mais, on ne sait pourquoi l'infanterie espagnole regagna ses positions de combat : Venegas, le Cerro Valentin ; Grimarest, le Haza Walona.

Quand le canon retentit, Dupont, qui marchait en tête du gros de la colonne, était arrivé à 5 ou 6 kilomètres du Rumblar. Il donna immédiatement au général Fresia l'ordre de porter en avant ses deux brigades de cavalerie.

La brigade légère Dupré partit tout de suite, au grand trot, avec les 6 pièces d'artillerie de la division. A la brigade Privé, qui était derrière le convoi, l'ordre fut envoyé de forcer l'allure pour rejoindre la tête.

Une demi-heure plus tard, Dupont qui avait pris le trot avec la brigade Dupré, était auprès du major Teulet.

A la lueur indécise du petit jour, le général Dupré, débouchant du pont du Rumblar avec le 1ᵉʳ régiment de chasseurs, aperçut le régiment espagnol de Farnèse, rangé en bataille et paraissant disposé à accepter le combat.

Il fit aussitôt sonner la charge, sans attendre son 2ᵉ régiment et entraîna au galop ses premiers escadrons. Farnèse, un régiment d'élite pourtant, fut balayé et du même élan, nos 300 chasseurs arrivèrent jusqu'à la batterie centrale espagnole, dont les artilleurs furent sabrés sur leurs pièces.

Mais, là, désunis par leur élan même, assaillis en flanc par

---

(1) D. G., Leg. 1, n° 28.

les fantassins de la Reina et de Ceuta, ne pouvant atteindre sous les canons les servants qui s'y étaient réfugiés; attaqués par Farnèse qui s'était regroupé, ces cavaliers ne peuvent se maintenir. Ils se replient et vont se rallier au défilé de Cruz Blanca, où le 2ᵉ régiment de la brigade venait d'arriver (1).

Il pouvait être environ 4 h. 30. Les 6 pièces de la division Fresia franchissaient le Rumblar et venaient prendre position au nord de la route, sur les pentes du Petit Zumacar, à côté des 4 pièces de l'avant-garde.

C'était là des canons légers du calibre de 4, tandis que ceux des trois batteries espagnoles, beaucoup plus nombreux, étaient en majorité des calibres de 8 et de 12, d'une portée plus grande. Admirablement servies d'ailleurs par un personnel d'élite, les pièces espagnoles firent converger leurs feux sur le débouché de la Cruz Blanca, dès que le jour leur permit de régler leur tir, et ne tardèrent pas à prendre sur les nôtres une supériorité très nette (2).

Ces préliminaires vigoureux avaient eu l'avantage d'éclairer pleinement Dupont sur l'importance des forces ennemies qui étaient devant lui et aussi sur la position qu'elles occupaient.

L'avant-garde, même appuyée par les 500 cavaliers de la brigade de Dupré et par l'artillerie de la division de cavalerie, était évidemment incapable de forcer le passage. Il fallait, pour tenter cette opération, attendre l'arrivée de la brigade Chabert, qui était encore, à ce moment, en colonne de route, à 2 kilomètres du pont de Rumblar. La lutte d'artillerie continua donc seule, très désavantageuse pour nous, puisque 5 de nos canons furent mis hors de service.

Il était 6 heures, quand la tête de la brigade Chabert arriva au pont du Rumblar. Il y avait là les deux derniers bataillons

---

(1) Correspondance du lieutenant-colonel Le Clerc, aide de camp du général Dupré et du baron de Montgardé, capitaine à Bailen et commandant l'escadron de tête du 1ᵉʳ régiment de chasseurs (Citée par Titeux, *loc. cit.*, t. II, p. 464 et suiv.); D. G., Leg. 1, n° 28 et Leg. 10, n° 360).

(2) Lettre du capitaine Perdrau au comte Dupont (16 mars 1861), citée par Titeux, *loc. cit.*, t. II, p. 463. Le capitaine commandait l'artillerie de la division Fresia.

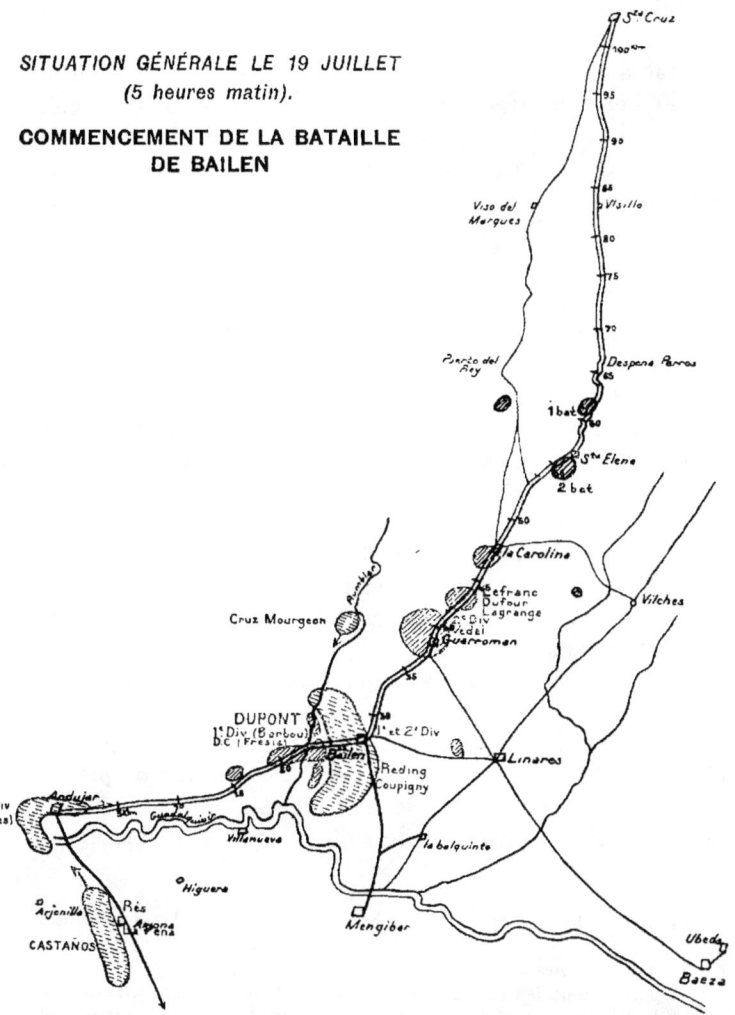

SITUATION GÉNÉRALE LE 19 JUILLET
(5 heures matin).

COMMENCEMENT DE LA BATAILLE DE BAILEN

de la 4ᵉ légion, quatre pièces d'artillerie et le 3ᵉ bataillon du 4ᵉ régiment suisse, au total un peu moins de 1.800 hommes. Presque en même temps que cette brigade, débouchait la brigade Privé, qui avec deux régiments de dragons et son escadron de cuirassiers, mettait en ligne environ 900 sabres.

Au total, à ce moment, Dupont avait donc sous la main environ 4.500 hommes avec une dizaine de canons. Son convoi, dont la tête était au pont, tenait sur la route une longueur de plus de 5 kilomètres; de sorte que la brigade Pannetier, qui suivait les voitures, ne pouvait intervenir sur le champ de bataille avant une heure et demie ou peut-être deux heures.

Or, le soleil était déjà très ardent; la journée s'annonçait brûlante, et il y avait intérêt à gagner au plus vite l'abri de Bailen.

En outre, il fallait compter que Castaños s'apercevrait bientôt de l'évacuation d'Andujar et peut-être ses éclaireurs allaient-ils talonner notre arrière-garde avant la nuit. Nouvelle raison pour brusquer la situation.

Tout à l'heure, les 300 chasseurs de Dupré auraient suffi pour percer le centre ennemi, s'ils avaient été appuyés par un peu d'infanterie. Ce centre ne doit pas être très fort. Dupont décide donc de l'attaquer tout de suite, sans attendre de pouvoir disposer de tous ses moyens.

Les trois bataillons de la 4ᵉ légion et le 3ᵉ bataillon du 4ᵉ régiment suisse forment quatre colonnes d'assaut, que doivent appuyer, à droite les dragons et les cuirassiers de Privé, à gauche les chasseurs de Dupré et que soutiendra le feu de nos pièces. L'objectif est la grande batterie ennemie (1).

Mais cette attaque va tout de suite se trouver compromise.

---

(1) Dupont sur le rapport du capitaine de Villoutreys (Interrogatoire) (A. H. G.), a été accusé d'avoir formé ses troupes sur une seule ligne. C'est « *ligne de colonnes* » qu'il faut entendre. Aucun document français ne précise ce point, mais les rapports de Castaños et de Reding sont formels et parlent de *colonnes* Il est donc évident que Dupont a adopté la formation tactique habituelle de l'infanterie impériale pour les attaques; s'il n'a pas eu une deuxième ligne de colonnes derrière la première, c'est que ses effectifs ne le lui permettaient pas.

Reding, en effet, a décidé à profiter de sa supériorité numérique, a donné l'ordre à ses ailes de reprendre l'offensive sur les flancs des troupes qui ont franchi le Rumblar. L'effet de cette double attaque enveloppante doit être complété par l'intervention, sur nos derrières, du détachement de Cruz Mourgeon qui, parti de Baños, descend à ce moment la vallée du Rumblar.

La gauche française est donc menacée par deux régiments d'élite : les gardes wallonnes et les Ordenes Militares, dont l'effectif total est à peu près égal à celui de toute l'infanterie de la brigade Chabert.

Dupont n'a aucune infanterie à leur opposer; mais la brigade de chasseurs de Dupré est de ce côté, réduite il est vrai à 400 chevaux. Elle se porte au devant de la colonne espagnole.

L'ennemi, venu de Cerro Valentin, progressait à travers les bois d'oliviers qui marquent la dépression entre le Grand et le Petit Zumacar. Terrain défavorable pour la cavalerie.

Le général en tête, nos chasseurs se glissent, en colonne par pelotons, à travers bois et broussailles, mais tout à coup ils se trouvent en présence d'un fossé large et profond derrière lequel l'ennemi les attendait...

Il faut tourner cet obstacle sous les balles tirées à bout portant. Les pertes sont sévères. Le fossé est tout de même franchi et aussitôt, une charge furieuse met en désordre les deux régiments espagnols qui se replient en toute hâte.

Ce résultat atteint, le général Dupré, ne se voyant pas soutenu, n'ose pas imposer à ses conscrits la continuation d'un pareil effort sur un terrain aussi défavorable. Il rallie ses escadrons et les ramène sur la route (1).

La brigade Privé avait reçu l'ordre de suivre la brigade Dupré, mais au moment où elle s'ébranlait, la menace d'encerclement se révélait aussi à droite. Un feu subit et nourri d'infanterie, parti du Haza Valona, avait pris d'écharpe la brigade Chabert, lui occasionnant des pertes sérieuses; en outre on apercevait des colonnes ennemies, qui s'élevant sur la droite française,

---

(1) Rapport de Castaños et de Reding (D. G., Leg. 10, n° 360). Notes inédites du général de Montgardé sur la campagne d'Andalousie (citées par TITEUX, *loc. cit.*, t. II, p. 468).

n'étaient plus qu'à quelques centaines de mètres du Cerrajon.

La brigade Privé qui partait vers le Petit Zumacar est donc rappelée et envoyée au devant de ce nouvel adversaire. Il y avait là une compagnie de gardes wallonnes, le régiment de ligne de Jaen, un bataillon suisse et une compagnie de sapeurs.

Le 1er régiment de dragons en fourrageurs, le 2e suivant en colonnes, l'escadron de cuirassiers couvrant le flanc droit, à hauteur du 1er régiment, nos cavaliers progressent d'abord à travers des broussailles, puis gravissent sous le feu la pente très raide du Cerrajon, plantée d'oliviers. Au premier choc, ils mettent en fuite les bataillons ennemis, faisant des prisonniers, enlevant un drapeau.

Or, à peine la brigade Privé, revenue sur la route, a-t-elle repris sa place derrière l'infanterie, que la manœuvre enveloppante de l'ennemi se dessine de nouveau vers le Cerrajon. Il faut une deuxième charge exécutée dans les mêmes conditions que la première et avec la même fougue, par les mêmes cavaliers, pour dégager encore une fois notre flanc droit. Un nouveau drapeau est enlevé, mais les chevaux halètent et sont en nage (1).

Cependant, notre attaque centrale, réduite à ses seules forces d'infanterie avait progressé. Elle était mal appuyée par une artillerie très inférieure en nombre et en calibre à celle de l'ennemi. En butte à des feux convergents d'infanterie et d'artillerie, elle subit de graves pertes.

Elle avançait tout de même, le général Chabert, à cheval, marchant au premier rang. Un de ses bataillons était déjà à 300 mètres des canons espagnols, quand Reding lança à la charge sur cette troupe les deux régiments de cavalerie Farnèse et Bourbon : 600 excellents cavaliers.

---

(1) Rapport de Castaños et de Reding (D. G., Leg. 10, n° 360); Journa du général Privé (A. H. G.). Notes inédites du général de Montgardé sur la campagne d'Andalousie (citées par Titeux, loc. cit., t. II, p. 468). Le capitaine de Montgardé fut blessé dans cette affaire d'un coup de baïonnette à la main et eut son cheval tué. Le major Bureau, commandant le 2e régiment provisoire de chasseurs fut tué d'une balle; le capitaine Besson, les lieutenants Destrez et Beaupré, ainsi que le lieutenant Le Clerc, aide de camp du général Dupré, furent grièvement blessés.

Nos colonnes, un peu disloquées par la marche, sont bousculées et mises en désordre. La panique s'empare des jeunes soldats de la 4e légion et les quatre bataillons regagnent au pas de course la lisière du bois, près de Cruz Blanca, d'où ils étaient partis.

La brigade Privé revenait de sa deuxième charge, fatiguée et les chevaux ruisselants de sueur, sous un soleil de feu. Sans autre indication, cuirassiers et dragons se précipitent au devant des cavaliers espagnols qui tournent bride à toute vitesse, sans attendre le choc, et sont ramenés jusqu'à la grande batterie. Encore une fois, les artilleurs ennemis sont sabrés sur leurs pièces.

Mais de toutes parts, des renforts accourent. Le régiment de la Reine, les bataillons de Ceuta et de Grenade, les régiments de cavalerie de Bourbon et d'Espagne, les *garrochistas* de Xérès et d'Utrera foncent sur nos cavaliers qui sont décimés au cours de cette lutte disproportionnée. Les 120 cuirassiers, conduits par l'héroïque capitaine Vernerey, sont cités dans les relations espagnoles qui, toutes, parlent avec admiration des valeureux « centaures bardés de fer ». L'impression morale que produisirent ces cavaliers d'élite fut évidemment immense. Malheureusement, leur nombre était trop réduit.

Les escadrons de Privé luttèrent près d'une demi-heure, tandis que les bataillons de Chabert se reconstituaient dans le bois d'oliviers de la Cruz Blanca ; après quoi, les chevaux harassés, près du quart de leur effectif hors de combat, ils durent se replier (1).

Il était près de 9 heures. Toutes les troupes disponibles avaient déjà été engagées. Le moral de la 4e légion était quelque peu ébranlé par l'échec de son attaque ; la cavalerie était fatiguée et éprouvée et la moitié des pièces d'artillerie étaient démontées par le feu de l'artillerie ennemie. Dupont avait même pu se rendre compte que si les boulets de 12 livres des Espagnols causaient

---

(1) Rapport de Reding (D. G., Leg. 10, n° 360). Journal du général Privé (A. H. G.). Gomez Imaz, *Los Garrochistas en Bailen*.

le plus grand mal aux pièces françaises, en revanche, nos boulets de 4 livres ne parvenaient même pas jusqu'aux lignes ennemies et allaient rouler inoffensifs dans le ravin des Alamices (1).

Pourtant la confiance du général en chef demeure inébranlable. Il sait bien que sous ce soleil de feu, chaque heure qui passe augmente la fatigue de ses chevaux et aussi celle de ses jeunes soldats; que l'ennemi s'organise un peu plus et que les chances d'une percée deviennent plus aléatoires, mais l'oreille tendue vers l'est, il s'attend d'un instant à l'autre à entendre le canon de Vedel.

Vedel était à Guarroman hier et devait retourner à Bailen. Guarroman n'est qu'à 15 kilomètres de Bailen : à peine quatre heures de marche. Vedel doit donc être maintenant en mesure d'intervenir et de prendre à revers cette ligne espagnole. Son retard est même tout à fait incompréhensible.

La brigade Pannetier arrivait. Tout le convoi avait franchi le pont du Rumblar. Il s'était massé près de la ferme. La 3e légion, la Garde de Paris et enfin le bataillon des marins franchirent à leur tour le ruisseau et vinrent se ranger en réserve à côté des voitures. La Garde de Paris et le bataillon des marins avaient laissé chacun un peloton déployé le long de la rive pour retarder les éclaireurs de Castaños. Des obus chargés avaient été enterrés sous le pont, pour le faire sauter dès que l'ennemi se présenterait (2).

---

(1) Les canons espagnols, comme les canons français, étaient du système Gribeauval.
La pièce de 12 livres, tirant à boulets, portait de 900 à 1.100 mètres.
La pièce de 8 livres, tirant à boulets, portait de 800 à 900 mètres.
La pièce de 4 livres, tirant à boulets, portait de 700 à 800 mètres.
La pièce de 12 livres, à grosses balles, à 600 mètres; à mitraille : 500 mètres.
La pièce de 8 livres, à grosses balles, à 500 mètres; à mitraille à 400 mètres.
La pièce de 4 livres, à grosses balles, à 400 mètres; à mitraille à 300 mètres.
Les batteries étaient à 8 pièces, la vitesse normale du tir était de un coup par pièce et par minute.
(2) Dupont, *Relation de la campagne d'Andalousie* (A. H. G.); Rapport du capitaine de vaisseau Daugier au maréchal Mortier, le 8 décembre 1808 (Cité par Titeux, *loc. cit.*, t. II, annexes).

Reding s'est rendu compte de sa supériorité numérique et il a décidé de brusquer l'affaire avant que Vedel ne puisse intervenir. De nouveau, il a donc porté sa droite en avant; du Cerro Valentin vers le Petit Zumacar.

Cette fois, l'effort était sérieux. Sous le commandement de Venegas, les bataillons de Barbastro et de Catalogne, les gardes wallonnes, le régiment des Ordenes Militares et les chasseurs d'Olivenza allaient assaillir le flanc gauche des Français, avec les deux régiments de cavalerie légère de Numancia et de Reina, au total une masse de plus de 4.000 hommes, dont 500 cavaliers (1).

Chez nous, les sept derniers canons disponibles sont venus remplacer sur la ligne de feu les six pièces hors de service et le bataillon des marins a été dirigé vers le centre du dispositif, pour qu'en l'absence de toute infanterie, notre batterie, déjà fort éprouvée par les boulets de l'artil'erie adverse, ne demeure pas à la merci d'un hourra de cavalerie. Donc, de la brigade Pannetier, la Garde de Paris et deux bataillons de la 3ᵉ légion, au total environ 2.000 hommes, restaient seuls disponibles. Dupont se disposait à les lancer contre le centre ennemi, quand on lui signala le danger qui menaçait sa gauche.

Il fallut envoyer cette suprême réserve au devant de Venegas.

A son approche, les Espagnols s'arrêtent et prennent position sur le Grand Zumacar. Trop inférieurs en nombre, obligés de gravir une pente très raide, embarrassés de broussailles, fatigués par l'étape qu'ils venaient de fournir et par la chaleur qui était accablante, nos soldats ne purent débusquer l'ennemi et ils durent se contenter de le tenir en respect.

Ce résultat ne suffisait pas. Dupont fait encore une fois appel aux cuirassiers et aux dragons de Privé. Nos braves cavaliers se portent donc en avant, gravissent le petit Zumacar par des sentiers de chèvres et aussitôt en vue de l'ennemi, s'élancent à la charge. Tout est balayé. Les Espagnols n'ont pas attendu les cuirassiers et ils se sont enfuis jusqu'au Cerro Valentin. Seul le régiment des Ordenes Militares a fait une résistance honorable,

---

(1) Rapport de Reding (D. G., Leg. 10, n° 360).

mais il a dû rétrograder précipitamment. Réduite à environ 250 chevaux, la brigade Privé revient auprès de la brigade Pannetier qui a pris position sur le Petit Zumacar pour observer et maintenir la droite espagnole (1).

Il est 10 heures; le soleil darde ses rayons mortels; Vedel ne paraît pas, ni Castaños. Avec la seule brigade Chabert, maintenant massée au nord de la route, à la lisière du bois d'oliviers, Dupont va encore une fois essayer de percer le centre espagnol. Les soldats sont à bout de forces, ils ont soif. Le général en chef va vers eux, parcourt les rangs, faisant porter devant lui les deux drapeaux pris à l'ennemi. Il leur parle et encore une fois, on lui répond par le cri de *Vive l'Empereur!*

Ces 4 bataillons forment 4 colonnes d'attaque, comme tout à l'heure, et sortent du bois. Les artilleurs, en dépit du feu de l'ennemi qui les écrase, se dévouent encore et tirent. Ils tirent simplement pour que le bruit du canon soutienne le moral de l'infanterie, car ils savent bien maintenant que leurs pièces ont une portée insuffisante.

Mais dans la cuvette découverte où elles s'engagent, nos colonnes sont immédiatement en butte aux feux concentriques des trois batteries espagnoles qui n'ont pas souffert, n'ont rien à craindre de nos canons et tirent, d'abord à boulets, puis à mitraille.

L'attaque n'a pas franchi 500 mètres qu'elle est brisée. En vain le général Dupré entraîne-t-il à la charge les 150 chasseurs qui lui restent. L'héroïque soldat est frappé par un biscaïen qui reste enfoncé dans son flanc, et on l'emporte mourant. Au prix d'efforts surhumains et par le sacrifice du tiers de leur effectif, nos braves cavaliers ne réussssent qu'à faire taire un instant la batterie centrale et à permettre le repli rapide de la brigade Chabert dans le bois d'où elle était sortie.

Sans doute eût-il été sage, à ce moment, de constituer des corvées d'eau dans les unités et de les envoyer au Rumblar. Les hommes épuisés sous cette chaleur atroce, mouraient de soif...

---

(1) Journal du général Privé (A. H. G.); Rapport de Reding (D. G., Leg. 10, n° 360).

Un peu d'eau eût rendu cette brigade encore capable de se battre. Dupont recula devant le désordre qu'eût pu occasionner la constitution de ces corvées (1).

Il est plus de 11 heures ; Vedel ne paraît toujours pas et maintenant, d'un instant à l'autre, il faut s'attendre à voir les éclaireurs de Castaños aborder le Rumbalr que gardent seuls une centaine d'hommes. A tout prix, il faut percer.

Les deux bataillons de la 3ᵉ légion sont rappelés du Petit Zumacar où les 900 hommes de la Garde de Paris et les cavaliers de Privé suffiront bien pour maintenir la droite espagnole.

Et une masse d'attaque est ainsi constituée : au centre, en ligne de bataille, le bataillon des marins de la Garde, 300 hommes seulement mais des soldats d'élite, conduits par des officiers hors de pair. A leur droite, le 3ᵉ bataillon du 4ᵉ suisse (au service de la France), un bataillon de la 4ᵉ légion et la brigade suisse du général Schramm : les régiments de Preux et de Reding réduits par les désertions à moins de 1.500 hommes mais qui paraissent disposés à se battre et dont un bataillon s'est vaillamment conduit tout à l'heure, à côté de la brigade Chabert. A gauche des marins, les deux bataillons de la 3ᵉ légion.

Derrière le centre de la ligne, la brigade Chabert, reconstituée et formée, elle aussi, en colonne d'attaque.

De chaque côté de l'infanterie, les 100 chasseurs, débris de la vaillante brigade Dupré sont partagés en deux faibles détachements à peu près égaux.

Le général en chef est devant le centre de la ligne des marins. Il est à cheval, l'épée à la main. Il est en grand uniforme, sa plaque de Grand Aigle de la Légion d'honneur scintillant sur

---

(1) DUPONT. Second compte rendu de mes opérations militaires en Andalousie, faisant suite à mon Précis de ces opérations (A. H. G.). Le terrain à parcourir pour atteindre l'ennemi était à pente très douce et la position de ce dernier n'était certainement pas des plus fortes. On a cette impression très nette en visitant le champ de bataille de Bailen. Pour que les attaques françaises aient été ainsi disloquées, sans que pourtant les pertes subies aient été écrasantes, ce dont les états font foi, il faut donc admettre que les soldats étaient réellement affaiblis et déprimés par les privations, la maladie, la soif et la chaleur mortelle de cette terrible journée.

sa poitrine. C'est à son commandement et d'une seule masse que les troupes se portent en avant.

Encore une fois, le feu de l'artillerie, puis celui de l'infanterie disloquent ce dispositif profond qui marche à découvert, à travers les chaumes brûlés de soleil, par une température de plus de 40°.

Les colonnes perdent du monde; les rangs flottent. Les marins serrent les rangs et progressent. Dupont se retournait pour les exhorter. Une balle morte le frappe aux reins et le renverse sur l'encolure de son cheval. Il s'est tout de suite redressé et il demeure en selle, mais on l'a vu chanceler et le bruit se répand qu'il est grièvement blessé. Le désordre se met dans les bataillons des légions qui s'arrêtent et reculent.

A droite, les Suisses sont parvenus au Haza Vallona où il y a une petite redoute. Eux ne reculent pas, mais ils fraternisent avec leurs compatriotes défendant cette redoute. Reding a confié en effet la défense de ce point d'appui de sa gauche à un bataillon du régiment de son frère Nazaire Reding.

Et quand les soldats de ce bataillon ont vu les uniformes rouges des Suisses de Charles Reding et de Preux, au service de l'Espagne, eux aussi, mais incorporés dans la division Barbou, ils ont mis les chapeaux au bout des fusils et appelant leurs compatriotes, leur ont crié : « *Nous sommes tous Suisses! Ne nous battons pas les uns contre les autres* (1). »

Effectivement, les capitulations des Suisses au service de l'étranger, leur font un devoir sacré de ne pas agir offensivement les uns contre les autres.

Donc, ces régiments rouges se rendent solennellement les honneurs. Les drapeaux sont placés côte à côte devant la redoute. Les officiers s'embrassent et il n'est plus question de bataille sur ce point. Le général Schramm, intervenu en vain, ne peut que ramener ses bataillons en arrière, laissant le Haza Vallona aux mains des Suisses de Nazaire Reding (2).

---

(1) Erinnerungen des Obersten Johannes Landolt von Zürich.
(2) Tagebuch von Joseph Kaspar Schumacher, manuscrit, bibliothèque de Lucerne. Cité par le colonel Repond (*Schweizerische Vierteljahrschrift,* 1923).

Toute l'attaque a reflué encore une fois dans le bois d'où elle était partie, tandis que les derniers chasseurs de la brigade Dupré, une centaine à peine, avec un admirable esprit de sacrifice, chargent furieusement l'ennemi qui avançait et se font massacrer, mais l'arrêtent (1).

Il est midi. Le soleil verse d'aplomb des torrents de feu sur un sol surchauffé. Chez nous, les rangs sont rompus. Des centaines de soldats, parvenus au dernier degré de l'épuisement, demeurent prostrés à l'ombre grêle des oliviers, incapables d'un effort. D'autres, l'immense majorité, refusant les cartouches qu'on leur portait, alors qu'ils n'en avaient plus, jettent équipement et armes et vont boire au Rumblar, à 4 kilomètres du champ de bataille.

Dupont, en dépit de sa blessure qu'il n'a pas pris le temps de faire panser, et avec lui, tous les généraux et les officiers survivants, essaient de retenir ces malheureux rendus fous par la soif. Ils sont bousculés et bientôt il ne reste plus sur le champ de bataille, autour des aigles, que les officiers, les cavaliers, les marins et la Garde de Paris, en tout moins de 2.000 hommes, car il ne faut pas tenir compte des Suisses, dont l'attitude est nettement neutre. Avec cela quelques chevaux ruisselants de sueur, haletants, incapables eux aussi d'un nouvel effort.

Vedel ne paraît toujours pas. Tout est fini. Que Castaños se

---

(1) Dupont. Second compte rendu (A. H. G.). Titeux, *loc. cit.*, t. II, p. 477, d'après les lettres inédites du major Teulet, de la 4e légion, qui eut dans cette affaire deux chevaux tués sous lui et reçut quatre blessures, avant d'être mis définitivement hors de combat à la dernière charge. Les pertes en officiers ont été fortes. A la *4e légion* : le chef de bataillon Duzas, 4 capitaines et 3 sous-lieutenants tués; le commandant Balland, 12 capitaines et 19 lieutenants ou sous-lieutenants blessés. A la *3e légion* : un capitaine et 3 lieutenants blessés mortellement; un chef de bataillon, 8 capitaines et 11 lieutenants ou sous-lieutenants blessés. A la *Garde de Paris*, un capitaine et un lieutenant blessés mortellement; un capitaine et 6 lieutenants ou sous-lieutenants blessés. Aux *Marins*, 6 lieutenants de vaisseau et 4 enseignes blessés. Au *3e régiment suisse*, 2 capitaines et 4 lieutenants tués; 2 capitaines et 6 lieutenants ou sous-lieutenants blessés. (D'après les listes publiées par M. Martinien, sous-chef de bureau aux Archives de la Guerre.) Le lieutenant La Roche, commandant l'artillerie de la 1re brigade, eut une jambe emportée et n'en continua pas moins à diriger le tir de ses pièces (Récit du Dr Treille, cité par Titeux, *loc. cit.*, t. II, p. 177).

montre sur le Rumblar ou que Reding passe à l'offensive, les hommes qui sont là présenteront leur gorge au couteau, sans se défendre.

Déprimé lui-même et souffrant de sa blessure, Dupont n'envisage même pas la possibilité de se retrancher sur le Cerrajon et sur le Petit Zumacar avec quelques centaines de braves, pour y attendre Vedel. Le Dupont de 1805 eût pris cette décision désespérée qui eût peut-être sauvé la situation, à l'arrivée de Vedel; celui de 1808 n'en a pas l'idée.

Le général en chef charge un de ses aides de camp, le capitaine de Villoutreys, écuyer de l'Empereur, de se rendre auprès du général Reding, demander une suspension d'armes et le libre passage par Bailen pour les troupes françaises.

La suspension d'armes, Reding l'accorde et donne immédiatement l'ordre de cesser le feu. Quant au passage par Bailen, il déclare devoir en référer au général Castaños. Il est entendu qu'au cours des négociations, les troupes françaises et espagnoles, mises au repos, n'exécuteront aucun mouvement. Reding écrit immédiatement à Castaños pour lui demander ses ordres (1).

Les Suisses de Schramm n'ont pas attendu la fin de cette négociation. Au roulement du tambour annonçant la suspension d'armes, ils sont passés à l'ennemi, moins les officiers et 308 sous-officiers et soldtas. N'étaient-ils pas, avant tout, au service de l'Espagne (2)?...

A 2 heures de l'après-midi, aucune autre disposition que cet armistice provisoire n'était encore intervenue, quand quatre décharges d'artillerie annonçaient l'arrivée de la division La Peña, avant-garde de Castaños sur le Rumblar (3).

---

(1) Interrogatoire du général Dupont et du capitaine de Villoutreys (A. H. G.); Reding à Castaños, Bailen, 19 juillet (Cité par ARTÉCHE, loc. cit., t. II, annexe n° 14).

(2) Erinnerungen des Obersten Johannes Landolt von Zürich.

(3) Rapport de La Peña (D. G., Leg. 10, n° 360). L'avant-garde de La Peña se composait de 2 bataillons de *Campo Mayor* et de *Valence*, des tirailleurs d'*Afrique*, de 40 carabiniers royaux, du régiment de cavalerie du *Prince* et de 4 pièces d'artillerie légère, le tout sous le commandement de don Rafael Menacho, commandant de Campo Mayor.

Le gros était réparti entre deux corps : le 1er commandé par le maréchal

Castaños n'avait été prévenu qu'à 2 heures du matin, par des paysans, de l'évacuation d'Andujar et de la retraite des Français. Il avait mis en mouvement la division La Peña et une partie de la division Jones qui, après avoir débarrassé le pont des matériaux qui l'obstruaient, avaient commencé seulement à 8 heures du matin à franchir le Guadalquivir.

C'était une colonne d'environ 10.000 hommes, avec 12 canons, divisée en une avant-garde et deux corps d'armée, comprenant, tous les trois, des effectifs équivalents en infanterie et en cavalerie et le même nombre de pièces d'artillerie. L'artillerie suivait la route; l'infanterie et la cavalerie cheminaient à droite et à gauche, dans les champs. Ces troupes n'avaient encore éprouvé aucune fatigue; elles étaient bien ravitaillées et moins sensibles d'ailleurs que les nôtres à la chaleur excessive de ce climat. Aussi la vitesse de leur marche fut-elle normale, puisqu'à 2 heures de l'après-midi, c'est-à-dire en six heures, elles avaient parcouru 25 kilomètres (1).

Au bruit du canon, Dupont envoie un parlementaire à La Peña, pour l'informer de l'armistice, mais le général espagnol ne s'arrête que sur le Zumacar, d'où il tient sous son feu les troupes de Dupont, immobiles dans la plaine. Après quoi, il envoie un officier supérieur vérifier l'exactitude de l'assertion du parlementaire français et fait demander de nouvelles instructions à Castaños, toujours resté à Andujar.

De son côté, étonné d'apprendre que le général en chef n'était pas sur le Rumblar, Reding, pour ne pas assumer plus longtemps la responsabilité de l'armistice provisoire qu'il avait signé, avait dirigé sur Andujar le capitaine de Villoutreys accompagné par le colonel Copons.

---

de camp don Narciso de Pedro, comprenait le régiment de dragons de *Pavie*, les deux régiments de grenadiers provinciaux d'*Afrique* et de *Saragosse* et 4 pièces de canon; le 2e, commandé par le marquis de Gelo, comprenait le régiment des dragons de *Sagonte*, l'escadron de *Carmona*, les régiments d'infanterie de *Burgos* et de *Cantabria*, les milices de *Lorca*, une compagnie de chasseurs et 150 Suisses de *Reding*, avec 4 pièces d'artillerie. (Rapoprt de Castaños, D. G., Leg. 10, n° 360). ARTECHE, *loc. cit.*, t. II, p. 543.

(1) Rapport de La Peña (D. G., Leg. 10, n° 360).

Nous avons vu que le 18 au soir, en apprenant la présence de l'ennemi à Bailen, le général Vedel avait décidé de quitter la Caroline dans la nuit pour revenir à Bailen. Il comptait marcher de là sur Linarès, où devait, à son sens, se trouver le gros des forces insurgées. Le général Dufour avait ordre de le rallier d'assez bonne heure pour gagner le temps de donner quelque repos à ses troupes avant le départ de la Caroline (1).

Fait à peine croyable, le commandant de la 2ᵉ division, uniquement préoccupé de ses communications avec la Manche, ne réalisait aucunement le danger qu'il pouvait y avoir à négliger aussi longtemps le point important de Bailen, où des forces espagnoles lui étaient pourtant signalées.

Ses régiments étaient fatigués; il les laissa au repos pendant toute la nuit.

A 1 h. 30 du matin, le général Dufour arriva à la Caroline, conformément aux instructions reçues. Il avait avec lui 6 bataillons d'infanterie et 150 cuirassiers (2).

A l'aube, on entendit le canon vers Bailen. Vedel averti (3) ne s'en émut pas. En dépit du canon, en dépit aussi des demandes de plus en plus pressantes de ses généraux, il ne mit ses troupes en marche qu'à 3 h. 30 de l'après-midi, quand la chaleur fut un peu tombée.

Cependant, il écrivit au général Lefranc, qui avait ordre de se porter de Guarroman sur la Caroline et qui était en mouvement à cette heure, de s'arrêter et de prendre position à l'endroit même où le trouverait le courrier (4).

Ordre étrange, inepte autant dire, dénotant chez Vedel, outre une indécision évidente, un manque complet de jugement, compte tenu de l'ignorance où il était de la situation. Lefranc était près de Guarroman, à 15 kilomèrres de Bailen... de Bailen

---

(1) Vedel à Dufour. La Caroline, 18 juillet (A. N., BB 30/97).

(2) Interrogatoire du général Vedel (A. H. G., 4/2).

(3) Lettre du commandant Carrère Vental au comte Dupont, fils du général, 16 mai 1840. Citée par Titeux, loc. cit., t. II, annexe, p. 759). Le commandant dit que le sous-lieutenant Porzon, de la Garde de Paris, entendant le canon, s'empressa d'aller réveiller le général Vedel et retourna deux fois auprès de lui, à un quart d'heure d'intervalle.

(4) Interrogatoire du capitaine Reboulleau (A. H. G. 4/2).

où l'ennemi était hier... de Bailen où l'on entendait gronder le canon. Et l'ordre n'est pas donné à Lefranc de courir au plus vite vers Bailen, en lui envoyant toute la cavalerie disponible : les dragons de Boussart, les 150 cuirassiers de Lagrange, les quelques canons en état de rouler...

Prendre position près de Guarroman!... Pourquoi?... Face à quoi?... Face au bruit du canon?... Et Lefranc, un autre inerte, va s'arrêter, au reçu de cet ordre, et mettre ses troupes au repos... On dirait vraiment que le soleil d'Andalousie a liquéfié la matière cérébrale de tous ces hommes, qui font la guerre avec éclat depuis vingt ans. Tout cela est déconcertant.

Tandis que les échos des montagnes se renvoient le bruit de la furieuse canonnade de Bailen, la marche de Vedel est des plus lentes. Les troupes étaient fatiguées ; elles n'avaient rien mangé ; elles étaient torturées par la soif. La chaleur était encore étouffante et le soleil ardent. En outre, le matériel d'artillerie était dans un état précaire, qui nécessita des réparations en cours de route, aux roues des voitures et des canons. On n'arriva à Guarroman qu'à midi. On avait mis huit heures à parcourir 13 kilomètres (1).

Près de Guarroman, on rallia le détachement du général Lefranc. La chaleur était si forte que Vedel en dépit de l'appel du canon, crut devoir donner aux troupes deux heures de repos sous les oliviers (2).

Personne, pourtant, sauf peut-être Vedel, ne doutait qu'une bataille se livrât à une quinzaine de kilomètres de là. Les chefs de corps demandaient à marcher immédiatement au canon (3). Le général Poinsot suggéra l'idée que, peut-être, le général Boussart pourrait, avec ses dragons, aller prévenir le général Dupont de la présence de la division Vedel à Guarroman (4).

Vedel, qui s'était porté sur une hauteur voisine de Guarroman,

---

(1) Interrogatoire du général Vedel (A. H. G., 4/2).
(2) Philippe GILLE, *Mémoires d'un conscrit de 1808* (B. N.).
(3) Capitaine FRANÇOIS, *Journal d'un officier français*. Nantes, 1823. Déclaration du général Poinsot, le 8 janvier 1808 (A. N., BB 30/97).
(4) Déclaration Poinsot. Note du général Christophe sur la bataille de Bailen (Citée par TITEUX, *loc. cit.*, t. II, p. 496).

aperçut, à la lunette, sur la route d'Andujar à Bailen, une poussière épaisse, soulevée évidemment par une colonne importante. C'était la division La Peña qui se hâtait vers le Rumblar; il crut que c'était Dupont qui se portait d'Andujar sur Bailen et il pensa agir dans le sens des instructions reçues, en prenant ses dispositions pour se joindre à lui vers Bailen, dans la soirée, au lieu d'aller à Linarès (1).

Entre temps, un immense troupeau de porcs sauvages étant passé à côté des soldats, une chasse s'organisa; on captura 300 de ces animaux qui furent égorgés et dépecés. Cette viande fut mise dans les marmites pour être emportée (2).

Le canon s'était tu. A 2 heures de l'après-midi l'ordre est donné de reprendre la marche. Mais puisqu'on ne se bat plus à Bailen, le général Vedel juge inutile d'emmener avec lui toutes ses troupes. Il ne va prendre que sa division, soit sept bataillons et le régiment de dragons, un peu plus de 5.000 hommes, et laisser près de Guarroman, pour garder la Sierra Morena, tout ce qui appartient à la division Gobert, c'est-à-dire dix bataillons et 150 cuirassiers, environ 6.000 hommes, dont le général Lefranc prendra le commandement.

Le général Lefranc s'installera à Los Rios, de façon à couvrir à la fois les routes de Linarès et de la Caroline. Il aura des avant-postes à Guarroman (3).

Tranquille ainsi du côté de Linarès, Vedel se remet en route pour Bailen, sous un soleil mortel. Il n'arrive en vue de cette localité qu'à 5 heures du soir, ayant mis trois heures à parcourir 10 kilomètres. Les éclaireurs qui ont refoulé les avant-postes du régiment espagnol de Montesa rendent compte que l'ennemi occupe les mamelons de San Cristobal et d'Ahorcado.

Nous savons qu'il y avait là : sur le San Cristobal, le régiment de la Couronne, le régiment provincial de Grenade, le 3e bataillon des volontaires de Grenade et deux compagnies de volon-

---

(1) Vedel à Dupont, 19 juillet. Registre de correspondance, général Vedel (A. N., BB 30/97).
(2) Philippe GILLE, *loc. cit.* ; Capitaine FRANÇOIS, *loc. cit.*
(3) Vedel à Lefranc, 19 juillet. Registre de correspondance du général Vedel.

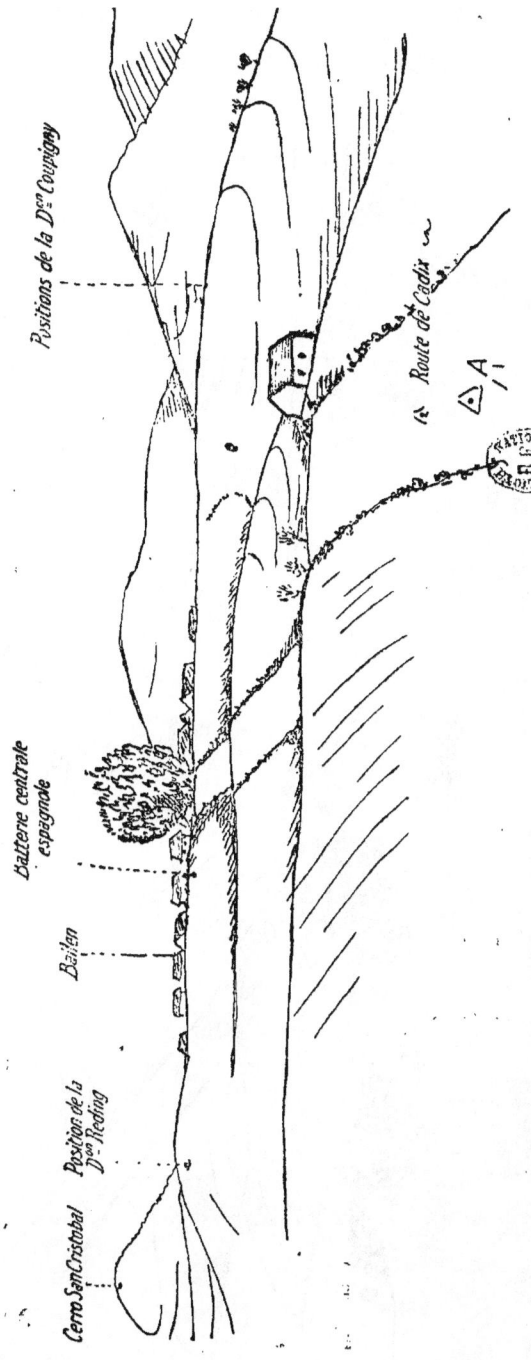

Croquis pris du point A (150 m ouest de l'Alamicos), au point d'où la position espagnole apparaît pour la première fois tout entière, par le Colonel A. GRASSET.

Croquis pris de C (grande batterie centrale espagnole), par le Colonel A. GRASSET.

taires de Jaen; sur l'Ahorcado le régiment provincial de Jaen, le 1er bataillon d'Irlande et en réserve, le régiment d'Antequera (1). De sorte que l'effectif des troupes espagnoles retranchées sur ces hauteurs, montant à peu près à 4.500 hommes, se trouvait un peu inférieur numériquement à celui de la division Vedel.

Les dispositions d'attaque sont immédiatement prises. La brigade Poinsot, qui marchait en tête, forme deux colonnes.

L'une, avec le 1er bataillon de la 5e légion et le 1er bataillon du 3e régiment suisse, compte 1.200 hommes. Elle débotte au nord de la route et prend pour objectif le San Cristobal.

L'autre, avec les 2e et 3e bataillons de la 5e légion, est forte de 1.100 hommes. Le général Poinsot marche à sa tête et a pris l'Ahorcado pour objectif.

Le général Boussart, avec le 6e régiment de dragons, doit tourner ce dernier mamelon par le sud pour envelopper l'ennemi.

L'artillerie se met en batterie sur la route, prête à intervenir où besoin sera. Les trois bataillons de la 1re légion demeurent disponibles (2).

Ainsi, non seulement Vedel a laissé à Guarroman plus de la moitié de ses forces, mais encore, croyant n'avoir ici devant lui qu'un faible détachement, il se dispose à attaquer avec un peu plus de la moitié seulement des troupes qu'il a amenées, laissant ainsi à l'ennemi en position, une incontestable supériorité numérique...

Mais des officiers espagnols se présentent en parlementaires. Ils viennent informer le général Vedel qu'une suspension d'armes a été signée entre les généraux Reding et Dupont.

Vedel croit à une ruse de guerre. Il ne consent qu'à contre-cœur à arrêter son mouvement et à laisser un officier aller vérifier les dires des Espagnols. C'est le commandant Meunier, son premier aide de camp, qui est chargé de cette mission; les parlementaires sont informés que si le commandant n'est pas de retour dans un quart d'heure, l'attaque suspendue sera poursuivie (3).

---

(1) Rapports de Castaños et de Reding (D. G., Leg. 10, n° 360).
(2) Interrogatoires du général Vedel et du capitaine de Villoutreys. Déclarations du général Poinsot (A. N., BB 30/97).
(3) Interrogatoire du général Vedel (A. N., BB 30/97).

Le délai était court. Le commandant Meunier n'étant pas de retour dans les limites fixées, une demi-heure plus tard, le général Vedel poussait de nouveau ses troupes en avant (1).

Les défenseurs de l'Ahorcado, qui se croyaient couverts par une convention, furent surpris, couchés à l'ombre, derrière leurs armes en faisceaux. Le mouvement enveloppant du général Boussart s'exécuta sans difficulté et 1.600 Espagnols furent ainsi faits prisonniers; 2 drapeaux, des canons et des munitions enlevés.

Reding se hâta alors de renforcer San Cristobal par tout le régiment d'Ordenes Militares et par les grenadiers de Jaen. Le 1er bataillon de la 5e légion, conduit par le commandant Roche, gravissait déjà la pente de ce mamelon que l'artillerie de Vedel canonnait de son mieux.

Les Espagnols appliquèrent ici la tactique anglaise. Ils ne laissèrent que quelques éclaireurs sur la crête; tandis que le régiment d'Ordenes Militares et les grenadiers de Jaen se massaient à contre-pente. Quand le bataillon français se présenta sur la hauteur, un peu désuni, une charge à la baïonnette le rejeta. Le bataillon suisse qui suivait en renfort, rebroussa chemin, sans combattre, et l'attaque revint à son point de départ (2).

Vedel se disposait à la renouveler, et faisait exécuter dans ce but une nouvelle préparation d'artillerie, quand un aide de camp de Dupont, le capitaine Barbarin, se pséenta à lui avec un ordre du général en chef, lui prescrivant de ne point agir jusqu'à nouvel ordre et l'informant que l'on cherchait à faire un arrangement avec l'ennemi (3).

Il était 5 h. 30. Le capitaine Barbarin dit la furieuse bataille qui s'était livrée jusqu'à midi devant Bailen, l'inutilité des efforts faits pour percer, la blessure du général Dupont.

Vedel, comprenant de moins en moins ce qui se passait, suspendit ses attaques, ainsi que l'ordre lui en était donné, et mit sa division au repos.

---

(1) Interrogatoire du général Vedel (A. N., BB 30/97).

(2) Rapports de Castaños et Reding. ARTECHE, *loc. cit.*, t. II, p. 549 et suiv.

(3) Interrogatoire du général Vedel. Dupont à Vedel, 19 juillet (A. N., BB 30/97).

Le capitaine de Villoutreys accompagné du colonel espagnol Copons, arrivait justement vers la même heure à Andujar (1). Il demanda que l'ordre fut donné à la division de La Peña de suspendre ses opérations pendant que le général Dupont était en pourparlers avec le général Reding. Castaños refusa tout net d'accéder à cette demande, mais recevant sur ces entrefaites la dépêche par laquelle La Peña lui rendait compte du désir des Français de parlementer, il déclara :

« qu'il ne leur accorderait d'autre condition que d'être prisonniers de guerre, permettant au général et aux officiers de conserver leur épée et un porte-manteau ne contenant que leurs effets personnels, en raison du pillage auquel ils s'étaient livrés dans les villes espagnoles (2). »

Le parlementaire français quitta le quartier général d'Andujar vers 1 heure du matin, n'ayant pu obtenir aucun avantage. En même temps que lui, partait un courrier portant à La Peña l'ordre de sommer le général Dupont de se rendre à discrétion, et s'il s'y refusait, de reprendre immédiatement l'attaque.

Le commandant de la 4e division espagnole avait déjà pris une initiative dans ce sens. Prévenu de l'enlèvement de l'Ahorcado par la division Vedel, il avait fait avertir le général Dupont que ses opérations étaient indépendantes de celles de la division Reding et qu'il ne pouvait se conformer à la manière d'agir de cette division ; qu'il allait par conséquent attaquer de nouveau à moins que les Français ne se rendissent à discrétion (3).

Dupont ne conjura cette nouvelle offensive, à laquelle les quelques soldats qui lui restaient auraient été impuissants à résister, qu'en informant le général espagnol de l'envoi à Andujar d'un des principaux généraux de l'armée, pour convenir avec le général Castaños d'un arrangement définitif.

---

(1) Interrogatoire du capitaine Villoutreys, 29 août 1808 (A. N., BB 30/97).

(2) Castaños à la Junte de Séville. Andujar, 19 juillet, à 6 heures du soir.

(3) Le parlementaire était le capitaine Corral, des dragons de Pavie (La Peña à Castaños, camp devant Bailen, 19 juillet, cité par ARTECHE).

Mais il ne put empêcher, dans la nuit du 19 au 20 juillet, les divisions Jones et La Peña de franchir le Rumblar, et de s'installer sur le Petit Zumacar, d'où ils tenaient mieux sous leurs feux les survivants épuisés et mourant de faim des divisions Barbou et Fresia.

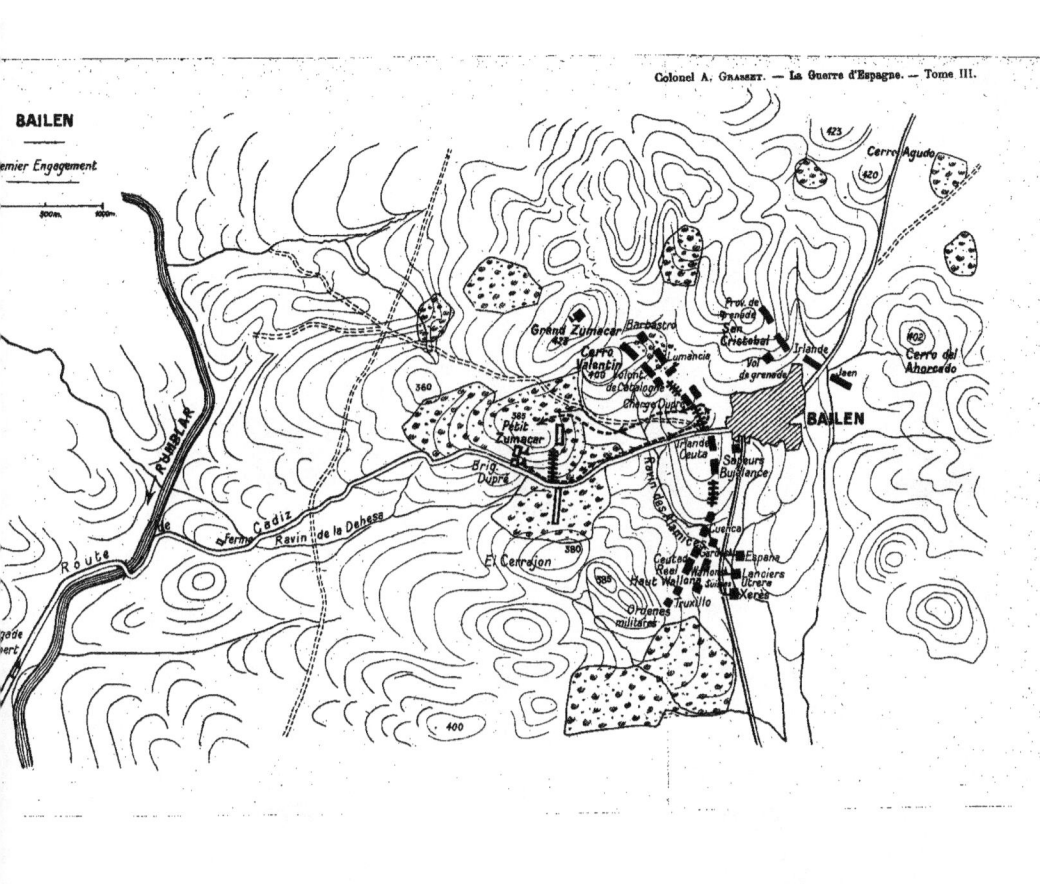

CHAPITRE V

LA CONVENTION D'ANDUJAR

SOMMAIRE

Situation désespérée de la division Barbou le 20 juillet au matin. — Hésitations de Vedel. — Vedel bat en retraite. — Dupont expédie à Vedel l'ordre de s'arrêter. — Négociations d'Andujar. — Vedel accepte la convention d'Andujar. — La convention d'Andujar. — Le vrai caractère de la défaite de Bailen. — La convention d'Andujar n'est pas une capitulation. — La convention d'Andujar est violée. — Cabrera.

Pendant la nuit du 19 au 20 juillet, de nouvelles dispositions des Espagnols avaient encore aggravé la situation déjà désespérée de la division Barbou.

La Peña ne se considérant pas comme lié par les tractations de Reding, avait fait franchir le Rumblar à toute sa division, et des Visos du Zumacar, il tenait maintenant les bivouacs français sous son feu. En outre, la division Jones était en route pour le rejoindre, parce que Castaños, de son côté, comptait bien n'approuver la trêve accordée par Reding, qu'à partir du moment où l'armée française serait entièrement à sa merci. Libérées par l'arrivée de la division Jones, les divisions Reding et Coupigny allaient, en effet, si l'on gagnait encore un peu de temps, pouvoir négliger les débris de Dupont et faire face avec toutes leurs forces à la division Vedel (1).

Quant à Reding, dont l'attitude avait été des plus correctes, il manifestait de son côté de l'indignation, en présence de l'attaque de la division Vedel; il accusait les Français de déloyauté et menaçait de rompre la trêve consentie. Dupont s'empressa donc d'envoyer à Vedel l'ordre de restituer aux Espagnols les

---

(1) La Peña à Castaños, camp autour de Bailen, 19 juillet (Citée par ARTECHE). Compte rendu de Castaños (D. G., Leg. 10, n° 360).

canons et les prisonniers capturés la veille sur l'Ahorcado (1).

Le capitaine de Villoutreys, revenu d'Andujar, entre 3 et 4 heures du matin, venait d'informer le général en chef du résultat décevant de sa mission, quand un officier espagnol remit à ce dernier l'ultimatum de La Peña, lequel, en exécution des ordres de Castaños, sommait le corps de la Gironde de se rendre à discrétion (2).

Toutes les chances de salut s'évanouissaient l'une après l'autre, et il semblait bien que désormais, rien ne pourrait plus sauver les tristes débris de ces régiments qui avaient si vaillamment fait leur devoir la veille.

Le général de division Marescot, premier inspecteur-général du génie, en route pour Cadix dont il allait préparer le siège, était auprès de Dupont. Il connaissait personnellement Castaños depuis 1795. Dupont le pria d'intervenir pour tâcher d'obtenir le libre passage des troupes vers Madrid (3). Après quelques hésitations, Marescot finit par accepter, à titre tout à fait officieux, cette mission difficile et partit (4).

Ce parlementaire improvisé perdit du temps et commit de graves imprudences. Il n'avait aucun pouvoir écrit et La Peña le retint longtemps aux avant-postes avant de lui refuser définitivement le passage, sous prétexte qu'il était inutile d'aller à Andujar, l'ordre formel de Castaños étant de marcher jusqu'à ce que les Français se rendissent à discrétion.

Une heure fut pourtant accordée à Marescot, pour aller prendre les instructions de Dupont, mais pendant ce temps, la division Jones qui arrivait d'Andujar, achevait de s'installer le long du Rumblar.

Circonstance encore plus grave : au cours de sa conversation avec le général espagnol, le général Marescot avait laissé deviner qu'aucune troupe française n'occupait le défilé de Despeña-Perros. La Peña se hâta d'en informer Castaños et ce dernier, sans perdre une minute, donna l'ordre à Coupigny de se porter,

---

(1) Dupont à Vedel, Q. G. devant Bailen, 20 juillet (A. N., BB 30/97).
(2) La Peña à Castaños, camp de Rumblar, 20 juillet (Citée par ARTECHE)
(3) Dupont à Savary, Q. G. devant Bailen, 20 juillet (A. N., BB 30/97).
(4) Interrogatoire du général Marescot (A. H. G. 4/1).

avec toute sa division, vers les gorges où Valdecañas, arrêté à Ubeda et à Linarès, n'avait pas encore osé s'aventurer (1).

La reddition, Dupont ne peut s'y résoudre. Il veut encore tenter un effort. Accompagné de tous les généraux et chefs de corps, et bien que souffrant de sa blessure, il parcourt le champ de bataille encombré de morts et de blessés. Dans une atmosphère embrasée, les blessés meurent faute de soins; et étendus pêle-mêle parmi les morts et les mourants, environ 2.000 hommes non blessés gisent, dans un état de complète prostration, semblant attendre eux aussi la mort. La plus grande partie de la division est dispersée au loin, dans les bois d'oliviers.

Aucun mouvement, aucun éclair ne répond aux paroles enflammées et aux supplications du général en chef. Ces malheureux sont privés de toute nourriture et d'eau depuis plus de trente-six heures; les efforts demandés hier à leur organisme déjà fatigué, ont achevé de briser chez eux les ressorts moraux (2).

Avis est pris de tous les généraux et officiers supérieurs des divisions Barbou et Fresia qu'il est possible de joindre, sur la réponse à faire à la sommation de l'ennemi (3).

Cet avis est unanime : l'infanterie étant hors d'état de combattre, la cavalerie n'existant plus et l'artillerie n'ayant plus que trois pièces en état de tirer, une percée est impossible. Elle l'est, puisqu'un combat de neuf heures livré hier, dans de tout autres conditions, a abouti à un échec. L'honneur est satisfait, d'ailleurs, par les brillants exploits qui, sur ce champ de bataille, nous ont procuré de glorieux trophées. Maintenant que de ces braves troupes, 2.000 hommes à peine restent sous les armes, entourés par 40.000 Espagnols, on ne peut que se soumettre aux exigences de l'ennemi (4).

Marescot a refusé d'accepter les pleins pouvoirs que lui offrait

---

(1) La Peña à Castaños, camp du Rumblar (Citée par ARTECHE).

(2) Interrogatoire du général Chabert, 20 février 1809 (A. H. G.). *Relation, Campagne d'Andalousie en 1808*, par le général BARBOU (Citée par TITEUX, *loc. cit.*, p. 747).

(3) Journal du général Privé, interrogatoire du général Chabert.

(4) Délibération du Conseil de Guerre de Bailen. Camp devant Bailen (Citée par TITEUX, *loc. cit.*, t. II, p. 509).

Dupont pour aller négocier avec Castaños. C'est le général Chabert qui sera chargé de conduire ces négociations. Il s'agit d'obtenir à tout prix le passage vers Madrid, et Dupont entrevoit la possibilité d'un résultat favorable, en englobant dans la convention la division Vedel qui, pour l'instant, est entièrement libre de ses mouvements (1).

Marescot accepte d'accompagner Chabert, pour l'aider de son influence. Il emmène avec lui ses deux aides de camp, le commandant Bouvier et le capitaine Boischevalier; le capitaine de Villoutreys est adjoint au général Chabert (2).

Vedel était demeuré toute la nuit fort mal orienté sur la situation. Il savait bien par le capitaine Barbarin que des négociations avaient été entamées avec l'ennemi, mais il ne croyait pas l'état de la division Barbou aussi désespéré qu'il l'était. Il ne connut toute la vérité que le 20, vers 9 heures du matin, quand son aide de camp, le colonel Meunier, qui avait été témoin des efforts de Dupont pour rallier ses soldats, revint auprès de lui (2).

Il en savait assez cependant, puisque ses opérations avaient été arrêtées à cause d'un armistice, pour penser que l'ennemi ne devait, lui non plus, exécuter aucun mouvement. Or, il vit sur le chemin de Guarroman parallèle à la grand'route, un nuage de poussière soulevé par une colonne importante; c'était le détachement de Valdecañas qui allait, à ce moment, occuper le Despeña Perros. Au reçu de l'ordre du général en chef lui prescrivant de rendre à l'ennemi les trophées conquis sur l'Ahorcado, il signifia donc à Reding qu'il ne rendrait prisonniers et canons que si la colonne espagnole en mouvement rétrogradait (3).

Vedel n'était d'ailleurs pas sans inquiétude au sujet de l'excessive lenteur des négociations dont le résultat le plus clair, si elles se prolongeaient, paraissait bien devoir être de faire couper la retraite à sa division. Au surplus, la question des vivres devenait des plus difficiles à résoudre. La division n'avait plus de pain depuis huit jours et le biscuit était à la veille de manquer;

---

(1) Rapport de Marescot, 2 septembre 1808 (A. H. G.).
(2) Interrogatoire du général Vedel du 17 février 1809 (A. H. G.).
(3) Vedel à Dupont, camp devant Bailen, 20 juillet (Registre de correspondance du général Vedel, A. N., BB 30/97).

les soldats vivaient de figues, de melons, de concombres et de la chair de quelques animaux, chèvres ou porcs, capturés dans les montagnes. Une semblable situation ne pouvait durer; de toutes manières, il fallait agir : attaquer ou se retirer. L'inaction ne pouvait que conduire à la ruine (1).

Les généraux réunis en conseil furent d'avis qu'une démarche pourrait être faite auprès du général en chef pour préparer une reprise de l'attaque. Le capitaine de frégate Baste était là, porteur d'un pli du général en chef. Il fut chargé de cette mission et repartit immédiatement pour Bailen. Comptant sur la reddition des troupes françaises, les Espagnols laissaient facilement passer les messagers.

Puis les heures s'écoulèrent, vides et lourdes d'angoisse, sous un soleil mortel. Dans la journée, un aide de camp du général en chef, le lieutenant Le Knyff, porta l'ordre de se préparer à battre en retraite, pour le cas où la division Vedel ne serait pas protégée par le traité que l'on discutait. A 6 heures du soir, un autre aide de camp, le capitaine Choiseul, vint prescrire d'attendre la nuit avant d'exécuter un mouvement quelconque, pour ne pas donner l'éveil à l'ennemi...

Dupont hésitait. Devait-il laisser partir Vedel mais sacrifier Barbou, ou sauver Barbou en englobant Vedel dans la convention ? Il était incapable de prendre une décision ferme.

A 9 heures du soir, à la nuit close, Vedel achemina donc ses troupes vers les gorges. Il arrivait à Santa Elena le 21 à 10 heures du matin. L'infanterie, exténuée et affaiblie par les privations, avait laissé en route 800 traînards qui, trahis par leurs forces, s'étaient couchés sur le bord du chemin pour y mourir, sachant bien le sort qui les attendait, au milieu des populations féroces de cette région. Le général comptait donner quelques heures de repos à la colonne et partir pour Santa Cruz à 4 heures de l'après-midi; mais les équipages avaient, sans arrêt, continué leur route sur El Viso (2).

(1) Vedel à Belliard, 21 juillet (Registre des correspondances, A. N., BB 30/97).
(2) Vedel à Belliard, Santa Elena, 21 juillet (Registre des correspondances A. H. G.).

Reding sentait bien la nécessité de hâter l'occupation du Despeña Perros, pour couper toute retraite à Vedel, mais il ne pouvait, de par ses engagements, effectuer aucun mouvement. Il était donc fort impatient de voir Castaños pousser les négociations d'une manière plus vigoureuse.

Il finit par adresser à ce dernier une lettre respectueuse, mais très ferme, pour lui exposer que sa place était au camp de La Peña où il lui serait possible de traiter en un instant avec Dupont, les importantes négociations en cours :

« Nous sommes tous impatients, ajoutait-il, comme pleins de confiance, que vous saurez terminer cette affaire d'une manière satisfaisante ; mais un retard nous nuirait et nous rendrait tous ridicules... »

Comme il n'avait pas encore reçu à ce moment l'ordre de détacher la division Coupigny au Despeña Perros, il suggérait en même temps au général en chef l'idée d'envoyer la division Jones dans cette région (1).

L'ordre de mettre en mouvement la division Coupigny lui parvint dans la nuit du 20 au 21, et il l'exécuta le 21 au point du jour (2).

Grandes furent alors sa stupéfaction et sa colère, quand il s'aperçut, tandis que ses troupes étaient en route pour couper la retraite aux Français, que Vedel avait déjà décampé et qu'il était hors de danger...

Vedel usait de son droit en se retirant, puisqu'il ignorait les tractations du général en chef avec l'ennemi et qu'au surplus, il était libre de ne point s'y soumettre. Pour le même motif, Reding usait de son droit en cherchant à capturer cette division, mais il faut bien reconnaître qu'il était mal fondé à accuser les Français de déloyauté et de trahison, parce que sa proie lui échappait. Quoi qu'il en soit, il se hâta d'informer Castaños et La Peña du mouvement de repli de la division Vedel et tout de suite, Dupont fut menacé, si Vedel n'arrêtait pas sa marche, d'un massacre général des soldats de Barbou et de Fresia, entassés entre le Rumblar et Bailen.

---

(1) Reding à Castaños (sans date ni lieu d'origine) (Cité par ARTECHE).
(2) Rapport de Wittingham, 21 juillet (A. H. G. 4/2).

Dupont n'osa pas repousser cet odieux ultimatum, et placer Castaños en présence d'un assassinat général à commettre. Aussi bien, les atroces cruautés dont les détachements et les isolés français étaient victimes depuis plus d'un mois, ne lui permettaient guère de douter que ses adversaires étaient tout à fait capables de mettre leur menace à exécution. Il expédia donc à Vedel, à 6 heures du matin, par l'adjudant commandant Martial Thomas, l'ordre de s'arrêter à l'endroit où sa dépêche le trouverait, sa division se trouvant engagée dans le traité qui se préparait (1).

A ce moment, en effet, et depuis déjà vingt-quatre heures, les parlementaires français étaient en pourparlers avec Castaños. Munis, cette fois, des pleins pouvoirs du général en chef, les généraux Marescot et Chabert et les officiers qui les accompagnaient, avaient franchi les lignes espagnoles du Rumblar et rencontré Castaños à la maison de Poste, à mi-chemin entre Andujar et Bailen. Le général espagnol était arrivé là avec le comte de Tilly, représentant la Junte suprême de Séville et le général Escalante, capitaine général de Grenade.

Se refusant d'abord à toute tractation, il exigea la reddition pure et simple des divisions Barbou, Vedel, Gobert et Fresia. Les nôtres opposèrent un refus formel à une semblable prétention et après une discussion des plus vives, Castaños, sentant bien que si Dupont était à sa merci, Vedel et Gobert, libres de leurs mouvements, pouvaient lui faire beaucoup de mal, se montra plus accommodant. L'accord se fit enfin sur les bases suivantes :

1º Les divisions Vedel et Gobert seraient comprises dans le traité. Elles devaient évacuer l'Andalousie par la Manche, avec armes et bagages, s'engageant seulement à ne pas tirer un coup de fusil avant d'avoir franchi la Sierra Morena;

2º Les troupes se trouvant entre le Rumblar et Bailen évacueraient aussi l'Andalousie par la même voie, mais après avoir déposé leurs armes (2).

Dans la situation désespérée où il se trouvait, c'était là un

---

(1) Legendre à Vedel, Bailen, 21 juillet (A. N., BB 30/97). Rapport de Reding (D. G., Leg. 10, nº 360).

(2) Interrogatoire du capitaine de Villoutreys (A. H. G., 4/2).

grand succès pour Dupont : un succès diplomatique, remporté en impliquant les divisions Vedel et Gobert dans le traité et qui réduisait, en somme, à une blessure d'amour-propre, le résultat désastreux des opérations militaires.

Mais cette discussion était à peine terminée qu'un officier venait communiquer à Castaños une dépêche de Savary à Dupont, enlevée au capitaine de Fénelon, de l'état-major du duc de Rovigo.

Savary faisait allusion, dans cette dépêche, à la situation difficile de Bessières et de Moncey et il ordonnait à Dupont de se replier immédiatement sur Madrid, afin d'assurer dans tous les cas la garde de la capitale (1).

A cette lecture, Castaños, pour ne pas se prêter à une concentration des forces françaises sous Madrid, retira immédiatement son adhésion au projet de retour du corps de la Gironde par la voie de terre. Son dernier mot fut que les divisions Vedel et Gobert seraient comprises dans le traité et que toutes les troupes d'Andalousie seraient transportées par mer dans un port français : les divisions Vedel et Gobert avec leurs armes et bagages, les divisions Barbou et Fresia, désarmées (2).

Tout était terminé quand l'arrivée du capitaine de frégate Baste et du commandant de Warenghien, aide de camp de Dupont, sembla encore tout remettre en question. Ces deux officiers venaient représenter le général Vedel dans les débats, et ils insistaient avec la dernière énergie pour le rapatriement des troupes par la Manche.

Castaños demeura irréductible : il aurait plutôt rompu les pourparlers. Rien ne fut donc changé aux dernières dispositions adoptées (3).

Pour rapatrier les troupes françaises par mer, encore était-il nécessaire d'obtenir l'acquiescement de l'Angleterre. Comme

---

(1) Cette lettre n'a pas été retrouvée (*Mémoires du duc de Rovigo*, t. III, p. 392). Savary y fait allusion et les témoignages concordant de Marescot, de Chabert et de Villoutreys ne permettent pas de mettre en doute son existence.

(2) Interrogatoire du général Chabert, 23 juillet 1809. Mémoires du général Marescot, 25 septembre.

(3) Général DE WARENGHIEN, *Notes sur Campagne d'Andalousie* (Citée par TITEUX, *loc. cit.*, t. II, p. 519).

garantie de cet acquiescement, le général Chabert dut se contenter de l'engagement d'honneur que Castaños prit de l'obtenir. Il fallait se hâter. Le champ de bataille de Bailen était couvert de blessés qui mouraient sans soins, dévorés par les insectes sous le soleil implacable. Les soldats de Dupont n'étaient ravitaillés ni en vivres, ni en eau...

Les conclusions décidées furent donc immédiatement transmises à Dupont, par l'intermédiaire de La Peña, tandis que les les plénipotentiaires se rendaient à Andujar pour rédiger un projet de convention.

Le lendemain, 21 juillet, était un dimanche. Il y eut une messe solennelle, à laquelle les généraux espagnols et le comte de Tilly tinrent à assister, avant de commencer toute rédaction, de sorte qu'on ne se mit au travail qu'à midi. Le soir, tout était terminé, mais l'adhésion de Dupont aux bases de l'accord n'étant pas encore arrivée, la signature fut remise au lendemain 22.

Un instant, ce soir-là, et comme la convention n'avait pas encore été envoyé à Dupont, la nouvelle du départ de la division Vedel pour Santa Elena, arrivant à Andujar, y remit tout en question. On parla de pousser encore en avant la division La Peña, ce qui, étant donné l'excitation et le peu de discipline des soldats improvisés qui servaient dans ses rangs, signifiait bien le massacre des restes épuisés de la division Barbou.

L'avis que Vedel avait acquiescé aux conditions proposées à Dupont, vint heureusement calmer les esprits et, sans attendre plus longtemps, le général Chabert quitta Andujar, pour aller soumettre au général en chef le texte définitif arrêté (1).

Vedel, nous l'avons dit, avait décidé de quitter Santa Elena le 21 à 4 heures de l'après-midi, comptant arriver la nuit suivante à Santa Cruz. Mais à midi, il fut rejoint par l'adjudant commandant Martial Thomas, qui lui remit l'ordre du général en chef de s'arrêter (2).

---

(1) Interrogatoire du général Chabert, le 23 juillet 1809 (A. H. G., 4/2).
(2) Legendre à Vedel, camp de Bailen, 21 juillet (A. N., BB 30/97). Interrogatoire adjudant commandant Martial Thomas, 11 octobre 1808 (A. H. G., 4/2); Exposé succinct de la capitulation de Bailen, seulement en ce qui concerne le lieutenant général comte de Vedel (A. A. H., Dossier Vedel).

Il obéit immédiatement et informa lui-même Reding de son acquiescement au traité signé par le général Dupont (1), tandis que Dupont, craignant une résistance, et vivement pressé par Reding, lui envoyait encore un émissaire, pour le sommer de s'arrêter.

Cet émissaire, le général Privé (2), arrivait à Santa Elena vers 2 heures de l'après-midi et y trouvait la division Vedel en pleine révolte. Le bruit s'était répandu d'une capitulation, et personne ne comprenait ni n'admettait une pareille extrémité. Les uns voulaient qu'on revînt vers Bailen pour dégager Dupont, les autres estimaient que si on était décidé à ne pas se battre, on devait au moins se retirer sur Madrid. Généraux et chefs de corps vinrent auprès du général Vedel, et se firent les interprètes très ardents de la volonté des troupes. Le sentiment général, très net, était que le général Dupont avait perdu le droit de donner des ordres, et que l'obéissance n'était pas due à un chef prisonnier (3).

Cette opinion se modifia cependant, à l'issue d'un conseil de guerre où Vedel lut une lettre de Dupont à Savary, exposant la situation désespérée de la division Barbou, et faisant ressortir le caractère avantageux des négociations en cours qui laissaient les troupes libres, grâce seulement au compromis englobant la division Vedel. Le général en chef s'excusait seulement de n'avoir pu obtenir que tout son corps d'armée se retirât sur Madrid (4).

Sans doute Vedel fit-il observer aussi au conseil ce qu'il écrivait ce jour même à Belliard : que d'importantes fractions ennemies (c'était le détachement de Valdecañas) tenaient déjà le

---

(1) Vedel à Dupont, Santa Elena, 21 juillet (Registre des correspondances du général Vedel, A. N., BB 30). Note de Vedel à Reding (Artèche, *loc. cit.*, annexe n° 14).

(2) Journal du général Privé (A. H. G., 4/1).

(3) Interrogatoire du capitaine Reboulleau, 28 novembre 1810. Clarke à l'Empereur, 27 décembre 1809 (A. H. G., Corr. Mil., 6/11).

(4) Dupont à Savary, camp devant Bailen, 21 juillet (A. N., BB 30/97). « Il a été convenu, écrit le général, que la 1re division serait prisonnière de guerre et conduite en France par mer, et que les troupes du général Vedel seraient également conduites en France, mais qu'elles ne sont point prisonnières de guerre... Je n'ai pu obtenir de me retirer sur Madrid; il a fallu céder à la nécessité. »

défilé d'El Viso et que, pour gagner la Manche, il lui faudrait forcer ce passage particulièrement difficile, avec des troupes fatiguées, privées de vivres et à court de munitions et avec une artillerie hors d'état de rouler.

Or, cette fois, on ne pouvait plus espérer l'intervention d'aucun renfort prenant l'ennemi à revers par la route de Madrid. Entre Madrid et les montagnes, il n'y avait plus en effet que les bataillons Berthet et Plicque, cantonnés à Manzanarès et à Madridejos, c'est-à-dire l'un à 110 kilomètres, l'autre à 200 kilomètres d'El Viso et sans communications possibles avec Santa Elena. L'opinion de la majorité se modifia donc radicalement, et sur 23 officiers qui assistèrent à la séance du conseil, 20 se prononcèrent pour l'obéissance. Le soir même, le calme était rétabli parmi les troupes (1).

Pendant ce temps, entre Bailen et Andujar, le sort du corps de la Gironde avait été définitivement réglé.

C'est dans la nuit du 20 au 21 que le général Chabert, accompagné du capitaine de Villoutreys, avait porté au général en chef le texte du traité signé à Andujar. Dupont avait demandé qu'y soient portées quelques modifications de détail et, après une hésitation des plus pénibles, il avait fini par approuver l'ensemble (2).

Le 21 juillet, à 4 heures du soir, le général Chabert était de retour à Andujar et le traité était signé : traité, disons-nous, et non pas capitulation, ainsi que le mot a été consacré par l'usage, car vraiment ici, la convention qui faisait déposer leurs armes à de braves soldats, n'avait rien de déshonorant et ne présentait aucun des caractères d'une reddition.

Il s'agissait d'un arrangement entre Castaños et Dupont, et le général espagnol faisait ressortir en tête du document, que cet arrangement était consenti par l'armée espagnole victorieuse, parce que le commandant espagnol voulait donner aux troupes

---

(1) Vedel à Belliard, Santa Elena, 21 juillet (A. N., BB 30/97). Lettre du général Belair au ministre de la Guerre, 21 septembre 1819 (*ibid.*). Journal du général Privé (A. H. G., 4/2).

(2) Interrogatoire du capitaine de Villoutreys, 28 août 1808 (A. H. G., 4/2).

françaises une preuve de sa haute estime pour la belle et glorieuse défense opposée à une armée « infiniment supérieure en nombre et qui les enveloppait de toutes parts ».

La division Barbou devait rendre ses armes, après avoir reçu les honneurs de la guerre; les officiers conservaient leur épée.

Les divisions Vedel et Gobert ne rendaient pas leurs armes; mais pour éviter des rixes pendant leur marche à travers le territoire espagnol, ces armes, laissées en faisceaux dans les bivouacs, devaient être prises en charge par les autorités espagnoles, puis rendues aux troupes, au moment où celles-ci quitteraient l'Andalousie.

Toutes les troupes devaient être dirigées sur les ports de San Lucar et de Rota, par étapes de 4 lieues au maximum, puis embarquées pour Rochefort sur des navires espagnols.

Les officiers devaient conserver leur sac; chaque officier général avait droit à une voiture et à un fourgon, chaque officier supérieur ou d'état-major, à une voiture. Le logement devait être préparé par des officiers français et espagnols précédant les colonnes, et dans les mêmes conditions que pour des troupes espagnoles.

Les blessés et les malades devaient être soignées dans les hôpitaux espagnols et rapatriés dès qu'ils seraient guéris.

Pour donner satisfaction à l'opinion publique, les généraux espagnols auraient voulu que fussent recherchés dans les bagages des officiers et dans les sacs des soldats, des vases sacrés qui auraient été volés dans les églises de Cordoue. Les négociateurs français se refusèrent formellement à souscrire à une pareille rédaction contenant l'aveu officiel d'un acte de brigandage. Aussi, l'article concernant les vases sacrés, maintenu parce que la Junte de Séville en avait besoin pour sa propre couverture vis-à-vis du peuple, fut-il repris et soigneusement expurgé de toute insinuation blessante.

Cet article XV du document, le voici :

« Comme dans plusieurs endroits, et notamment à l'assaut de Cordoue, plusieurs soldats, malgré les ordres de Messieurs les officiers, se sont portés à des excès qui sont une suite inévitable des villes prises d'assaut, Messieurs les officiers généraux et autres officiers prendront les mesures nécessaires pour découvrir les vases sacrés qui peuvent avoir été enlevés, et les rendre, s'ils existent. »

Les fourgons et les voitures des officiers ne devaient être soumises à aucun examen; l'examen des voitures réquisitionnées dans le pays devait être confiée au général Chabert.

L'évacuation de l'Andalousie commencerait le 23 juillet, à 4 heures du matin. Les marches s'exécuteraient la nuit, pour éviter la forte chaleur. On ne traverserait ni Cordoue, ni Séville, dont la population était particulièrement hostile aux Français, et une escorte de troupes en ligne accompagnerait les unités françaises désarmées à raison de 300 hommes pour 3.000. Des cavaliers escorteraient les généraux (1).

Ainsi se terminait l'imprudente équipée d'Andalousie, entreprise avec des moyens insuffisants.

Certes, par les effectifs engagés, par les pertes subies en hommes et en matériel, la défaite de Bailen n'était pas de celles qui influent d'une manière irrémédiable sur le résultat d'une campagne.

Avaient pris part à la lutte : d'une part 9.000 Français, de l'autre de 20.000 à 25.000 Espagnols, réguliers ou irréguliers. Des deux côtés un nombre respectivement à peu près égal de combattants (10.000 Français, 20.000 Espagnols) n'avaient pas été engagés.

Les pertes étaient assez élevées du côté français comparativement au nombre de combattants. Dupont accuse 1.800 tués ou blessés (2); Castaños, après avoir dénombré les cadavres trouvés sur le champ de bataille, dont la plupart étaient des blessés morts faute de soins, porte ce chiffre à 2.600, dont 2.200 morts et seulement 400 blessés. C'est un peu plus du quart de l'effectif engagé. Quant aux Espagnols, ils ne comptaient que 243 morts et 735 blessés (3).

---

(1) Texte de la Convention d'Andujar, Bailen, 24 juillet 1808 (A. H. G.). Voir annexe.
(2) Dupont à Savary, camp devant Bailen, 22 juillet (A. N., BB 30/97).
(3) Rapport de Castaños sur la bataille de Bailen (D. G., Leg. 10, n° 360), Chiffre reproduit par le capitaine Wittigham (Wittigham à Dalrymple.

Même si l'on considérait comme exact le détail formidablement exagéré du butin annoncé le 1er août par Castaños (1) qui annonçait par surcroît 17.000 prisonniers de guerre, alors qu'aux termes de la convention engageant l'honneur de Castaños, les soldats français ne devaient pas être considérés comme prisonniers de guerre, cette malheureuse affaire ne compromettait pas d'une manière appréciable la situation matérielle de l'armée française d'Espagne.

Aussi n'est-ce pas en se plaçant à ce point de vue qu'il convient d'apprécier les événements d'Andalousie. Le fait brut était que des troupes françaises — peu importait que ce fussent des soldats aguerris ou des conscrits — des troupes portant le même uniforme que celles qui avaient vaincu toute l'Europe, et récemment encore, ceuilli les lauriers de Friedland, où justement le général Dupont s'était particulièrement distingué, avaient mis bas les armes devant une armée espagnole non aguerrie et devant les paysans andalous. Valmy, qui avait coûté encore moins d'hommes à la Prusse, avait assuré le triomphe des armées de la Révolution; Bailen fut le Valmy de l'Espagne.

Napoléon en eut l'intuition nette dès le 2 août, quand la

Quartier général d'Andujar, 25 juillet : Dalrymple, *loc. cit.*, appendice, p. 225). La disproportion extraordinaire qui existe dans les pertes françaises entre le nombre des morts et celui des blessés, tient au fait que presque tous les blessés moururent sur le champ de bataille, faute de soins et surtout à cause du manque d'eau pendant près de trois jours. Chez les Espagnols, le nombre des blessés est trois fois plus fort que celui des morts. La même proportion devrait se retrouver chez les Français et pour 2.600 hommes atteints au total, on n'aurait pas dû compter plus de 800 morts dans des circonstances normales. C'est donc près de 1.500 hommes qui ont payé de leur vie, dans des conditions affreuses, l'impuissance où s'est trouvé pendant trop longtemps le service médical à leur porter secours, du fait du trop long retard mis par les Espagnols à laisser ravitailler ces malheureux.

(1) Détail du butin pris à l'armée française de la Gironde par les armées espagnoles, d'après une lettre de Castaños, camp d'Andujar, 2 août (A. H. G., Corr. Mil., 6/11 *bis*).

7.000 habits neufs complets.
36.000 fusils encaissés.
120 pièces d'artillerie de tous calibres, y compris 32 mortiers (*manifestement inexact*).
20 chariots de munitions.
200 attelages de mulets ou chevaux.

2.000 excellents chevaux.
116 carrosses (?).
Les effets, l'or et l'argent volé, tout est en notre pouvoir et la caisse militaire avec 61.000 réaux.
17.000 prisonniers, sans compter les malades, fuyards, etc...

nouvelle de ce qu'il appela tout de suite la « capitulation de Bailen » lui parvint à Bordeaux. Sa Note sur la Situation actuelle en Espagne, rédigée ce jour-là, prouve bien qu'il ne s'exagéra pas un instant l'importance du désastre matériel (1).

Ce qu'il ressent vivement, comme une brûlure dans la poitrine, c'est la défaite d'un de ses corps d'armée, par ce qu'il considère comme des paysans insurgés, des *adversaires sans valeur militaire ;* c'est la honte qui va « flétrir les drapeaux français » (2); c'est la répercussion formidable que va avoir cet événement en Angleterre et dans toute l'Europe.

Il va donc crier au scandale, déclarer qu'il a « une tache » à son habit, traiter cette capitulation de chose sans exemple, telle que « depuis que le monde existe, il n'y a rien eu de si bête, de si inepte et de si lâche... » (3). Il va multiplier les conseils d'enquête, les commissions rogatoires; il va faire rechercher les preuves accablantes de culpabilité, laisser dans l'ombre toutes les circonstances atténuantes... Finalement, il livrera Dupont et les généraux qui ont combattu sous ses ordres, à une haute Cour de justice qui recevra l'ordre de les condamner durement.

Pourtant, nous croyons l'avoir montré, si Dupont et Vedel ont commis, chacun de leur côté, des fautes stratégiques et tactiques explicables, seulement, de la part d'hommes de guerre aussi expérimentés, par leur ignorance du problème qu'ils avaient à résoudre, la surprise, et surtout la rigueur extraordinaire du climat, occasionnant une indéniable dépression physique et intellectuelle... ; si de pareilles fautes ont rendu impossible le redressement d'une situation fort compromise par les graves erreurs politico-militaires du Haut Commandement... ; en toute impartialité, la convention d'Andujar n'avait pas un tel caractère d'infamie que le passé particulièrement glorieux du général Dupont n'eût dû le mettre à l'abri d'un implacable opprobre. Inférieur à sa tâche militaire, il le fut, mais infâme,

---

(1) Note sur la situation de l'Espagne, Bordeaux, 2 août 1808 (*Corresp.*, t. 17, n° 14/241).
(2) Napoléon, à Joseph, Bx., 3 août (*ibid.*, n° 14/243).
(3) Napoléon à Clarke, Bx., 3 août (*ibid.*, n° 14/242).

non pas, et jusqu'à l'extrême limite des forces humaines, il fit son devoir. Il faut même reconnaître qu'ici, la ténacité et l'habileté du diplomate avaient réussi à réduire au minimum les effets de l'incapacité du général.

Au total, la convention d'Andujar, toute passion éteinte, ne saurait être jugée plus sévèrement que la convention d'El Arysch, par laquelle Desaix a évacué l'Égypte, ou que celle de Cintra, par laquelle Junot va, dans quelques jours, évacuer le Portugal. Ce n'est pas une capitulation, comme les capitulations sans conditions de Serrurier à Verdeiro, de Belliard au Caire ou de Rosily à Cadiz... Celle-ci sera violée par le gouvernement espagnol qui ne respectera aucun des engagements solennellement pris, mais de cela, Dupont ne peut pas être rendu responsable.

Pourquoi donc l'opprobre sur le nom de Dupont, et point sur celui des autres? C'est qu'ici l'amour-propre de l'Empereur était particulièrement engagé; des fautes capitales avaient été commises, dont le coupable ne pouvait être avoué, et il fallait un bouc émissaire. Dupont fut sacrifié.

D'ailleurs, le malheur allait s'acharner sur lui. Le cadre d'une étude militaire serait dépassé, si nous voulions exposer ce que fut la fin du 2⁰ corps de la Gironde. Nous nous contenterons donc d'énumérer les étapes de son effroyable odyssée.

Le 23 juillet, les divisions Barbou et Fresia ayant déposé leurs armes, étaient acheminées sur Lebrija; la division Vedel, qui avait confié ses armes, contre un reçu, aux autorités espagnoles, partit pour Osuna. On allait s'embarquer à San Lucar et à Rota (1).

Mais le 3 août, la Junte de Séville, sur l'intervention de Morla, un personnage peu scrupuleux, dont la faveur de la populace avait fait un capitaine général, refusa formellement de ratifier la convention d'Andujar, qu'un de ses représentants avait pourtant signée avec Castaños (2). Tous les prétextes servirent alors à d'interminables atermoiements pour la continuation de la marche,

---

(1) Journal du général Privé.
(2) William Cox à Dalrymple, Séville, 3 août (Dalrymple, *loc. cit.*, annexes).

en dépit des protestations énergiques de Dupont et de tous les généraux : nécessité d'obtenir l'assentiment de l'Angleterre pour un transport de troupes par mer, assentiment qui fut assez vite accordé; nécessité de réunir des navires en nombre suffisant, etc... (1).

Le 10 août, Morla, laissé seul par le départ de Castaños pour assurer l'exécution du traité, finit par déclarer cyniquement à Dupont faire litière des engagements pris; puis, il traita nos soldats en prisonniers de guerre, les sépara de leurs officiers et, sous prétexte de les ravitailler plus facilement, les divisa en petits groupes qui furent exposés à la fureur du peuple (2).

Conduits à Port-Sainte-Marie, les généraux y furent maltraités et leurs bagages furent pillés, mais ils réussirent à s'embarquer pour la France, où Dupont arriva le 21 septembre (3).

Quant aux officeirs de troupe et aux soldats, ils furent relégués, au nombre de 10.000, d'abord sur des pontons, dans la rade de Cadix, puis sur l'îlôt aride et rocheux de Cabrera, où ils furent ravitaillés pendant quelque temps d'une manière irrégulière et insuffisante, et enfin abandonnés sans ressources.

Pendant cinq ans, ces malheureux vécurent d'herbes, de racines et d'orties sauvages avant de s'entredévorer. En 1814, on en retrouva encore 2.000 que l'on rapatria. Ils étaient réduits à l'état sauvage, entièrement nus et plus semblables à des squelettes qu'à des êtres humains; plusieurs avaient perdu l'usage de la parole (4).

La violation cynique de la convention d'Andujar et le martyr des soldats du 2e corps de la Gironde demeurent une tache

---

(1) Dupont à Morla, Lebrija, 7 et 9 août, et Morla à Dupont, Cadiz, 8 août (A. N., BB 30/97).

(2) Lieutenant-colonel Besines à général Lefranc, Osuna (A. N., BB 30/97) Vedel à Castaños, Moron, 2 août (*ibid.*).

(3) Interrogatoire de M. Plauzolles, payeur du corps de la Gironde (A. H. G. 4/1); Dupont à Clarke, Toulon, 22 septembre (A. N., BB 30/97).

(4) Mémoires inédits du général La Bourdonnaye (Cité par Titeux, *loc. cit.*, t. II, p. 641); Carrère Vental, *Mémoires d'un officier français prisonnier en Espagne* (B. N.); *Un tour en Espagne de 1807 à 1809* ou *Mémoires d'un soldat fait prisonnier à la bataille de Bailen* (B. N.); *Mémoires d'un conscrit de 1808* (*ibid.*); Wagré, *Les adieux à l'île de Cabrera* (*ibid.*).

dans l'histoire glorieuse du soulèvement de l'Espagne. En ne réagissant pas vigoureusement contre la forfaiture de Morla, et en n'appuyant pas les timides protestations de Castaños, la Junte de Séville et son président Saavedra—connu cependant, jusque-là pour son beau caractère — ont, par faiblesse et par incurie, souillé une page de gloire. Ni le patriotisme exacerbé, ni la fureur religieuse, ni la haine d'un Gouvernement étranger, dont les torts vis-à-vis de la nation espagnole étaient des plus graves, ne peuvent faire excuser un crime aussi hideux contre l'humanité.

CHAPITRE VI

LE MARÉCHAL MONCEY ÉCHOUE DEVANT VALENCE

SOMMAIRE

La préparation de la résistance à Valence. — Moncey attaque la ville. — Il se décide à battre en retraite. — Mesures prises par la Junte de Valence, pour envelopper la colonne française. — Moncey force le passage du Xucar. — Il force le défilé d'Almansa. — Savary songe à soutenir Moncey. — Marche de la division Frère. — Caulaincourt part pour Cuenca. — La stratégie de Savary. — Mouvements de Frère et de Caulaincourt. — Caulaincourt pille Cuenca. — La situation apparaît peu claire à Savary. — Sanctions. — Moncey se retire de San Clemente à Las Pedroneras.

A l'annonce de l'approche de l'ennemi, le tocsin avait sonné à Valence, et en masse, toute la population, conduite par les prêtres et par les moines, s'était portée aux remparts avec des armes de fortune. Il y avait là fort peu de soldats réguliers. Presque tous étaient partis avec Cerbellon qui venait, on ne sait pourquoi, de se porter à la rencontre de Llamas supposé vers Almanza.

Un corps de volontaires, organisé sous le nom de *Chasseurs de Valence*, était sorti aussi de la ville avec les débris échappés des précédentes batailles et le colonel Caro, le lieutenant-colonel Miranda et le comte de Romzé avaient disposé ces éléments sur les hauteurs de Paterna, à gauche du Guadalaviar, où se trouvait un magasin à poudres.

Quelques gardes espagnoles restaient pourtant, auxquelles s'étaient joints les marins du Grao et les artilleurs de la côte, venus pour servir les canons.

Le colonel d'artillerie Sazachaga était à la porte de Quarte; le colonel Valle, à la batterie Santa Catarina; le colonel Baciero, à la porte San Jose; le colonel de Mier, au mur d'enceinte, devant la place del Cardon. On ne sait qui commandait en chef, puisque

Cerbellon était parti et que le capitaine général de la Conquista se bornait à assister aux séances de la Junte, mais la population entière était de tout cœur à l'ouvrage.

Les portes, considérées comme les points les plus faibles de l'enceinte, furent fermées, renforcées par de grosses poutres et garnies de chevaux de frise. Celles de San Jose, de Serranos, de Trinidad, la Puerta Real, ouvrant chacune sur un pont du Guadalaviar furent pourvues de batteries disposées à l'intérieur, de manière à mitrailler l'ennemi qui les aurait enfoncées. Il en était de même de celle de Rusafa.

Les portes de Quarte et de San Vicente, plus directement menacées, avaient été l'objet de mesures particulières. Celle de Quarte était flanquée par l'artillerie de la tour Sta Catarina : un canon de 12 et deux canons de 8, qui tenaient aussi sous leur feu l'avenue de Mizlata et la berge du fleuve. Cette porte fut renforcée par une grande tranchée munie de chevaux de frise, d'où une batterie de 8 prenait d'enfilade la rue d'Arrabal et son tablier fut percé d'une meurtrière qui permettait à une autre pièce de 8 de tirer, la porte demeurant fermée. La porte de San Vicente fut couverte aussi par un épaulement avec fossé, abritant une batterie de deux pièces de 24. Derrière ces deux portes, comme derrière les autres, des batteries étaient prêtes à accueillir, à coups de mitraille, un ennemi vainqueur.

En quelques heures, alors que du haut du clocher de la cathédrale, on apercevait déjà les fumées des bivouacs français, 50.000 personnes réalisèrent une organisation défensive que, jusque-là, personne n'avait songé à préparer. Il serait sans doute inexact de dire que les retranchements construits de la sorte furent en tout point conformes aux règles de l'art et que les techniciens furent partout les maîtres de diriger à leur guise l'ardeur enthousiaste des travailleurs. Le détail manque de l'économie de ces premières organisations, mais on sait, par exemple, qu'à la porte San Vicente, les artilleurs refusèrent obstinément de laisser abriter leurs pièces ; ils les traînèrent eux-mêmes devant les épaulements, jurant de mourir pour les défendre.

Dans la nuit du 27 au 28 juin, Moncey, dont les troupes ont bivouaqué près de Mizlata, les porte en avant et les déploie, à

3 heures du matin, dans l'obscurité encore profonde, à une demi-portée de canon de la place. Toute reconnaissance est rendue impossible par la présence d'une multitude de tirailleurs ennemis qui accompagnent tous les mouvements des Français, comme un essaim de guêpes, et aussi par la végétation luxuriante qui enveloppe l'Arrabal del Quarte et cache les murailles de Valence.

Le maréchal n'en décide pas moins de brusquer l'opération, en attaquant les portes de Quarte et de San Jose, qu'il pense avoir devant lui. Or, un coup d'œil jeté sur le plan de Valence montre que la porte de San Jose n'est accessible que du côté nord-est, tandis que, du côté de Mizlata, cette porte est protégée par la tour de Sta Catarina, puissamment dotée en artillerie.

Une batterie de 6 pièces suivra chacune des deux colonnes d'assaut; 4 compagnies d'élite, déployées en tirailleurs sur un large front, précéderont les colonnes, refoulant les tirailleurs ennemis, préparant le chemin, trompant les Espagnols sur le véritable point d'attaque (1).

A 10 heures du matin, le terrain est libre. Les 4 compagnies d'élite ont refoulé les troupes avancées, se sont emparées des couvents de San Sebastian et du Socorro, où aucune défense n'avait été organisée, et s'infiltrent dans les jardins d'Arrabal, jusqu'à 10 mètres de murailles.

Sous la protection de ces compagnies, 2 obusiers sont installés dans le Jardin botanique et 2 autres, près du couvent de San Sebastian, pour faire pleuvoir quelques bombes dans l'intérieur de la ville. En même temps, les batteries d'accompagnement qui se sont installées à demi-portée des murailles, prennent d'enfilade les avenues droites qui conduisent à la tour Sta Catarina et à la porte du Quarte, et bouleversent les retranchements sommaires qui avaient été construits en avant de l'enceinte (2).

Tandis que les colonnes d'assaut s'infiltrent à leur tour dans les jardins, le maréchal croit devoir faire une dernière tentative pour éviter un combat dont, vainqueur ou vaincu, il n'attend aucune gloire et, par un parlementaire, il somme Valence de se soumettre.

---

(1) Moncey à Murat, San Clemente, 10 juillet (A. H. G., Corr. Mil., 6/10).
(2) ARTÈCHE, *loc. cit.*, t. II, p. 167.

Vaine démarche. Quelques bombes lancées par des obusiers dans la ville n'y ont pas occasionné de grands dégâts, et le premier résultat de l'inefficacité des canons français a été d'exciter au paroxysme l'enthousiasme de ces fanatiques, maintenus à leur poste surtout par des moines, accourus en masse aux remparts.

Donc, à 3 heures de l'après-midi, l'attaque générale se déclenche. Les colonnes marchent en échelons, la gauche refusée, de manière à faire face à une attaque des troupes espagnoles, signalées au nord du Guadalaviar, et que la cavalerie est chargée de contenir.

La colonne du Quarte, arrivée la première au pied de la muraille, devant laquelle les 4 compagnies d'élite se sont déjà arrêtées, constate que l'obstacle a conservé toute sa valeur. Elle est accueillie par une pluie de balles et de projectiles de toutes sortes, lancés par les gens qui sont sur la muraille ou sur les toits des maisons les plus proches. En outre, elle est prise en flanc par les feux de la batterie Sta Catarina, dont la situation n'avait pas été exactement reconnue.

Après une demi-heure de coûteux efforts, cette colonne doit renoncer à escalader la muraille. Elle prend position dans les bâtiments de San Felipe et de l'Arrabal del Quarte pour répondre par le feu aux feux convergents qui l'écrasent, et attendre des renforts.

La colonne qui marchait sur San Jose, a été tout de suite prise à parti, elle aussi, par les canons de la tour Sta Catarina, et loin de pouvoir atteindre son objectif, elle n'a même pas pu aborder la tour qui le lui cache.

La reconnaissance de la ligne à enlever n'avait pas été faite et c'était là la première cause de l'échec. En vue d'un nouvel effort, le général Cazals, commandant le génie, exécuta donc lui-même une reconnaissance minutieuse du secteur d'attaque. Une autre cause avait été la faiblesse de notre artillerie, très inférieure en nombre, en puissance et en habileté du personnel à celle de l'ennemi. Mais à cela le maréchal ne pouvait rien; il se contentera de renforcer les colonnes d'assaut (1).

---

(1) Moncey à Murat, San Clemente, 10 juillet (A. H. G., Corr. Mil., 6/10), D. G., Leg. 10, n° 360.

L'attaque reprend à 5 heures de l'après-midi, mais cette nouvelle tentative n'est pas plus heureuse que la première. Les pertes sont même lourdes, cette fois, surtout en officiers, parce que ceux-ci sont obligés de s'exposer particulièrement pour entraîner les conscrits. Le général Cazals aussi est grièvement blessé.

Le bataillon suisse de Castelberg, qui a été engagé à droite de la ligne, et auquel se sont joints, en dépit des protestations de leur colonel, les Suisses espagnols de Traxler, faits prisonniers à Las Cabrillas, n'obtiennent, eux non plus, aucun résultat devant la muraille de la place del Carbon.

L'artillerie espagnole bien servie par des marins excellents pointeurs, bien dirigée grâce à des observateurs placés dans les clochers des églises, prend une supériorité de plus en plus marquée sur l'artillerie française, dont la portée est moindre, à calibre 4 contre calibres 8 et 12, et dont les pièces sont démontées les unes après les autres.

Cette lutte pénible battait son plein, quand se déclencha contre la gauche française l'attaque prévue, des forces espagnoles qui se trouvaient sur la rive nord du Guadalaviar.

Le fleuve était à peu près à sec. Les Espagnols le franchirent en poussant de grands cris. Renforcés par d'innombrables paysans, ils refoulèrent les patrouilles françaises à travers les jardins de l'Arrabal del Quarte et se portèrent sur les derrières de la colonne engagée contre la tour Sta Catarina.

Moncey lança contre les nouveaux assaillants ses cavaliers et ses réserves d'infanterie, qu'appuyait le feu des batteries en position sur la route de Mizlata, et la cohue ennemie, mise en déroute, après quelques minutes de combat, repassa le Guadalaviar en grand désordre, pour aller se rallier derrière Campanar (1).

Tranquille pour sa droite, le Maréchal lance ses réserves dans une nouvelle attaque générale, qu'il renforce par une diversion contre les portes del Carbon et de Santa Lucia.

L'ennemi était sur ses gardes; l'artillerie française, dont plu-

---

(1) G. D., Leg. 10, n° 360. ARTÈCHE, *loc. cit.*, t. II, p. 172 et suiv.

sieurs canons étaient démontés, ne put soutenir que faiblement ce nouvel effort, rendu un peu mou par la fatigue et par les pertes subies, surtout en officiers, au cours des assauts précédents.

Une foule de paysans, sortie par la porte de Ruzafa, refoula même un instant nos patrouilles dans les jardins de l'Arrabal de San Vicente; mais cette contre-attaque, aussi mal conduite et mal exécutée que celle du nord, fut aussi désastreuse qu'elle pour les assiégés. Ils y perdirent beaucoup de monde. Les Valenciens étaient invincibles derrière leurs murailles; la victoire s'obstinait à ne pas les suivre en rase campagne.

Pourtant, cette lutte ne pouvait s'éterniser. Elle nous coûtait fort cher : à gauche, devant Sta Catarina, presque tous les officiers étaient tués ou blessés, et 4 pièces étaient hors de service (1). L'état officiel des pertes ne nous est pas parvenu, mais le général Musnier les qualifie de « terribles » et Moncey avoue avoir perdu « beaucoup de monde » (2).

Si l'on songe aux marches difficiles qui avaient marqué ces derniers jours et encombré de malades les convois de la division Musnier; aux assauts qu'on venait de livrer contre des murailles bien défendues et garanties par une excellente artillerie, on peut tenir pour très vraisemblable le chiffre de 5.000 baïonnettes donné par le général Musnier, le 28 juin au soir, pour l'effectif total dont disposait à ce moment le maréchal Moncey. Au surplus, les munitions d'infanterie et d'artillerie étaient à peu près épuisées et les approvisionnements en vivres fort entamés.

Les assiégés aussi manquaient de munitions, mais ici, les femmes, les enfants, les vieillards confectionnaient des sacs à mitraille avec des clous, des pierres, des débris d'ustensiles de cuisine, enveloppés dans des bas ou dans des linges mis en lambeaux; ils fabriquaient des bourres avec du jonc; ceux qui ne pouvaient faire autre chose, versaient de l'eau et du vinaigre sur les pièces pour les rafraîchir.

On ne vient pas à bout, avec 5.000 baïonnettes et une artillerie

---

(1) Musnier à Grouchy, San Clemente, 10 juillet (A. H. G., Corr. Mil., 6/10).

(2) Moncey à Murat, San Clemente, 10 juillet (A. H. G., Corr. Mil. 6/10).

insuffisante, de la résistance de 150.000 personnes dont l'enthousiasme est monté à un tel degré.

Moncey le savait, et c'était uniquement pour obéir aux ordres formels reçus, qu'il s'était lancé dans une aussi folle entreprise.

A 8 heures du soir, il donna l'ordre de cesser le combat, d'évacuer les faubourgs de Valence et de revenir bivouaquer sur les emplacements de la nuit précédente.

Là, il fallut tout de suite envisager d'autres mesures. Le maréchal apprit positivement que la division Chabran n'avait pas dépassé Tortose. De la division Frère, dont il avait réclamé l'appui, il n'avait aucune nouvelle, pas plus d'ailleurs que de Madrid. En revanche, il était informé, d'une manière certaine, que l'ennemi manœuvrait pour couper, sur ses derrières, les deux routes de Madrid à las Cabrillas et au passage du Xucar. Un mouvement se dessinait, tendant à enfermer la division Musnier entre les montagnes, le Guadalaviar, le Xucar et la mer... Il n'y avait déjà plus une minute à perdre pour échapper à la catastrophe, car chaque minute était du temps que l'ennemi employait activement à se renforcer et à organiser solidement ses positions.

Moncey sentait douloureusement combien cette retraite allait exalter le moral des paysans espagnols insurgés; il savait que l'Empereur l'excuserait difficilement... Pourtant sa décision fut immédiatement prise. Si l'état-major de Madrid n'en comprit pas tout d'abord le mérite, la catastrophe de Bailen qui se préparait justement à cette heure, n'allait pas tarder à en faire éclater aux yeux de l'Empereur la profonde sagesse.

Trois lignes de retraite étaient seules possibles : une route vers Tortose et deux routes vers Madrid, par las Cabrillas et par Almansa.

La route de Tortose, mal connue, resserrée entre les montagnes et la mer, pouvait être coupée, en mille endroits, par les montagnards du pays ou par les Anglais. Le maréchal y renonça.

La route de las Cabrillas était des plus difficiles. On avait eu grand mal à la parcourir en marchant sur Valence, dans des conditions plus favorables. Maintenant la division était affaiblie, fatiguée, sans munitions, encombrée de blessés; son artillerie était très réduite et les gorges à forcer offraient des positions de défense formidables que l'ennemi occupait.

La route d'Almansa, plus longue que celle de Las Cabrillas, offrait des avantages sérieux. Bien entretenue, elle permettait de ménager un matériel détérioré. Le passage du Xucar pouvait s'effectuer en plusieurs endroits. Les montagnes de Murcie étaient moins abruptes que celles de las Cabrillas, et à partir d'Almansa, on allait trouver des plaines où la cavalerie, non éprouvée, pourrait rendre les meilleurs services.

Moncey décida donc d'emprunter la route d'Almansa, mais il manœuvra tout d'abord, de manière à dérober une marche à l'ennemi et à le laisser dans l'incertitude sur la direction de sa retraite.

Le 28 au soir, il réunissait son important convoi de blessés et le 29 au matin, il feignait de vouloir franchir le Guadalaviar, pour se diriger vers Tortose.

Dans la journée du 29, surveillé de très près par les patrouilles de la place, il se rapprochait des montagnes, semblant vouloir s'y enfoncer pour gagner las Cabrillas. A la nuit tombée, il faisait balayer par ses cavaliers les patrouilles ennemies, et allait bivouaquer à Torrente, laissant les espions qui pouvaient encore suivre ses mouvements, dans l'incertitude de ce qu'il allait faire.

Cependant, Valence est tout à la joie de sa victoire et la Junte a immédiatement donné des ordres pour que l'ennemi soit enfermé dans la *Huerta* (1).

L'encerclement doit être réalisé par le comte de Cerbellon et par Llamas.

Le comte de Cerbellon reçoit l'ordre de réunir à Alcira, le 29, les Gardes espagnoles, les Chasseurs de Valence, un bataillon d'America, les escadrons d'Olivença et de Numancia, la Maëstranza et 6 canons. Avec ces quelque 7.000 ou 8.000 hommes de bonnes troupes, il interdira aux Français le passage du Xucar (2).

---

(1) Ce mot signifie « *jardin* » en espagnol, et on désigne ainsi la plaine de Valence.
(2) Voir le croquis n° 2 : Itinéraire de Moncey, de Madrid à Valence (t. II, p. 250).

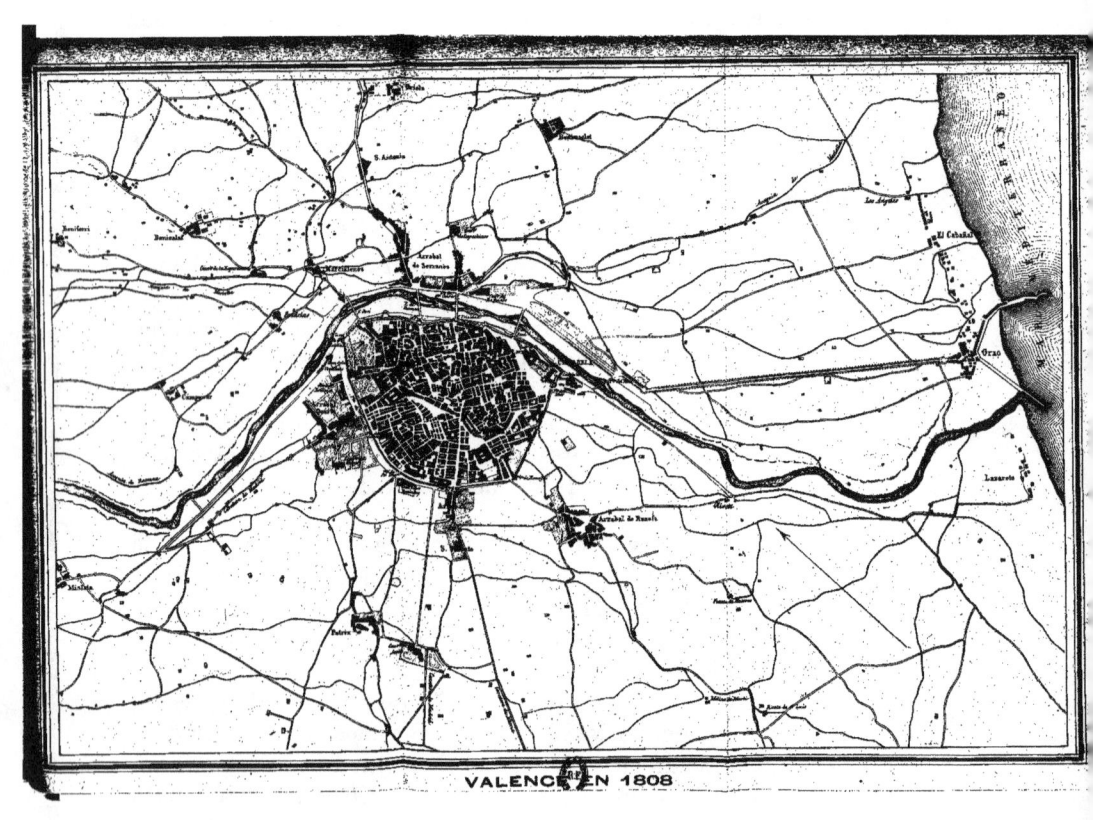

Quant à Llamas, venu de Jorquera par Almansa, il était à Requena depuis le 26. Dès cette date, le défilé de las Cabrillas était fermé; le 30, les Espagnols y étaient solidement installés et Moncey ne pouvait plus utiliser cette route pour se retirer sur Madrid.

Le contact avec les Français doit être maintenu par une petite division de 2.500 ou 3.000 hommes, constituée avec les meilleurs éléments qui se trouvaient dans Valence.

Ce détachement s'est mis tout de suite en campagne, sous le commandement du marquis de Romzée; mais il était composé de braves gens sans instruction militaire, et à sa première rencontre avec notre arrière-garde, il n'a pas tenu un instant devant nos cavaliers. Il s'est désagrégé tout de suite, et Romzée, n'ayant plus autour de lui qu'une centaine d'hommes, sera obligé de rejoindre Llamas, dès le 1er juillet.

Ce dernier, laissant des troupes à la garde du défilé, était venu, le 28 au soir, jour de l'attaque de Valence, jusqu'à Chiva. Si l'assaut de la ville avait recommencé le lendemain, il aurait donc sans doute pris les assaillants à revers.

Mais ce nouvel assaut ne se produisit pas, et les habiles manœuvres de Moncey occasionnèrent de la part de la Junte une série d'ordres contradictoires qui imposèrent aux troupes de Llamas, dont l'action eût pu être décisive, des marches et des contre-marches épuisantes.

Le 29, Llamas recevait l'ordre de rester dans les défilés, pour barrer aux Français la route de Madrid. Le 30, on le lançait vers Tortose, où Moncey paraissait vouloir se diriger. Le soir même, on le rappelait en grande hâte, pour garder encore Chiva. Dans la nuit du 30 juin au 1er juillet, on l'informait que l'ennemi avait bivouaqué à Torrente la nuit précédente, et se dirigeait vers Alcira où il fallait immédiatement le poursuivre. En conséquence de quoi, le 1er juillet, de grand matin, Llamas se hâtait vers le pont d'Alcira (1).

Moncey l'y avait devancé de vingt-quatre heures. Le 30 juin,

---

(1) D. G., Leg. 10, n° 360. Lettres particulières (A. H. G., Corr. Mil., (6/10).

à 10 heures du matin, il avait levé le camp et s'était dirigé sur Alcira où la route de Valence à Almansa franchit le Xucar.

A la tombée de la nuit, il est à une lieue de cette ville, devant laquelle on lui signale la présence de 5.000 ou 6.000 Espagnols, avec du canon. L'ennemi paraît décidé à la bataille, il est déployé à cheval sur la route, avec le fleuve à dos.

Le Maréchal le fait soigneusement reconnaître et aussi le cours du Xucar, qui décrit un arc de cercle depuis Antella jusqu'à Alcira. La route franchit le fleuve à Alcira, mais il y a un excellent gué à Castellon, en amont du point occupé par l'ennemi et un autre à Antella. En outre, on peut mettre le Xucar à peu près à sec en ouvrant les écluses de l'aqueduc du Roi. Les gués de Castellon et d'Antella, ainsi que tout le cours du fleuve ne sont gardés que par de faibles postes.

Donc, le 1er juillet, au point du jour, le Maréchal fait attaquer la position espagnole, sur la route, par une brigade d'infanterie, qu'appuient l'artillerie et la cavalerie. Il dirige en même temps une colonne par Alberique, vers le gué de Castellon, une autre vers le gué d'Antella et fait ouvrir les écluses. L'opération réussit.

Devant Alcira, la résistance est à peu près nulle. L'artillerie française avait jeté le désordre dans la ligne espagnole, derrière laquelle ne se trouvait aucune réserve, et les paysans avaient été pris de panique, parce que la cavalerie française, franchissant le fleuve à peu près à sec, menaçait de les prendre à revers. Cerbellon, qui n'avait aucune confiance dans ses troupes, donna tout de suite le signal de la retraite qui dégénéra en déroute, une partie de l'infanterie s'enfuyant vers Alcira, avec le général, le reste vers le défilé de San Felipe, dans la direction d'Almansa. Les canons étaient perdus.

Le marquis de Roca qui était avec un groupe au gué de Castellon, ne réussit pas mieux. Après quelques coups de canon, il abandonna ses deux pièces et se réfugia sur les hauteurs dominant la ville.

La route était libre. Moncey ne s'attarda pas à inquiéter l'ennemi. Il savait que Llamas venait d'arriver à Carlet et un espion affirmait qu'un détachement de 9.000 hommes était parti d'Albacete, le 28, pour lui fermer les défilés d'Almansa. Le salut de la division Musnier était donc dans la rapidité des marches.

La colonne d'Antella avait franchi le fleuve sans obstacle; on la rallia et, le 2 juillet, au point du jour, on se hâtait vers Almansa.

Jusqu'au port d'Almansa, seul point dangereux, étranglé entre deux massifs montagneux, à une vingtaine de kilomètres d'Almansa, la route est excellente et même construite avec tant de soin que les montées et les descentes y sont à peine perceptibles. Elle suit une large vallée à travers de magnifiques champs cultivés et des bois d'oliviers, qu'enchâssent à droite et à gauche des montagnes recouvertes de pâturages.

La température était favorable. La colonne couvrit ce jour-là une étape de 50 kilomètres et elle arrivait, à la tombée de la nuit, devant le port d'Almansa. L'ennemi y était, mais heureusement assez désorienté et peu nombreux.

Bien qu'il sût Cerbellon et Llamas lancés à sa poursuite par un ordre comminatoire de la Junte de Valence, Moncey jugea nécessaire de laisser reposer ses troupes jusqu'au lendemain matin, pour se donner le temps d'exécuter quelques réparations indispensables au matériel et de faire reconnaître les positions de l'ennemi.

La conviction du Maréchal fut vite faite : la position ennemie était formidable, mais elle n'était occupée que par des paysans. En effet, au lieu des 9.000 hommes annoncés, il n'y avait encore là que 2.500 ou 3.000 paysans, qui avaient traîné avec eux deux vieux canons.

Aussi l'attaque qui se produisit le 3 au matin, mit-elle ces gens en déroute et fit-elle tomber au pouvoir des assaillants les 2 canons dont ils n'avaient pas su se servir. Les Espagnols s'étaient cependant battu de leur mieux, et il y eût des actes héroïques, tel celui de ce prêtre qui, armé d'un fusil et blotti dans un fossé, continua à tirer sur les Français vainqueurs, après la mort et la fuite de tout son groupe, jusqu'à ce qu'une balle le frappât mortellement (1).

Tous les hameaux traversés jusqu'à Almansa avaient été trouvés vides d'habitants, et aussi de ressources. Heureusement,

---

(1) Schepeler, *loc. cit.*, p. 166.

les récoltes étaient demeurées sur pied et la division française, dont les approvisionnements étaient épuisés, put vivre.

On passa la nuit du 3 au 4 juillet à Almansa où le Maréchal pouvait considérer sa colonne comme hors de danger. Certes, des étapes et de dures privations restaient encore en perspective sur cet immense plateau pierreux, désert et couvert de bruyères, où seuls, quelques boqueteaux de chênes verts et de caroubiers protégeaient d'heure en heure contre les rayons d'un soleil implacable, mais au moins, on ne risquait plus de se trouver enveloppé dans d'étroits défilés et désormais en rase campagne, on était certain de pouvoir utiliser tous ses moyens de combat.

Le 4 juillet, on couchait dans Bonete abandonné; le 5, à la Venta, en vue de Chinchilla, et le 6, on arrivait à Albacete, nœud des routes de Valence, de Murcie, de la Castille et de l'Andalousie.

Le maréchal Moncey trouvait dans cette ville un courrier de Madrid — le premier depuis vingt jours — et il apprenait que, loin de se désintéresser du sort de la colonne poussée si imprudemment sur Valence, on était fort inquiet à Madrid sur son sort et on avait déployé la plus grande activité pour lui venir en aide...

Savary, à qui ses fonctions anonymes auprès de Murat, donnaient en réalité la direction suprême des affaires politiques et militaires dans la Péninsule, n'était pas un ami du maréchal Moncey. Satisfaction d'orgueil à songer que le doyen des maréchaux était soumis à sa jeune autorité de général de division; conversations avec Murat; mépris aussi, un peu, de gendarme brutal et peu psychologue, pour une prudence dont il ne saisit pas le sens... On ne sait; en tous cas, dès le 20 juin, quand le maréchal rendait compte de la gravité du danger qui se précisait à Valence, Savary l'accusait déjà auprès de l'Empereur, d'avoir « peur » du nombre des ennemis et d'avoir la ferme volonté de ne pas marcher sans être soutenu (1).

On peut croire que cette timidité du maréchal n'était pas

---

(1) Savary à Berthier, Madrid, 20 juin, minuit (A. H. G., Corr. Mil., (6/9).

faite non plus pour plaire à l'Empereur qui, voyant grand, de Bayonne, combinait justement à cette heure une opération sur Carthagène, que mèneraient Moncey, venu de Valence par Alicante et la division Frère, venue de Madridejos par San Clemente et Murcie (1).

Mais pendant que la note prescrivant cette opération est en route, Savary est sans nouvelles de Moncey depuis deux jours. Il est dans l'impossibilité de communiquer avec lui, et les courriers ne lui rapportent ses dépêches qu'après avoir échappé aux paysans espagnols (2). Inquiet, au surplus, d'apprendre, par la rumeur publique, que la colonne de Valence s'est battue à Minganilla, il vient donc d'appeler Frère à San Clemente où, tout en communiquant avec Dupont et avec Murcie, ce général sera en mesure de se porter sur Valence, si son intervention devenait utile de ce côté (3).

C'est la division Frère du corps de Dupont, qui doit aller au secours de Moncey parce que les deux divisions restant du corps de l'Océan, ont pour le moment fort à faire à Madrid où leur présence est indispensable pour contenir une insurrection toute prête à éclater.

Le général Frère, venant de Ségovie, n'est arrivé que le 22 à Tarancon avec sa division comprenant la brigade Laval (3 bataillons du 5e léger et 1 bataillon du 2e régiment suisse) et la brigade Rostolland, forte de 3 bataillons de la 2e légion de réserve. Au total, il a 3.500 hommes, l'effectif d'une faible brigade.

Les esprits sont aussi montés que possible, dans cette région. A Tarancon, le général apprend que Cuenca est un foyer très actif de l'insurrection. Or, Cuenca est à 60 kilomètres de Madrid, et quand la colonne aura quitté Tarancon, la capitale ne sera plus couverte de ce côté. La population madrilène peu sûre, sera en contact immédiat avec une région insurgée.

Le général retarde d'un jour son départ pour San Clemente;

---

(1) Note pour Savary, Bayonne, 19 juin (*Corresp.*, n° 14117).
(2) Togen à Belliard, Madrid, 21 juin (A. H. G., **Corr. Mil.**, 6/9).
(3) Savary à Frère, Madrid, 22 juin (*ibid.*).

il rend compte de la gravité de la situation et insiste pour que Cuenca soit surveillée (1).

Le général Caulaincourt était disponible à Madrid, récemment venu de France. Ce général reçoit, le commandement de 500 chevaux, d'un régiment d'infanterie, d'un bataillon de marche destiné à rejoindre le maréchal Moncey et de 4 pièces de canon. Il a ordre de partir de Madrid le 26, de châtier Cuenca, de rétablir les communications avec le maréchal Moncey, puis de rejoindre la division Frère (2).

Ainsi, le 27 juin, au moment où Moncey s'apprêtait à donner l'assaut à Valence, les dispositions prises, sans grande conviction d'ailleurs, pour le soutenir, aboutissaient à ce résultat décevant :

La division Frère était bien arrivée, le 26 au matin, à San Clemente, point stratégique important, mais il s'y trouvait sans communication avec le Maréchal, les courriers n'ayant pu franchir le défilé de Las Cabrillas (3); le détachement Caulaincourt, marchant sur Cuenca insurgée, était en route pour Tarancon où il devait arriver le 30 (4) et pendant ce temps, tout le corps de Llamas était, depuis la veille, à Las Cabrillas coupant, dans un défilé difficile à forcer, la route directe de Valence à Madrid.

Le 28 juin, aucune nouvelle de Moncey n'est encore arrivée à Madrid. Savary, lié par la nécessité de soutenir à la fois Moncey et Dupont, prend une demi-mesure par laquelle il ne soutient en réalité ni l'un ni l'autre. Il envoie Frère à Iniesta, à 60 kilomètres à l'est de San Clemente, encore à 70 kilomètres de Las Cabrillas. Frère sera là sur la route de Valence, prêt à se porter vers cette ville (5), mais quand s'exécutera ce mouvement ? Rien ne le dit encore, et on se bat dans la *Huerta*.

Caulaincourt reçoit l'ordre de mener rapidement l'affaire de Cuenca, puis, Cuenca soumise, de se porter aussitôt par

---

(1) Frère à Belliard, Tarancon, 24 juin (A. H. G., Corr. Mil, 6/9).

(2) Instructions pour le général Caulaincourt, Madrid, 25 juin (*ibid.*). Chaque fantassin emportait 50 cartouches, chaque cavalier 40; du pain pour deux jours et du biscuit pour huit (Belliard à Grouchy, Madrid, 25 juin, *ibid.*).

(3) Frère à Belliard, San Clemente, 26 juin (A. H. G., Corr. Mil., 6/9).

(4) Caulaincourt à Belliard, Tarancon, 30 juin (*ibid.*).

(5) Savary à Frère, Madrid, 28 juin (*ibid.*).

Requeña sur Valence (1). Mais il a à peine 2.000 hommes et il n'est pas encore à Cuenca, qu'il devra vraisemblablement prendre d'assaut...

Murat, définitivement vaincu par ses nerfs, ne pouvant supporter une minute de plus l'idée qu'il va devoir faire les honneurs de Madrid à un rival détesté, est parti malade, laissant ouvertement à Savary le soin de dénouer une situation qui eût exigé plus de tact et plus de lumières.

L'Empereur a donné des ordres formels : il faut appuyer Dupont menacé en Andalousie et Moncey menacé à Valence (2).

Les divisions Vedel et Gobert ayant été successivement envoyées en Andalousie, Savary répond qu'il est « sans inquiétude » de ce côté; qu'il a donné l'ordre à la division Frère d'être à Valence pour le 4 juillet, et au détachement Caulaincourt, d'y être pour le 5... Autant d'impossibilités, puisque Cuenca n'est pas encore soumise :

Si donc au plus tard le 6, conclut le nouveau grand maître de l'heure, Valence n'est pas soumise, il n'y a plus qu'un conseil de guerre qui puisse nous en donner raison (3)...

Et, escomptant un magnifique succès de sa combinaison, le 28, le jour même de l'échec de Valence, il adressait au maréchal Moncey l'ordre, aussitôt Valence soumise, de se porter par Alicante sur Murcie, pour y donner la main au général Dupont (4).

Le 2 juillet, à l'heure où le maréchal se hâtait vers Almansa, il lui prodiguait encore une série de recommandations sur ce qu'il aurait à faire dans Valence conquise : désarmement de la ville, prise d'otages. Il l'autorisait même, si sa santé ne lui permettait pas d'entreprendre la campagne d'Alicante, à laisser le général Musnier diriger la fin de l'opération, et à rester lui-même à Valence (5). Ainsi, tout était prévu.

Seulement, cette région est un tombeau. Aucun courrier n'arrive à destination, dans ces affreuses montagnes et à peine Frère

---

(1) Savary à Caulaincourt, Madrid, 28 juin (A. H: G., Corr. Mil., 6/9).
(2) Napoléon à Savary, Bayonne, 25 juin (*Corresp.*, n° 14133).
(3) Savary à Berthier, Madrid, 29 juin (A. H. G., Corr. Mil., 6/9).
(4) Savary à Moncey, Madrid, 28 juin (*ibid.*).
(5) Savary à Moncey, Madrid, 2 juillet (A. H. G., Corr. Mil., 6/10).

a-t-il quitté San Clemente que Savary le perd de vue, lui aussi. Il s'en irrite et trouve cela « inimaginable » mais, devant un pareil mystère, il s'inquiète pour Madrid. Il voudrait bien voir cette division revenir à Madridejos (1).

Les nouvelles qu'il reçoit enfin de Frère, le 4 juillet, sont loin de calmer ses inquiétudes. Elles annoncent l'échec de Valence, avec des pertes sérieuses; c'est le pays en pleine insurrection. Frère devait quitter Iniesta pour Requeña où il comptait être rendu en deux marches. Il dit désarmer de son mieux les villages autour de lui; que peut-il faire d'autre (2) ?

Savary se hâte de transmettre à Bayonne la lettre de Frère, déclarant que tout cela est exagéré; que l'on grossit les pertes à plaisir, que d'ailleurs, pour ce qui concerne Valence, il avait prévu, lui, que Moncey n'y entrerait pas, s'il était livré à lui-même (3).

Ce rapport de Savary n'impressionnera pas l'Empereur. Certes, celui-ci en sait assez maintenant pour apprécier à sa juste valeur la puissance de l'esprit national surexcité. Mais il est surtout préoccupé, à cette heure, par le soulèvement de la Haute Espagne, qui menace les communications de l'armée. Il avait laissé Moncey, le 24 juin, s'engager dans la région excentrique de Valence, parce qu'il pensait qu'il ne s'agirait là que d'un coup de main rapide. Depuis lors, la situation avait changé d'aspect. Des nuages s'amoncelaient sur tous les points de l'horizon, de sorte qu'aux premiers jours de juillet, des opérations du côté de Valence apparaissaient comme tout à fait inopportunes, et l'Empereur n'approuva pas que la division Frère fût encore enfournée, à cette date, à la suite de Moncey. Il était du reste bien persuadé que si le maréchal ne pouvait pas enlever avec 7.000 hommes cette ville de 150.000 âmes, l'appoint d'un renfort de 3.000 hommes ne changerait rien à l'affaire (4).

Le Duc de Rovigo ne saisit pas ces nuances; il tient à son idée d'envoyer Frère vers Moncey, bien certain, que sans cet appoint,

---

(1) Savary à Frère, Madrid, 2 juillet (A. H. G., Corr. Mil., 6/10).
(2) Frère à Belliard, Iniesta, 2 juillet (*ibid*)..
(3) Savary à Berthier, Madrid, 4 juillet (*ibid.*).
(4) Napoléon à Berthier, Bayonne, 1er juillet (*Corresp.*, n° 14148); Note pour Savary, Bayonne, 13 juillet (*Corresp.*, n° 14192).

Moncey ne marchera pas (1). Tout s'exécute donc, comme il l'a décidé.

Or, arrivé à Requeña, le 5 juillet, Frère y recueille des renseignements précis sur l'échec du 28 et sur la retraite du maréchal par Alcira...

Le défilé de Las Cabrillas est occupé par l'ennemi. L'attaquer? A quoi bon? Si on le force, réussira-t-on à s'emparer de Valence avec 3.000 hommes quand le maréchal y a échoué avec 7.000?

Le 8 juillet, Frère est donc revenu à Iniesta, ayant traîné à grand'peine ses canons dans les passes du Cabriel. Là, il est véritablement bloqué par les paysans qui assassinent les isolés, harcèlent les bivouacs, empêchent les ravitaillements.

Le général comptait cependant joindre le maréchal Moncey à Albacete, et de là, sans doute, marcher de nouveau avec lui sur Valence (2), mais, le 13, un ordre de Madrid l'appela à Tarancon (3) où il arrivait le 18.

De son côté, Caulaincourt avait marché sur Cuenca, et parti de Tarancon, le 1er juillet, avait parcouru en trois marches les 90 kilomètres qui le séparaient de cette ville. Sur le passage de la colonne, les villages étaient déserts et les approvisionnements détruits; à Carascosa, à Villar del Orno, l'avant-garde française avait été accueillie à coups de fusil et il avait fallu débusquer des groupes de paysans transformés en *guerilleros*.

Le 3 juillet, à 4 heures du soir, le détachement est devant Cuenca que couvre une force insurgée dont l'importance ne peut être appréciée, mais qui montre deux canons. Ces canons ont été hissés sur un mamelon escarpé et des gens à pied, des paysans sans doute, car ils n'ont pas d'uniforme, sont déployés sur une ligne dans la plaine.

Nos cavaliers tournent le mamelon, prenant les pièces à revers. Ils en enlèvent une et les Espagnols, en essayant de sauver l'autre, la laissent glisser dans un ravin. Nos 4 canons mitraillent les tirailleurs qu'une charge des cavaliers met en déroute.

---

(1) Savary à Berthier, Madrid, 5 juillet (A. H. G., Corr. Mil., 6/10).
(2) Frère à Belliard, Pajaro, 7 juillet (*ibid.*).
(3) Frère à Belliard, Iniesta, 13 juillet (*ibid.*).

La lutte n'a pas duré une demi-heure; elle a coûté aux Français 3 hommes tués et 1 blessé, 2 chevaux tués et 1 blessé. Tout s'est enfui dans les montagnes, sans songer à défendre Cuenca. L'évêque de ce diocèse, qui avait appelé des insurgés d'Aragon et de Valence, s'est enfui, lui aussi, non sans songer à évacuer sur Moya 200 Français faits prisonniers quelques jours auparavant.

Cuenca est une ville de 6.000 habitants, riche de son industrie très active du lavage des laines et aussi des immenses trésors enfermés dans sa cathédrale et dans ses 12 couvents.

Elle n'avait pas défendu ses murs et n'avait pas été prise d'assaut, mais elle était coupable de s'être révoltée, d'avoir été un centre actif d'insurrection et tout ce que sa population comptait d'hommes valides, avait couru aux armes.

Pour la punir, Caulaincourt accorda deux heures de pillage à ses troupes. Le général déclare, dans son rapport, que ce pillage se fit « sans désordre » (1).

On ne sait s'il faut ajouter une foi complète au récit circonstancié et poussé au noir que Schepeler fait des horreurs et des sacrilèges commis par les Français dans ces circonstances (2), mais il est évident que dans une affaire de ce genre, « l'ordre » n'était guère de mise et qu'il dut y avoir des excès.

Exécution inutile, du reste. Le nom français en devint un peu plus odieux; l'esprit public n'en devint pas meilleur et il fallut encore, pour subsister, avoir recours à des colonnes mobiles qui parcouraient les campagnes et livraient de véritables combats pour réquisitionner les vivres nécessaires (3).

Caulaincourt songea à brûler Moya. Il ne le fit pas, on ne sait pourquoi, et il eut raison. C'eût été un crime inutile : on ne tue ni le fanatisme, ni le patriotisme par des exécutions ou par des incendies; on ne fait que les exalter. En attendant, bloqué dans Cuenca, le général ne savait rien, ni de Moncey, ni de Frère; les courriers de Madrid ne parvenaient jusqu'à lui que très irrégulièrement.

De son mieux, en exécution des ordres reçus, il désarme la

---

(1) Caulaincourt à Belliard, Cuenca, 4 juillet (A. H. G., Corr. Mil., 6/10).
(2) SCHEPELER, *loc. cit.*, p. 148.
(3) Caulaincourt à Belliard, Cuenca, 8 juillet (A. H. G., Corr. Mil., 6/10).

ville et les localités environnantes. Tâche ardue qui, pour obtenir des résultats médiocres, nécessite des combats sanglants, car les fuyards de la journée du 3, qui errent dans les montagnes, se sont regroupés et font le coup de feu. Ces marches, ces luttes, de jour et de nuit, eussent vite épuisé nos soldats, ruiné nos chevaux, réduits à vivre d'orge, épuisé nos cartouches et achevé de détériorer un armement en mauvais état, qui avait grand besoin de réparations (1).

Heureusement, l'épreuve fut courte. Un ordre, daté du 7, rappelait Caulaincourt à Madrid (2). C'est qu'il fallait s'apprêter à recevoir dignement le roi Joseph qui allait entrer en Espagne, et pour l'escorter, depuis Bayonne jusqu'à Madrid, les effectifs manquaient.

En outre, l'esprit de la capitale était loin d'être sûr. Il l'était moins que jamais, parce que la nouvelle s'était répandue de l'insurrection de Séville, de l'impuissance définitive de Dupont, bloqué à Andujar par des forces considérables; du repli de Moncey devant l'insurrection triomphante à Valence... En vérité, l'entrée du roi Joseph à Madrid, entrée fixée au 25 juillet, risquait d'être troublée (3).

Savary est surpris d'un pareil résultat dont il ne saisit pas entièrement le sens. En ce qui concerne Dupont, il se contente d'afficher de l'optimisme; ce général ne vient-il pas d'entrer à Cordoue après avoir battu les insurgés au pont d'Alcolea?

Quant à Moncey, en attendant de plus amples détails sur ses opérations, le duc de Rovigo fait remarquer au major général que « ce qu'il avait annoncé se vérifie ». Il compte donc, dès que les communications seront rétablies avec le maréchal, proposer à celui-ci de revenir à Madrid « et envoyer à sa place le général Lagrange, qui désire ardemment une occasion de servir » (4).

Après une absence de nouvelles de vingt jours, un rapport de

---

(1) Caulaincourt à Belliard, Cuenca, 9 juillet (A. H. G., Corr. Mil., 6/10).
(2) Belliard à Berthier, Madrid, 7 juillet (*ibid.*).
(3) Savary à l'Empereur, Madrid, 10 juillet, midi (A. H. G., Corr. Mil., 6/10).
(4) Savary à Berthier, 9 juillet, 4 h. soir (*ibid.*).

Moncey, adressé le 10 juillet, de San Clemente, à Murat, donne tous les éclaircissements désirables sur l'opération de Valence. C'est d'ailleurs un exposé très sobre des faits, sans commentaires, sans excuses ni récriminations (1).

Mais, entre temps, le maréchal a été informé du rôle que jouait le général Savary à Madrid, et aussi de la mauvaise opinion que ce général avait de sa manière de servir. Il lui écrit donc assez sèchement, le 14 :

> Je crois, Monsieur le Duc, qu'avant de porter un jugement sur cette expédition, il est sage et même convenable, de connaître les moyens que j'avais, ce que j'ai eu à faire avant de me présenter sous les murs de Valence, ce que je pouvais et devais faire dans la situation où je me trouvais.

Et cette lettre spécifie que le rapport rédigé le 10 est adressé à S. M. l'Empereur, à S. A. I. et R. le grand duc de Berg, et si ce prince a quitté Madrid, au roi d'Espagne (2).

Un peu intimidé, Savary ne propose donc au maréchal de revenir à Madrid que d'une manière assez voilée et il se contente de lui dire que : « c'eût été un grand bonheur si on avait pu se maintenir dans le royaume de Valence (3)... »

Moncey, dont les nerfs sont à fleur de peau, n'est pas d'humeur à accepter des mercuriales, même voilées, d'un général de division. Sa réponse du 17 juillet est une critique sévère des conceptions du Haut Commandement :

> Je ne doute nullement, écrit-il, de la contrariété que mon retour à San Clemente peut avoir apporté aux opérations. Les réclamations que j'avais faites, si elles avaient été prises en considération, m'auraient aussi évité les contrariétés que je n'ai cessé d'éprouver, même avant mon départ de Madrid. J'ai été privé des forces espagnoles qui m'avaient été annoncées; je me suis trouvé sous les murs de Valence sans la division Chabran, sur la réunion duquel j'avais droit de compter et finalement je n'ai pas été informé que la division d'infanterie que j'avais demandée sur Albacete ait eu ordre de prendre position dans cette ville ou ses environs. Même privé de la division Chabran, les détachements des généraux Frère et Caulaincourt auraient pu m'appuyer, et s'ils étaient arrivés trop tard pour opérer avec moi devant Valence, ils auraient pu se réunir à moi sur le Xucar pour écraser les insurgés et soumettre le pays (4)...

---

(1) Moncey à Murat, San Clemente, 10 juillet (A. H. G., Corr. Mil., 6/10).
(2) Moncey à Savary, San Clemente, 12 juillet (*ibid.*).
(3) Savary à Moncey, Madrid, 14 juillet (*ibid.*).
(4) Moncey à Savary, San Clemente, 17 juillet (*ibid.*).

Il faut bien reconnaître que les observations du Maréchal constituent la meilleure critique de l'expédition de Valence, au point de vue strictement militaire.

Mais si ce qu'il dit eût été fait; si, en dépit des distances, des difficultés de communications, de l'enlèvement des convois, Chabran, les troupes espagnoles de Madrid, Frère et Caulaincourt, avaient tous convergé en temps utile sur Valence, l'ensemble de ces 20.000 hommes aurait-il triomphé de la résistance d'une grande ville décidée à se défendre jusqu'au bout ? L'exemple de Saragosse, ville ouverte aussi, qui immobilise en ce moment près d'un corps d'armée devant sa pauvre muraille en maçonnerie, permet d'en douter.

Encore à San Clemente, Moncey se trouve dans une situation difficile. Ses troupes sont fatiguées, sans vivres dans un pays dévasté et sans eau sous un soleil de feu. Tous les chevaux sont blessés; les voitures sont hors d'état de rouler. De sorte qu'avec les moyens réduits dont il dispose, le Maréchal se rend compte bien vite que, sans secours possible de la part de Frère et de Dupont, trop éloignés l'un et l'autre, il est encore exposé à un désastre ou tout au moins à un accident (1).

Le 16 juillet, il réunit ses généraux en conseil de guerre et leur avis unanime, corroborant le sien, est qu'il faut chercher une position plus en arrière, qui puisse se lier avec celle de la division Frère à Tarancon (2).

Moncey quitte donc San Clemente le 17 juillet et conduit la division Musnier camper à Las Pedroneras, sur la route d'Ocaña, où il sera, au moins, mieux en mesure de communiquer avec Madrid (3).

---

(1) Moncey à Belliard, San Clemente, 15 juillet 1808 (A. H. G., Corr. Mil., 6/10).
(2) Délibération du Conseil de guerre de San Clemente, 16 juillet (*ibid.*).
(3) Moncey à Savary, San Clemente, 17 juillet (A. H. G., Corr. Mil., 6/11).

CHAPITRE VII

LE ROI JOSEPH ÉVACUE MADRID

SOMMAIRE

Les directives de l'Empereur. — Les conceptions de Savary et ses ordres. — Préoccupations pour Madrid. — L'Empereur désapprouve les mesures prises par Savary. — « Note sur la position actuelle des armées en Espagne » du 21 juillet. — Jourdan, major général. — L'Empereur rend justice à Moncey et désapprouve formellement les méthodes de Savary. — Situation le 22 juillet. — Arrivée à Madrid des premières nouvelles d'Andalousie. — Esprit public. — Renforts à Dupont. — Nouvelle de la capitulation de Dupont. — Premières mesures. — Savary désavoué, proteste. — Le vide se fait autour du roi Joseph. — Joseph décide d'évacuer Madrid. — Les ordres pour rallier l'armée. — Le capitaine de Villoutreys porte à Madrid tous les détails de la catastrophe de Bailen. — Joseph quitte Madrid. — Désordres. — Bruits pessimistes. — Préparatifs d'évacuation. — L'armée quitte Madrid, le 1er août, au point du jour.

Dans l'exposé que nous avons fait, des événements d'Andalousie et de Valence, nous avons à peine mentionné les ordres donnés par l'Empereur et par ses représentants à Madrid, et seulement dans la mesure très irrégulière et toujours faible où ils sont parvenus jusqu'aux divisions engagées. Il est temps de les mettre en lumière. Les résultats étant connus, les incohérences et les erreurs de la direction ressortiront plus nettement.

Nous avons vu l'Empereur rédigeant, le 13 juillet, pour Savary, des Notes où il lui montrait le danger le plus immédiat en Galice. Bessières devait vaincre La Cuesta avant qu'aucune action ne fut tentée en Andalousie. Le sort de Dupont était de peu d'importance. Si ce général était battu, il n'avait qu'à se replier jusqu'aux montagnes pour ne rien risquer. Si, au contraire, Bessières était battu, c'étaient les communications de Madrid avec la France coupées; l'existence de toute l'armée compromise. Il fallait donc négliger momentanément Dupont et soutenir Bessières, et si Bessières était battu, il fallait rapprocher

Frère, Gobert et Caulaincourt de Madrid, position centrale d'où l'on pourrait écraser successivement les divers corps ennemis (1). Le 14 juillet, le jour de Medina de Rio Seco, à Joseph qui attendait, arrêté à Vitoria, des nouvelles de Bessières, l'Empereur confirme les instructions données à Savary, expliquant que, si Bessières est vainqueur, il n'y aura aucun inconvénient à renforcer Dupont, pour qu'une offensive vigoureuse soit prise en Andalousie. Au sens de l'Empereur, cette offensive doit réussir si seulement quelques renforts viennent se joindre aux 20.000 hommes de Dupont, car, en groupant toutes ses forces, Castaños ne doit pas disposer de plus de 25.000 hommes de troupes réglées (2).

Malheureusement, ces instructions, fort claires, envisageaient plusieurs éventualités, suivant que Bessières serait plus ou moins vainqueur, plus ou moins battu, éventualités à déterminer suivant des renseignements qui, s'ils arrivent, n'arriveront jamais que trop tard. Même, une lettre de l'Empereur à Joseph, datée du 18, va encore accentuer l'indécision sur la conduite à tenir, en laissant penser que Bessières n'aurait battu, à Medina de Rio Seco, que les deux tiers de l'armée de Galice et qu'un tiers de cette armée n'aurait pas pris part à la bataille (3).

Savary entendait peu la stratégie et il raccordait mal tous les éléments du formidable problème à résoudre. L'attitude hostile de la population de Madrid, réservant au roi Joseph, le 20 juillet, un accueil plus que froid, le préoccupait (4); de même la lenteur du siège de Saragosse et la nouvelle que Santander était retombée aux mains des insurgés (5). Les réclamations de plus en plus pressantes de Dupont, immobilisé à Andujar et rêvant de la continuation de son offensive sur Cadiz l'impressionnait et il avait le sentiment très net que l'envoi de renforts de ce côté

---

(1) Notes pour le général Savary, Bayonne, 13 juillet 1808 (*Corresp.*, n° 14192).
(2) Notes pour le roi d'Espagne, Marracq, 14 juillet 1808 (*Corresp.*, n° 14196).
(3) Napoléon à Joseph, Bayonne, 18 juillet 1808 (*Corresp.*, n° 14215).
(4) Savary à Berthier, Madrid, 18 juillet (A. H. G., Corr. Mil., 6/11).
(5) Colonel Ferdut à Belliard, Burgos, 20 juillet (*ibid.*).

était opportun, pour que l'offensive pût être continuée (1). Il craignait enfin que la victoire de Bessières ne fût pas complète et appréhendait d'être obligé de lui envoyer des renforts (2).

Au total, débordé, il va perdre la notion de l'importance relative des trop nombreux objectifs qui se présentent en même temps à lui. Il pense qu'avec les deux divisions d'infanterie Barbou et Vedel et la division de cavalerie Fresia, dont il a la disposition, Dupont, sans être assez fort pour prendre l'offensive, peut se maintenir entre Andujar et Bailen et y attendre les événements, ses communications avec Madrid étant d'ailleurs assurées par la division Gobert. Et il croit résoudre toutes les difficultés en pelotonnant le plus de forces possible autour de Madrid, puisqu'ainsi, il est en mesure de maintenir la capitale dans l'obéissance et d'envoyer des renforts à Bessières. Donc, la division Frère est appelée à Madrid pour le 20; le maréchal Moncey, avec la division Musnier, pour le 23 (3). Savary se refuse cependant à replier sur Madrid la division Gobert, comme le voudrait l'Empereur (4). Il se contentera, un moment, de donner l'ordre à la division Morlot, du corps de Moncey, de se porter vers Bessières (5).

Mais les contre-ordres arrivent. Les bruits pessimistes de Castille n'étant pas confirmés, Morlot ne part pas.

Dautre part, le roi est à Madrid, et si la population de la capitale ne semble pas disposée à se soulever, son aversion pour les Français ne peut faire de doute et elle a besoin d'être surveillée. La division Frère est arrivée le 20, et, en exécution des instructions formelles de l'Empereur (6), l'ordre est envoyé à la division Gobert de se rassembler à Manzanarès, où elle sera en mesure à la fois de soutenir Dupont et de revenir au besoin sur Madrid. Trop tard. D'ailleurs, car lorsque l'ordre de Madrid arrive à

---

(1) Savary à Berthier, Madrid, 19 juillet (A. H. G., Corr. Mil., 6/11).
(2) Savary à Berthier, Madrid, 21 juillet (*ibid.*).
(3) Savary à Belliard, Madrid, 16 juillet; Belliard à Moncey, Madrid, 17 juillet (A. H. G., Corr. Mil., 6/11).
(4) Savary à Berthier, Madrid, 11 juillet (*ibid.*).
(5) Savary à Belliard, Madrid, 21 juillet (*ibid.*).
(6) Notes pour le général Savary, Bayonne, 13 juillet (Citées).

Manzanarès, la division Gobert, partie depuis longtemps au secours de Dupont, n'existe déjà plus ; son chef a été tué et elle-même a été englobée dans le désastre de Bailen.

La division Musnier, appelée à Madrid avec le maréchal Moncey, est arrêtée à Ocaña, sur l'observation de Bayonne qu'il y a trop de troupes dans la capitale. Le Maréchal vient seul se présenter au Roi, accompagné d'un de ses régiments ; le reste de la division est maintenu à Ocaña (1).

Au total, l'Empereur désapprouve toutes les mesures prises par Savary. Il a trouvé inutile l'envoi de la division Frère vers Valence où il estime que l'intervention de 3.000 ou 4.000 hommes de plus n'est susceptible de rien changer à la situation puisque cette ville de plus de 100.000 âmes est décidée à se défendre. Il a trouvé ridicule l'idée de renforcer Dupont à Andujar par la division Musnier, portée de Valence sur Grenade. Après Medina de Rio Seco, il condamne formellement la concentration exagérée de forces qui s'exécute autour de Madrid.

Berthier écrit à Savary, le 20 juillet:

> L'Empereur trouve que vous ne concevez pas la direction de cette guerre et que vous ne concevez pas ce qu'on s'efforce de vous dire. On vous avait mandé d'arrêter les colonnes du côté du général Dupont, mais non de les faire rétrograder sans motif, hormis la brigade du général Caulaincourt, afin que, si le maréchal Bessières n'avait pas le succès qu'on pouvait espérer, on eût le temps de les faire rétrograder sur Madrid, avant que le général Cuesta fût arrivé...

Le major général ajoute que, Bessières vainqueur, c'est maintenant Dupont qu'il faut soutenir et que le maréchal Moncey doit rester à San Clemente, pour menacer Valence.

> La guerre d'Espagne, conclut-il, est une guerre où l'armée française occupe le centre et l'ennemi la circonférence ; c'est une guerre de calcul, de patience et où il faut être très attentif à ne pas faire de marches inutiles. (2)...

Tout cela est peu clair et fait table rase de bien des facteurs,

---

(1) Le 1er régiment vient à Madrid le 22 juillet au matin ; le 2e et le 3e régiments, le 2e bataillon du 4e et le bataillon de Westphalie restent à Ocaña (Savary à Belliard, 21 juillet, A. H. G., Corr. Mil., 6/11).

(2) Berthier à Belliard, Bayonne, 20 juillet 1808 (A. H. G., Corr. Mil., 6/11).

entre autres de l'impossibilité où sont les colonnes de subsister, perdues qu'elles sont dans cet immense pays au relief tourmenté, où tout être vivant est un implacable ennemi; où les campagnes ruinées par les paysans ne fournissent aucun moyen de subsister, de sorte que la conquête d'aucun renseignement n'est possible, ni par des isolés, qui sont massacrés, ni par des détachements, qui meurent de faim; où il n'y a pas jusqu'au climat lui-même qui ne soit meurtrier et rende pénible tout déplacement de troupes...

L'Empereur sent bien l'incohérence où l'on se débat et au moment de quitter Bayonne, il rédige encore une importante *Note sur la position actuelle des armées en Espagne*, où il essaye de condenser sa pensée et de faire comprendre ses intentions.

Après un tour d'horizon au cours duquel il constate que ses armées sont victorieuses sur tous les points de la Péninsule, il aborde le sujet délicat de Dupont et l'expose ainsi :

> Le seul point important, donc, aujourd'hui, est le général Dupont. Si l'ennemi parvenait jamais à s'emparer des défilés de la Sierra Morena, il serait difficile de l'en chasser. Il faut donc renforcer le général Dupont, de manière qu'il ait 25.000 hommes, compris ce qu'il faudrait pour garder les passages des montagnes et une partie du chemin de la Manche. Il pourra disposer les troupes, de manière que, le jour où il voudra attaquer, la brigade de 2.000 à 3.000 hommes destinée à garder les montagnes, arrive au camp du général Dupont et soit successivement remplacée par les colonnes qui seraient en arrière; de sorte que le général Dupont ait, pour le jour de la bataille, plus de 23.000 hommes à mettre en ligne...
>
> ...Aujourd'hui, le seul point qui menace, où il faut promptement avoir un succès, c'est du côté du général Dupont. Avec 25.000 hommes, infanterie, cavalerie et artillerie comprises, il a beaucoup plus qu'il ne faut pour avoir de grands résultats. A la rigueur, avec 21.000 hommes présents sur le champ de bataille, il peut hardiment prendre l'offensive; il ne sera pas battu et il aura pour lui plus de 80 chances (1)...

La multiplicité de ces *Notes* sur les affaires d'Espagne, témoignent de l'inquiétude de l'Empereur sur la manière dont les opérations militaires étaient dirigées dans la Péninsule. D'autres preuves existent de cette inquiétude.

Le 17, il a prescrit au maréchal Jourdan de quitter Naples

---

(1) Note sur la position actuelle des armées en Espagne, Bayonne, 21 juillet 1808 (*Corresp.*, n° 14223).

et d'aller à Madrid, prendre les fonctions de major général auprès du Roi (1).

Le 18, dans sa lettre à Joseph, il rendait justice au maréchal Moncey, que Savary voulait remplacer dans son commandement par le général Lagrange :

> Ce que j'ai vu jusqu'à présent des opérations du maréchal Moncey, écrit-il au sujet de l'expédition de Valence, me fait penser qu'il a fait ce qu'il a pu, qu'il a battu les rebelles dans toutes les rencontres, qu'il leur a fait un mal affreux et qu'enfin il ne mérite que des louanges. Si la santé de ce maréchal n'était pas trop mauvaise, c'est un homme qui serait un bon gouverneur de Madrid (2)...

Et dans une lettre du même jour, il condamnait formellement Savary.

> Le Prince de Neuchâtel m'a communiqué la lettre du général Savary. Savary est un homme bon pour les opérations secondaires, mais qui n'a pas assez d'expérience et de calcul pour être à la tête d'une si grande machine. Il n'entend rien à cette guerre de marche. Je désire bien que Jourdan vous soit arrivé. L'habitude de commander en chef, qui donne celle des calculs et des combinaisons, ne peut être suppléée par rien..
> ... Il ne faut pas laisser entrevoir à Savary l'opinion que j'ai de son incapacité. Du reste, c'est un homme d'énergie, de zèle et d'exécution, qu'il vous sera utile d'avoir.
> ... Voici, en deux mots, le résumé de la *Note* que vous recevrez demain : Laisser Moncey à San Clemente, ou aux environs, pour qu'il menace Valence. Garder 12.000 hommes, cavalerie, infanterie et artillerie à Madrid. Porter le corps du général Dupont à 22.000 hommes, infanterie, cavalerie et artillerie, et 3.000 hommes sur les défilés des montagnes et pour les communications de la Manche et qu'il puisse appeler pour lui servir de réserve, un jour d'action ; lui fournir le supplément, pour arriver à ce point, le plus tôt possible, afin qu'il attaque et batte sans délai (3)...

Or, le 22 juillet, la situation des troupes impériales, dans le centre et dans le midi de l'Espagne, est celle-ci : Dupont est hors de cause, et des troupes des divisions d'infanterie Barbou,

---

(1) L'Empereur au maréchal Jourdan, Bayonne, 17 juillet (*Corresp.*, n° 14214).

(2) L'Empereur au roi d'Espagne, Bayonne, 18 juillet 1808 (*Corresp.*, n° 14215).

(3) L'Empereur à Joseph, Bayonne, 18 juillet 1808 (A. N., AF IV 877 et *Mémoires du Roi Joseph*, t. IV, p. 362).

Vedel et Gobert et de la division de cavalerie Fresia, qui avaient franchi les montagnes, aucune ne les a repassées.

Entre la Caroline, qu'occupent les Espagnols, et Madrid, il y a :

A Manzanares, le bataillon Berthet, du 33ᵉ régiment d'infanterie légère, de la brigade Dufour (division Gobert). Ce bataillon est fort de 300 hommes valides, mais il est encombré de plus de 200 malades et enveloppé par l'insurrection. Il peut être considéré comme perdu (1).

A Madridejos, il y a un bataillon de 400 isolés, appartenant aux divers régiments du corps de la Gironde et placés sous les ordres du commandant Plicque, de l'État-major de Madrid.

La division Musnier (1ʳᵉ) du corps de Moncey, affaiblie du 1ᵉʳ régiment qui est parti pour Madrid, et réduite ainsi à un plus peu de 4.000 baïonnettes, en route pour la capitale, a été arrêtée à Ocaña (2).

A Madrid, il y a le détachement de la Garde impériale, fort de 2.000 fantassins et de 1.400 cavaliers; la division Morlot (2ᵉ), du corps de Moncey, environ 7.000 hommes; la division Frère (3ᵉ) du corps de Dupont, qui y est arrivée la veille, forte de 5.500 hommes; la brigade des hussards Wattier et la brigade des cuirassiers Rigaud, présentant un effectif de 2.500 cavaliers, dont le général Caulaincourt vient de prendre le commandement (3).

Il y a aussi les dépôts des régiments de Dupont et de Moncey, à peu près 2.000 hommes, fantassins, cavaliers ou artilleurs, et dans les hôpitaux, plus de 3.000 malades.

Avec le 1ᵉʳ régiment provisoire de la division Musnier, fort d'environ 1.500 hommes, que le maréchal Moncey vient d'amener à Madrid, il y a donc dans la capitale un ensemble de 18.000 fantassins et de près de 5.000 chevaux.

Le 22 juillet, une lettre arrive à Madrid, du commandant

---

(1) Interrogatoire du capitaine de Villoutreys (Procédure relative à la capitulation de Bailen, A. H. G., 4/2).

(2) Moncey à Belliard, Ocaña, 21 juillet 1808 (A. H. G., Corr. Mil., 5/11).

(3) Belliard à Grouchy, Madrid, 22 juillet 1808 (*ibid.*).

Plicque. Elle dit que, le 15, il y a eu un engagement à Andujar; qu'on a entendu une vive canonnade de ce côté, mais qu'on n'a aucun renseignement précis. Les habitants propagent de sinistres nouvelles (1).

Le 23, au matin, une nouvelle dépêche du commandant Plicque. Les divisions Vedel et Gobert ont été aux prises avec l'ennemi, les 15, 16 et 17. Elles auraient été repoussées au delà de Bailen. Dupont aussi aurait été attaqué, mais, de ce côté, on n'a aucune nouvelle. Les communications sont devenues à peu près impossibles; les paysans se montrent plus arrogants et plus insolents que jamais (2).

Le même jour, encore une dépêche du commandant Plicque. Il paraît certain qu'un engagement a eu lieu, le 19, sur lequel on ne sait rien. Aucun courrier ne peut dépasser Madridejos. Les lettres de Madrid pour le général Dupont sont en souffrance (3).

A Madrid, on ne crut pas, tout d'abord, à la possibilité d'une défaite de Dupont. On n'avait aucune nouvelle de lui, depuis le 13, mais on savait que la division Gobert l'avait rejoint et que, par conséquent, il disposait de 19.000 hommes et de 38 canons, effectifs bien suffisants pour se défendre, en attendant des renforts qui lui permettraient de passer à l'offensive (4). L'hypothèse d'un désastre complet, basé sur l'absence de tout courrier, ne pouvait raisonnablement pas être envisagée.

Le 23, pourtant, on constata un changement dans l'attitude de la population de Madrid : autant dans celle du peuple devenu agressif que dans celle des grands corps de l'État, résolument intraitables. Un mouvement d'émigration se produisait, que Savary compare à celui de Coblentz. Mais n'a-t-on pas l'expérience, ici, que de simples bruits suffisent pour produire un sem-

---

(1) Commandant Plicque à Belliard, Madridejos, 22 juillet 1808 (A. H. G., Corr. Mil., 6/11).
(2) Le même au même, Madridejos, 22 juillet, 11 h. soir (*ibid.*).
(3) Le même au même, Madridejos, 23 juillet (*ibid.*).
(4) Savary à Berthier, Madrid, 23 juillet, minuit (A. H. G., Corr. Mil. 6 /11 *bis*).

blable résultat? L'essentiel, pour le moment, est de rétablir les communications avec l'Andalousie.

Le 5ᵉ régiment provisoire, qui allait occuper Tolède, avec 3 pièces d'artillerie (1), est dirigé vers les gorges, pour renforcer la division Gobert. Il emmènera avec lui 250 hommes devant rejoindre les divisions Barbou et Vedel (2). Un bataillon de la division Musnier ira à Madridejos, relever le bataillon Plicque, qui poussera sur Andujar, pour rejoindre Dupont (3). Ainsi les communications seront rétablies et Dupont aura un renfort de 2.300 hommes.

Cette opération apparaît comme fort urgente. Plicque rend compte, le 24 au soir, qu'un détachement de 40 cuirassiers, escortant 18 voitures, a été massacré, la nuit précédente, à Villaharta par 800 ou 900 paysans; que les communications sont coupées entre Madridejos et Manzanares; que pour maintenir ces communications, il faudrait un poste de 400 hommes à Villaharta, et à Madridejos un renfort de 200 fusils (4).

Enfin, dans la nuit, du 24 au 25 juillet, une dépêche du général Musnier donne à penser que, sans aucun doute, des événements graves se sont produits de l'autre côté des montagnes. Le commandant d'Affry, du 3ᵉ régiment suisse, qui a pris part au combat de Mengibar et regagne Madrid isolément, a rendu compte à son passage à Ocaña, que le général Dupont aurait capitulé après un combat, le 19 juillet, et aussi qu'une armée espagnole, venue d'Estramadure à Talavera, le 20, se dirigerait sur Tolède (5).

Une capitulation, personne ne la croit possible, mais la nécessité éclate à tous les yeux, de rétablir à tout prix des communications sûres avec Dupont. Le 5ᵉ régiment provisoire, le 2ᵉ bataillon de marche, le 5ᵉ régiment d'infanterie légère, le

---

(1) Belliard à Berthier, Madrid, 23 juillet, 4 h. soir (A. H. G., Corr. Mil., 6/11 *bis*).

(2) Belliard à Berthier, Madrid, 24 juillet (*ibid.*).

(3) Le même au même, Madrid, 23 juillet, 4 h. soir (*ibid.*).

(4) Le commandant Plicque à Belliard, Madridejos, 24 juillet, 4 h. soir (*ibid.*).

(5) Musnier à Belliard, Ocaña, 24 juillet (A. H. G., Corr. Mil., 6/11 *bis*).

bataillon de Madridejos, celui de Manzanares et 200 chasseurs à cheval avec 3 canons, vont constituer à Manzanares une colonne de près de 4.000 hommes, dont le général Laval, commandant la 2e brigade de la division Frère, prendra le commandement, et qui sera chargée de cette importante mission (1).

Pour prendre des décisions plus importantes, le moment n'est guère opportun. Fort de l'opinion de l'Empereur sur Savary, le Roi a manifesté sa méfiance à ce dernier (2) et le duc de Rovigo, sentant bien que ses actes sont généralement désapprouvés à Bayonne, se trouve paralysé. Il proteste, d'ailleurs. Il s'irrite des reproches qu'on lui adresse et il fait observer, non sans quelque raison, que les conseils stratégiques qu'on lui prodigue, n'ont pas leur application ici. A l'assertion de Berthier exposant que l'on doit se considérer comme au centre d'un cercle dont l'ennemi occuperait la circonférence, il répond que la guerre d'Espagne ressemble à la guerre d'Égypte; que si Moncey est venu jusqu'à Ocaña, c'est qu'il ne pouvait, faute d'eau, rester à San Clemente, où il a perdu tous ses chevaux...; que les circonstances changent à chaque instant et que, l'Empereur s'éloignant de Bayonne, ses ordres, datés de trop loin, deviennent tous les jours moins exécutables à leur arrivée (3); que le Roi « transmet ses ordres par un trop grand nombre de rouages ». Mais, encore le 27, il n'imagine pas que Dupont puisse avoir été battu : « On en a dit autant de Bessières après le combat de Medina de Rio Seco, écrit-il; j'en conclus, ce que je désire, que l'un n'est pas plus vrai que l'autre. »

Il est vrai que le « ce que je désire » affaiblit singulièrement la portée de sa boutade et par surcroît, l'inquiétude perce à la fin de sa lettre où il déclare :

L'armée qu'il a devant lui est bien plus considérable que l'Empereur ne

---

(1) Belliard à Berthier, Madrid, 26 juillet (A. H. G., Corr. Mil., 6/11 *bis*).
(2) Savary à l'Empereur, Madrid, 29 juillet (A. N., BB 30/97). Voir *supra*, livre VII, chapitre VI.
(3) Savary à Berthier, Madrid, 24 juillet (A. H. G., Corr. Mil., 6 /11 *bis*). L'Empereur a quitté Bayonne dans la nuit du 21 au 22 juillet. Il est à Pau le 22, à Tarbes le 23, à Auch le 24, à Toulouse le 25 (*Corresp.*, voir les lettres datées de ces diverses localités).

l'a cru jusqu'ici. Dupont peut avoir éprouvé un échec et alors, il pourrait, avec un peu de renforts, tenir tête aux forces d'Andalousie, mais s'il avait été défait, ce que je ne puis croire, notre position ici serait des plus critiques (1)...

Pourtant, ce jour-là, le commandant d'Affry est arrivé à Madrid. Il a relaté en grand détail le combat de Mengibar, dit la mort du général Gobert, la faute commise par le général Dufour, en s'éloignant de Dupont pour se porter sur la Caroline, le bruit d'une canonnade violente entendue de Santa Elena, le 19, dans la direction de Bailen. Et Savary d'écrire tout de suite à Dupont, pour lui recommander de grouper ses forces, seule manière d'être en mesure de vaincre, quoiqu'il arrive (2).

Enfin, le 28, aucun doute n'est plus possible. Une dépêche arrive du commandant Plicque, dictée par le capitaine de Villoutreys, écuyer de l'Empereur, qui faisait partie de l'état-major du 2e corps de la Gironde. Le capitaine a quitté Bailen, le 24 et il n'est arrivé à Manzanares que le 27, escorté par des cavaliers espagnols. L'invraisemblable est la terrible réalité : « Dupont a capitulé, le 20, avec tout son corps d'armée, et il évacue l'Andalousie par les ports (3)... »

Abandonné par la plupart de ses courtisans et par tous les Grands d'Espagne, sauf par les ducs de Frias et del Parque « qui font seuls tête à l'orage », Joseph, dans sa capitale que toute la population mâle déserte, ne sait trop à quel parti s'arrêter. Il comprend maintenant pourquoi l'attitude du peuple et des grands corps de l'État est ouvertement hostile depuis quelques jours et il redoute que l'aveu officiel du désastre n'occasionne un soulèvement général.

Déjà, depuis la veille, il envisageait le pire. Il voyait Castaños marchant sans désemparer sur Madrid, à la tête de 100.000 hommes, et il pesait s'il devait se porter au-devant de lui avec les

---

(1) Savary à Berthier, Madrid, 27 juillet (A. H. G., Corr. Mil., 6 /11*bis*).
(2) Savary à Dupont, Madrid, 27 juillet, 4 h. soir (*ibid.*).
(3) Savary à Berthier, Madrid, 28 juillet, 11 h. soir (*ibid.*). C'est Savary qui parle de « tout le corps d'armée ». Nous savons que la Convention d'Andujar ne visait que les divisions d'infanterie Barbou et Vedel et la division de cavalerie Fresia.

20.000 hommes de Madrid, pour lui livrer bataille après s'être renforcé des débris de Dupont; ou bien s'il n'abandonnerait pas la capitale pour rallier Bessières et Verdier et prendre position, en attendant des secours. Ces secours, ce sont les 50.000 hommes et les 50 millions que dans toutes ses lettres à l'Empereur il ne cesse de déclarer nécessaires pour rétablir la situation en Espagne (1).

A l'arrivée du courrier de Madridejos, et avant que soit connu le texte de la convention d'Andujar, un conseil a été réuni, où Savary, malade, a été convoqué, bien que la direction générale des opérations lui ait été retirée (2).

La décision est vite prise. Savary a observé que ce serait folie de vouloir, avec 18.000 hommes et 1.200 chevaux, livrer bataille à une armée qui vient de prendre 19.000 hommes, 38 canons et la moitié de la cavalerie de l'armée; qu'il faut, en conséquence, évacuer Madrid et aller s'installer à Aranda, derrière le Duero. Il y a 3.000 malades dans les hôpitaux de la capitale, mais Castaños ne peut pas être en mesure de combattre devant Madrid avant quatre ou cinq jours, et en commençant tout de suite les évacuations, on a encore le temps de les terminer (3).

Dès 7 heures du soir, ce même 28 juillet, les ordres sont expédiés :

Au général Laval et aux commandants des bataillons de Madridejos et de Manzanares, de se rallier, à Ocaña, à la division Musnier;

Au général Musnier, de prendre le commandement de toutes les troupes qui pourraient se trouver au nord de la Sierra Morena et de les conduire, sans délai, à Madrid (4);

Au maréchal Bessières, de s'établir à Mayorga et d'y attendre de nouvelles instructions (5);

---

(1) Joseph à Napoléon, Madrid, 27 juillet 1808 (Du Casse, loc. cit.).
(2) *Mémoires du duc de Rovigo* (t. III, p. 431).
(3) Savary à Berthier, Madrid, 28 juillet, 11 h. soir (A. H. G., Corr. Mil., 6/11 bis).
(4) Belliard à Musnier, Madrid, 29 juillet (Registre du général Belliard, A. H. G. 6 a/13).
(5) Belliard à Bessières, Madrid, 28 juillet (*ibid.*). Dans une lettre écrite

au général Verdier, de se tenir prêt à lever le siège de Saragosse, dès que l'ordre lui en sera parvenu. Il enverra à Pampelune tout son matériel de siège, avec 2.000 hommes pour constituer la garnison de la place et ses malades, qui y seront hospitalisés. Avec le reste de sa division, lui-même ira à Logroño, par Tudela (1).

Des dispositions sont prises également pour que les hôpitaux de Burgos, d'Aranda et de Vitoria soient rendus libres et puissent recevoir les malades évacués d'Ocaña, de Madrid et de Buitrago (2).

L'hôpital de Tolède ne pourra vraisemblablement pas être évacué, faute de temps. Les malades qui s'y trouvent seront laissés à la garde de l'évêque et des habitants; de même ceux qui sont à l'Escorial. A Madrid, les malades pouvant marcher ou transportables dans des voitures, seront mis en route dès le 28 et l'évacuation continuera les jours suivants, suivant les possibilités de transport.

La question des vivres est particulièrement importante. L'Intendant général est averti que l'armée va se rallier à Madrid dans trois ou quatre jours et qu'elle se portera sur Aranda; qu'elle doit avoir, au moment de son départ, du biscuit pour quatre jours. Tous les boulangers de l'armée partiront avec le premier convoi et iront travailler à Aranda. Rien ne sera laissé en arrière. S'il reste de la farine, après avoir effectué les distributions régulières, on en mettra un sac dans chaque voiture de malades. Tout

---

le 28 à Berthier, Belliard dit avoir expédié l'ordre au maréchal Bessières d'occuper Zamora, si cette place était approvisionnée et en état de résister; ceci pour assurer les communications avec le Portugal. Aucune trace de cet ordre ne se trouve dans le registre de correspondance du général Belliard.

(1) Belliard à Verdier, Madrid, 28 juillet (*ibid.*). Le lendemain, une nouvelle dépêche à Verdier lui prescrira de lever le siège de Saragosse s'il ne croit pas pouvoir triompher avant cinq ou six jours de la résistance de la place. Elle prescrit en tous cas que, même après le succès, la ville devra être évacuée, après que les fortifications auront été démantelées (Belliard à Verdier, 29 juillet, *ibid.*).

(2) Belliard à l'Intendant général Denniée, 28 juillet; au général Augereau, commandant à Aranda; au général Godinot, à Burgos; au général commandant à Vitoria, 29 juillet (Registre du général Belliard, A. H. G., 6 a/13).

le pain, tout le riz, tous les légumes secs existant dans les magasins seront répartis entre les troupes ; aussi les effets d'habillement. Le linge à pansement et les médicaments seront emportés dans les voitures (1).

Le payeur général reçoit l'ordre d'arrêter à Burgos tous les convois d'argent se trouvant entre Bayonne et Burgos ; il fera rétrograder sur Burgos ceux déjà acheminés de Burgos sur Madrid (2).

Le général La Riboisière, commandant l'artillerie de l'armée, doit évacuer sur Burgos tout ce qu'il pourra de canons, de munitions et de matériel de toute sorte. Ce qui ne pourra pas être évacué devra être détruit (3). Le général Grouchy, commandant l'armée de Madrid, doit mettre en route sur Burgos, dans la journée du 29, tous les dépôts d'infanterie et de cavalerie qui se trouvent dans la capitale, après les avoir organisés en régiments et en bataillons. Les hommes seront pourvus de 15 cartouches et de vivres pour quatre jours. Le général Grouchy cesse d'être le commandant d'armes de Madrid, pour reprendre le commandement de la cavalerie de l'armée (4).

Le commandant de la place de Ségovie doit évacuer cette ville et se rendre sans délai à Buitrago, emmenant son artillerie, ses biscuits et le plus de voitures possible. Il a ordre cependant, si la distribution des biscuits devait retarder sensiblement son départ, de les abandonner et de partir tout de suite (5).

Le 29 juillet, à 4 heures du soir, le capitaine de Villoutreys arrivait à Madrid. Il portait le texte du traité d'Andujar et des lettres du général Dupont, donnant des détails circonstanciés sur la triste affaire de Bailen (6).

---

(1) Belliard à l'Intendant général Denniée, Madrid, 29 juillet (Registre Belliard, A. H. G., 6 a/13).
(2) Belliard au payeur général, Madrid, 29 juillet (*ibid.*).
(3) Belliard à La Riboisière, Madrid, 29 juillet (Registre Belliard, A. H. G., 6 a/13).
(4) Belliard à Grouchy, Madrid, 29 juillet (A. H. G., Corr. Mil., 6/11 *bis*).
(5) Belliard au commandant de Segovie, Madrid, 29 juillet (Registre Belliard, A. H. G., 6 a/13).
(6) Belliard à Berthier, 29 juillet, 4 h. soir (A. H. G., Corr. Mil., 6/11 *bis*).

Le capitaine ne manqua pas de dire aussi la manière dont son chef avait personnellement fait son devoir sur le champ de bataille et comment il avait été le dernier à désespérer contre toute vraisemblance, de la possibilité d'une percée; comment le héros d'Ulm, blessé au cours du combat, avait cherché la mort. Savary, peu sentimental pourtant, fut ému.

Dans sa lettre à l'Empereur, il plaide pour le malheureux que la fortune a si cruellement trahi et il transmet sa demande de retourner servir en Espagne :

> Il s'est rappelé son affaire d'Ulm, écrit-il, et avait déclaré qu'il ne se retirerait pas sans ordres. Il est bien à plaindre de n'avoir été que blessé; il me demande de le recommander à Votre Majesté (1).

A Madrid, tout le monde est atterré. Savary écrit à Berthier :

> Votre Altesse jugera aisément dans quel état moral un événement comme celui du 19 juillet nous a mis. Il faut avoir une grande force morale pour ne pas perdre la tête dans un *débagagement* comme celui-là (2).

Et Belliard, le 31 juillet :

> Le 2, de très grand matin, l'armée doit quitter Madrid. La terreur est déjà répandue dans la ville. Tous les Français établis dans le pays; tous les Espagnols qui ont paru être nos amis; tous ceux qui se sont mis en avant, cherchent à quitter la ville pour éviter d'être massacrés. Cette malheureuse capitale, quand nous l'aurons quittée, sera, je le crains bien, le théâtre de beaucoup d'horreurs; et lorsque les insurgés y rentreront, la grande masse des habitants nous regrettera, en faisant la comparaison de leur conduite avec la nôtre.
>
> Lorsque les gens de la Cour ont vu faire des préparatifs de départ, ils se sont tous cachés, et ce soir, on n'a pas vu un seul de ces innombrables palefreniers, pour atteler deux mules. Tous les harnais ont disparu (3).

Au milieu du plus affreux désordre, le Roi quitte la ville, le 30 juillet au soir. Il va coucher à Chamartin, gardé par la brigade Rey. Le 31, c'est la Garde qui le rejoint : le matin, la cavalerie, et le soir, l'infanterie. Les divisions Morlot et Frère sont entassées au Pardo et dans les casernes, prêtes à tout événement. La division Musnier a quitté Ocaña, le 29, pour venir à Pinto,

---

(1) Savary à l'Empereur, Madrid, 29 juillet (A. N., BB 30/97).
(2) Savary à Berthier, Madrid, 30 juillet (A. H. G., Corr. Mil., 6/11 *bis*).
(3) Belliard à Berthier, Madrid, 31 juillet (A. H. G., Corr. Mil., 6/11 *bis*).

d'où elle doit partir, le 1ᵉʳ août, à 3 heures du matin, pour arriver de bonne heure à Madrid. Le maréchal Moncey, qui a pris le commandement des trois divisions constituées en corps d'armée, a installé son quartier général au Retiro (1).

Les bruits les plus troublants circulent et l'invraisemblable trouve désormais créance dans ces heures de fièvre. D'après les rapports d'espions et d'habitants. Castaños serait venu à Tolède, le 30, avec son avant-garde. Belliard qui transmet ce renseignement à Moncey, trouve bien le fait surprenant, mais ajoute que le Roi désirerait être rassuré sur ce point (2).

Et Moncey de répondre, le 31 juillet, à 2 heures du matin :

Le général Castaños pourrait très bien être à Tolède et le général Musnier (ce dernier était encore pour quelques heures à Ocaña), l'ignorer. A moins de savoir par nos propres yeux, rien ne se sait par les Espagnols (3).

La population ne manifeste pas ses sentiments par des actes d'hostilité ouverte; au contraire, elle paraît plus calme que d'habitude mais autant qu'il est en son pouvoir, elle entrave par son inertie les opérations de l'évacuation. A peu près tous les particuliers qui possédaient des voitures les ont brûlées (4), de sorte que, faute de moyens de transport, il faut bien se résigner à abandonner les 3.000 malades qui sont dans les hôpitaux : autant dire les vouer aux supplices. On doit même renoncer à grouper ces malheureux à la Manufacture de Porcelaine où il eût été plus facile de les garder et de les soigner. Ils resteront donc dans les hôpitaux avec les médecins et les chirurgiens néces-

---

(1) Belliard à Moncey, Madrid, 30 juillet (Registre Belliard, A. H. G., 6 *a*/13). Voici, d'après la lettre de Belliard, la composition du corps d'armée du maréchal Moncey : Division Musnier, telle qu'elle existe; division Morlot (5ᵉ, 9ᵉ, 10ᵉ régiments provisoires, bataillon prussien, son artillerie); division Frère (3ᵉ bataillon du 5ᵉ régiment d'infanterie légère, 2ᵉ régiment suisse, 1ᵉʳ, 2ᵉ et 3ᵉ bataillons de la 2ᵉ légion, bataillon irlandais et son artillerie); division de cavalerie Grouchy (brigade de hussards Wattier; brigade de chasseurs Caulaincourt; brigade de cuirassiers Rigaud, 4 canons).

(2) Belliard à Moncey, Madrid, 30 juillet (Registre Belliard, A. H. G., 6 *a*/13).

(3) Moncey à Belliard, Madrid, 31 juillet, 2 h. matin (A. H. G., Corr. Mil., 6/11 *bis*).

(4) Belliard à Berthier, Madrid, 31 juillet, 1 h. matin (A. H. G., Corr. Mil. 6/11 *bis*).

saires (1). Grouchy écrira à Castaños pour les recommander à sa « loyauté militaire » et aussi pour le prier de protéger la capitale contre les gens mal intentionnés qui voudraient y occasionner des désordres (2).

Les autres évacuations se heurtent aussi à d'insurmontables difficultés. La Riboisière s'est déclaré dans l'impossibilité de faire enlever tout le matériel d'artillerie existant à Madrid. Ordre lui est donné, en conséquence, de détruire les ouvrages et de mettre hors de service les canons et les voitures, dont l'évacuation ne pourrait pas être assurée (3).

Il y a trop de cartouches ; il faudrait les détruire, mais on songe que demain, sans doute, on en aura besoin ; au dernier moment, on prescrit de distribuer 50 cartouches à chaque homme, au lieu de 40 (4).

L'armée quittait Madrid, le 1er août, à 4 heures du matin (5)

---

(1) Belliard à Denniée, Madrid, 28 et 30 juillet (Registre Belliard, A. H. G., 6 a/13).

(2) Belliard à Grouchy, Madrid, 30 juillet (A. H. G., Corr. Mil., 6/11 bis).

(3) Belliard à La Riboisière, Madrid, 30 juillet (Registre Belliard, A. H. G., 6 a/13).

(4) Belliard à Moncey, Madrid, 30 juillet (Registre de correspondance Belliard, A. H. G., 6 a/13).

(5) Belliard à Berthier, Madrid, 1er août (A. H. G., Corr. Mil., 6/11 bis). Voici l'ordre de marche rédigé par Belliard, le 30 juillet :

« 200 chasseurs à cheval, fournis par la division du général Grouchy, commandés par un bon chef d'escadrons, avec des ordres du général Musnier, ainsi que 50 gendarmes fournis par le colonel Mathis ;

« Le 1er régiment provisoire ; le 4e régiment provisoire.

« Les équipages de Sa Majesté, ceux de son État-major général ; ceux de M. le maréchal Moncey ; ceux des officiers généraux ; ceux de l'Intendant général ; le parc d'artillerie ;

« Le reste de la division Musnier avec son artillerie, dont 2 pièces marcheront en tête du 1er régiment ;

« La Garde impériale à pied ; la brigade du général Rey ; les chevau-légers du Grand-Duc ;

« Le Roi, son État-major, sa maison.

« La cavalerie de la Garde, la division Morlot, la division Frère ;

« *Arrière-garde commandée par le général Grouchy* : le 9e régiment provisoire de la division Morlot et le 2e régiment suisse de la division Frère, commandés par le général Aubrée ; 2 pièces d'artillerie ; cuirassiers, dragons, chasseurs à cheval, brigade de hussards, 4 pièces d'artillerie. » (Ordre de marche, Madrid, 30 juillet, A. H. G., Corr. Mil., 6/11 bis).

et la population demeura fort tranquille. Joseph avait appréhendé quelque « mauvaise scène ». Il n'en fut rien et le calme de la capitale ne se démentit pas jusqu'au départ du dernier soldat français. Déjà, quand le cortège était parti pour Chamartin, des gens du peuple avaient eu l'ironie de pousser aux roues du carrosse et souhaité un bon voyage au Roi (2).

La terreur n'en fut pas moins grande parmi les Espagnols qui s'étaient plus ou moins compromis avec les Français. En foule, ceux-là suivirent l'armée, emportant tout ce qu'il purent de leur fortune dans des brouettes ou à la main. Hommes, femmes et enfants cheminaient ainsi à côté des soldats, dans tout le désordre imaginable. Parmi les ministres, Urquijo, Mazaredo, Azanza et O'Farill accompagnèrent Joseph. Cevallos prétexta une maladie de sa femme, pour ne pas quitter Madrid, et Piñuela, d'autres excuses vagues (3).

Le 1er août au soir, il n'y avait plus d'autres Français à Madrid que les malades laissés dans les hôpitaux. Le roi Joseph couchait à San Agustin, où il était arrivé à midi (4). La division Musnier, avec le parc et les bagages, la brigade Rey et les chevau-légers de Murat l'y entouraient. Les divisions Morlot et Frère cantonnaient dans les hameaux sur la route, plus au sud. L'arrière-garde occupait Alcobendas (5).

---

(2) *Journal de Stanislas Girardin*, t. II, p. 158 et suiv.
(3) SCHEPELER, *loc. cit.*, p. 447.
(4) Joseph à Napoléon, San Agustin, 1er août (DU CASSE, *loc. cit.*, t. IV).
(5) Belliard à Berthier, 1er août (A. H. G., Corr. Mil., 6/11 *bis*).

LIVRE IX

LE PREMIER SIÈGE DE SARAGOSSE

CHAPITRE I

NOUVEL ESSAI D'ATTAQUE BRUSQUÉE SUR SARAGOSSE

SOMMAIRE

Saragosse, le 26 juin 1808. — Palafox ne dirige pas la défense. Il va chercher des renforts. — Inquiétudes des Saragossains. Formation du Gouvernement révolutionnaire. — L'intendant général Calvo nommé commandant en chef à la place du colonel Bustamente, désigné par Palafox. — La Junte militaire de Saragosse. — Le colonel San Geniz met la place en état de défense. — Le marquis de Lazan revenu à Saragosse, réunit une Junte générale qui affirme sa volonté de vaincre ou de mourir. — Calvo conduit à Lefebvre Desnoëttes par une troupe de Polonais. — Les projets du général Verdier. — La prise de Torrero. — Dispositions pour l'attaque de Saragosse. — Dispositions de défense prises par Lazan. — Verdier prévoit la nécessité d'une attaque méthodique. — Arrivée de renforts. — Le bombardement commence dans la nuit du 30 juin au 1er juillet. — Terreur des habitants, qui finissent par s'y habituer. — L'assaut. — Il échoue. — Palafox revient à Saragosse avec des renforts. — Verdier demande des renforts pour assurer ses communications avec Pampelune. — Lefebvre Desnoëttes envoyé à Calatayud et à Tudela. — Préparatifs en vue d'une attaque régulière de Saragosse (nuit du 3 au 4 juillet). — Critiques et conseils de l'Empereur. — Correspondance entre Palafox et Verdier.

Tandis que la catastrophe de Bailen enlevait l'Andalousie à la domination française, la victoire de Medina de Reo Seco n'avait pas fixé, d'une manière complète le sort de l'Espagne du Nord. Saragosse continuait de résister victorieusement à une division de 12.000 hommes.

Nous avons vu le général Verdier rejoindre le général Lefebvre Desnoëttes devant la ville, le 26 juin. L'arrivée de ce renfort au corps de siège n'avait pas abattu l'enthousiasme des défenseurs qui, vainqueurs d'une première attaque un peu trop hâtive, avaient poussé fébrilement leur organisation.

A cette organisation, Palafox n'est pour rien. Le jeune général n'avait aucune confiance dans la valeur militaire de la population de Saragosse, foule sans discipline, sans instruction, sans armes, et sa préoccupation unique semble bien avoir été, même pendant qu'on se battait dans les rues de la ville, d'aller chercher des renforts dans les environs. Il comptait d'ailleurs sur le patriotisme et sur l'énergie du clergé et des principaux citoyens de la ville, pour diriger une défense opiniâtre des rues de la ville, qui infligerait des pertes aux Français et peut-être les lasserait. Calcul que les faits vérifièrent exact, certes, mais qui n'en laissait pas moins une part imprudemment large au loyalisme et à l'énergie collectifs de toute la population d'une grande ville; aux sentiments de la Junte qui lui avait, avec le titre de Dictateur, confié les destinées de la province.

Mais quoi qu'il fît ou quoi qu'il ne fît pas, Palafox se sentait l'idole du peuple et cette certitude lui laissait une complète indépendance d'allures.

Après la défaite d'Epila, le 23 juin (1), il a donc laissé à Calatayud un simple dépôt, sous le commandement du baron de Versages, destiné à recruter des volontaires et il est parti pour Belchite. Là, il lève des hommes et il attend des contingents annoncés de Catalogne, de Mayorque et de Valence.

A Saragosse pourtant, en dépit de l'enthousiasme, l'inquiétude règne, en l'absence du général en chef. Un véritable Gouvernement révolutionnaire s'y est formé. Le peuple n'a pas confiance dans les généraux et dans les officiers supérieurs restés dans la ville. Il les accuse d'impéritie, parce qu'ils n'ont pas su triompher des Français en rase campagne. Il les soupçonne même de trahison et ce soupçon, qui expose ici le malheureux

---

(1) Voir t. II, p. 345.

accusé à la justice sommaire du couteau, oblige les techniciens les plus compétents à agir en conseillers discrets plutôt qu'en chefs.

Le colonel Bustamente, à qui Palafox avait laissé le commandement de la place en son absence, va se trouver dans l'impossibilité de remplir sa mission, car le peuple a choisi comme chef l'intendant général Calvo.

Une Junte militaire est créée, dont la mission est d'assurer l'organisation, l'entretien, l'armement et la solde des troupes, ainsi que de nommer les commandants responsables des divers postes. Le zèle des ecclésiastiques et des magistrats est mis à contribution pour la surveillance rigoureuse du service. Ils doivent exécuter des rondes : le président et les juges supérieurs, deux fois par jour; des prêtres et des moines, toutes les quatre heures, jour et nuit (1).

Calvo, un patriote ardent qui avait seulement cédé à la nécessité, en acceptant un commandement dont il était incapable, eut assez d'influence pour faire sortir de prison le colonel San Geniz, ingénieur militaire, incarcéré comme suspect, et sous la direction de cet officier expérimenté, les frères Tabuenca, architectes de la ville, organisèrent la défense de l'enceinte, des portes et des avenues. On répara les brèches; on renforça les barricades. Les Français ayant paru vouloir attaquer la hauteur du Torrero, qui domine la partie sud de la ville, en toute hâte, on transporta des canons sur cette hauteur. Le Torrero, protégé par le fossé de la Huerba et par le canal, profond de 5 mètres, dont tous les passages étaient sous le canon des défenseurs, reçut une garnison de 500 hommes et devint une position redoutable (2).

Dans la populace, les nerfs étaient surexcités. On voyait des espions partout. Un jour, un courrier intercepté sembla porter les preuves d'un complot. On ne sait pourquoi, le colonel Pesino fut désigné comme l'âme de ce complot, dont le but aurait été

---

(1) Schepeler, *Histoire de la révolution d'Espagne et de Portugal*, p. 186.
(2) Arteche, *Guerra de la Independencia*, t. II, p. 335.

de déclencher une contre révolution et de se débarrasser de Palafox. Une émeute manqua d'éclater; la foule voulait massacrer tous les riches propriétaires, que l'on disait gagnés au *Roi Intrus*. Le calme ne se rétablit qu'après la condamnation à mort et l'exécution du malheureux Pesino et de quelques individus vaguement compromis (1).

Calvo finit par conseiller à Palafox de ne pas rester trop longtemps absent et ce dernier dut envoyer dans la ville son frère, le marquis de Lazan, très estimé de la population. Le 25 juin, pour affirmer la confiance, Lazan ordonnait la réunion d'une Junte générale, comprenant des délégués de toutes les corporations et aussi de toutes les classes de la société et cette assemblée au caractère mal défini, mais dans laquelle toute la population était représentée, affirma solennellement son loyalisme à l'égard des pouvoirs publics et sa volonté ferme de vaincre ou de mourir (2).

Le 26, une opération assez étrange, exécutée par une troupe polonaise mieux intentionnée que disciplinée, vint donner à la Junte une magnifique occasion d'exalter les courages. Cent cinquante Polonais, se disant transfuges, se présentèrent aux sentinelles espagnoles, demandant à être entendus par le commandant en chef. L'intendant Calvo venu sans défiance à la porte, fut saisi et conduit auprès du général Lefebvre Desnoëttes, comme ayant demandé à traiter.

Cette démarche, dont personne ne comprit le sens, sauf les Polonais, n'eut aucun résultat pratique. Quand Calvo, revenu à Saragosse, communiqua à la Junte la proposition qui lui avait été faite de se rendre, la Junte fit prêter à tous, paysans, artisans, soldats ou bourgeois, immédiatement convoqués aux batteries, le serment solennel de résister jusqu'à la mort (3).

Le général Verdier était venu, avec l'intention de ne pas

---

(1) SCHEPELER, *loc. cit.*, p. 186.
(2) ARTECHE, *loc. cit.*, p. 341.
(3) Le marquis de Lazan au général Lefebvre Desnoëttes, Saragosse, 26 juin (D. G.).

laisser les affaires s'éterniser, suivant la volonté impatiente de l'Empereur (1). Sans condamner la méthode d'attaque du général Lefebvre Desnoëttes, il pensa qu'avec des moyens supérieurs à ceux mis en œuvre jusqu'ici, une action vigoureuse le conduirait au résultat désiré. Il décida, dès qu'un supplément de pièces d'artillerie et d'obus, attendus de Pampelune, lui seraient arrivés, de se rendre maître tout d'abord du château d'Aljaferia et du Couvent des Capucins, puis, ses flancs ainsi dégagés, de donner l'assaut à la place avec le gros de ses forces.

En conséquence, dès le 25 juin, les avant-postes d'infanterie sont poussés, jusqu'à une demi-portée de fusil des murailles, de façon que, sur tout le front menacé, depuis l'Ebre jusqu'à la Huerba, les assiégés soient tenus sous la menace de l'attaque (2).

Par les bois d'oliviers du Monte Torrero, les Espagnols peuvent tourner la droite du dispositif français. Le général décide de chasser l'ennemi du Torrero et Lefebvre Desnoëttes, est chargé d'exécuter cette opération, avec 4 bataillons de la brigade Habert, le régiment des lanciers polonais et 4 pièces de canon.

Il y avait là 500 soldats d'Estramadure et un millier de paysans avec une batterie de 3 pièces à Buenavista et une batterie de 2 pièces battant le pont d'America, le tout sous le commandement du lieutenant-colonel Falcon (3). Tandis qu'un bombardement du château d'Aljaferia et du front de la place compris entre l'Ebre et la Huerba, fixait ailleurs l'attention des assiégés, le 28 juin, à la pointe du jour, trois colonnes abordaient la position espagnole sur son front et sur ses deux flancs.

La défense fut molle. Aussi bien, le commandement supérieur de Saragosse, témoignant de peu de confiance dans la valeur du Torrero, en avait fait évacuer tous les magasins, dont le contenu était déjà à l'abri dans la place. Le combat ne dura pas une heure. Les Espagnols s'enfuirent, abandonnant leurs canons. Falcon, traduit en conseil de guerre, fut condamné à mort et fusillé.

---

(1) Napoléon à Bessières, Bayonne, 16 et 25 juin (*Corresp.*, n°s 14104 et 14132).
(2) Verdier à Berthier. Devant Saragosse, 28 juin (A. H. G., Corr. Mil., 6/9).
(3) ARTECHE, *loc. cit.*, p. 336.

La chute du Torrero rendait les Français maîtres de la rive sud de l'Ebre et des hauteurs dominant le front méridional de Saragosse. Par là, Verdier allait pouvoir tenter l'attaque que l'Empereur escomptait pour le 29 (1).

Des dispositions furent prises en hâte, sous la direction du colonel du génie Lacoste, et 4 batteries furent établies :

Une batterie, dite de gauche, face au château d'Aljaferia, comprenant 3 pièces de 12 pouces, 2 pièces de 8, 2 obusiers de 6 et 2 pièces de 4 (2).

Une autre, de 2 obusiers de 8 pouces et de 2 canons de 8, dirigée contre le Portillo ;

Une troisième, dite du centre, sur la route de Madrid, à 500 mètres de la muraille, prête à diriger sur la porte del Carmen le feu de 3 mortiers de 12 pouces et de 2 mortiers de 9 ;

Une quatrième, dite de droite, placée sur le mont Torrero, pour battre Santa Engracia avec 2 obusiers de 8 pouces.

L'emploi de cette artillerie était soigneusement réglé. A partir de l'ouverture du feu, les mortiers de 12 pouces devaient tirer 3 coups par heure; ceux de 9 pouces, 4 coups; les obusiers de 8 pouces, 5 coups; les pièces de 12 et de 8 pouces, 10 à 12 coups par heure (3).

En attendant les approvisionnements qui devaient arriver de Pampelune, on disposait de 214 boulets de 12 pouces; de 1.320 boulets de 8; de 121 boulets de 6 et de 216.000 cartouches. Ces ressources furent jugées suffisantes pour tenter l'attaque (4).

Les habitants de Saragosse, à qui aucun détail des préparatifs d'attaque n'échappait, en étaient fort effrayés. Un observateur placé dans la Tour Neuve signalait les mouvements de l'ennemi

---

(1) Berthier à Lefebvre Desnoëttes, Bayonne, 26 juin (A. H. G., Corr. Mil., 6/9).

(2) Les obus des pièces de 12 pouvaient seuls avoir une réelle efficacité contre des murailles renforcées. Les pièces de 4 ne pouvaient guère servir que contre le personnel.

(3) Verdier à Lefebvre Desnoëttes. Devant Saragosse, 30 juin (A. H. G., Corr. Mil., 6/9).

(4) Lacoste à Verdier. Devant Saragosse, 30 juin (*ibid.*).

au marquis de Lazan qui, en l'absence de Palafox, avait pris la direction de la défense, et le marquis faisait renforcer de son mieux les points directement menacés par les Français. On répara le mur d'enceinte sur toute sa longueur. La porte de Santa Engracia fut couverte par une batterie de 5 pièces; 3 pièces furent placées de chaque côté de la Tour del Pino; une batterie de 4 pièces à la porte del Carmen; 2 pièces dans le Quartier de cavalerie; 5 pièces au château d'Aljaferia; 5 pièces au Couvent des Augustins; 3 pièces au Portillo; 2 pièces à la porte de Sancho. Le matériel ne manquait pas, mais le personnel était assez novice et les soldats d'artillerie durent être soigneusement répartis, pour que le service pût se faire correctement partout.

Les rues furent barrées avec des sacs à terre; on pratiqua des meurtrières dans les maisons et dans les murs de clôture des jardins. Pour dégager les abords de l'enceinte, et empêcher l'assaillant de se glisser à l'abri jusque-là, on brûla des maisons de campagne, des jardins, des vergers. Les propriétaires de ces jolis domaines consommaient eux-mêmes leur ruine, avec un farouche acharnement, pour le salut commun.

L'approvisionnement de poudre déposé dans le couvent de San Diego ne fut pas jugé en sûreté si près du front menacé; il fut transporté au couvent de San Juan de la Pañeta. On fit dériver dans la ville le cours de la Huerba, pour être en mesure d'éteindre les incendies (1). Les habitants de Saragosse et les hommes qui dirigeaient la défense de la ville, avaient tous la volonté ferme de lutter jusqu'au bout.

Cette résolution, Verdier avait assez l'expérience de la guerre pour la deviner à mille indices. Aussi sa correspondance révèle-t-elle une confiance très limitée dans le succès de l'attaque ordonnée par l'Empereur et qu'il avait préparée de son mieux. Il savait l'artillerie de la place formidable, et ses conscrits, surtout ceux nouvellement arrivés de Bayonne, ne lui paraissaient pas préparés à fournir le sérieux effort qu'on allait leur demander. Il comptait bien, si un premier assaut général ne

---

(1) ARTECHE, *loc. cit.*, t. II, p. 18 et 19.

réussissait pas, ne pas s'obstiner dans une affaire sans issue, mais attaquer régulièrement un saillant, pénétrer ainsi dans la ville, puis y progresser pied à pied. Encore ne se dissimulait-il pas et ne dissimulait-il pas au major général que cette lutte dans les rues et dans les maisons serait longue et meurtrière (1).

Le 29 juin, le colonel de Piré lui amenait le 3ᵉ régiment de la Vistule, un bataillon de grenadiers et de chasseurs d'élite et 3 escadrons de marche, au total 2.400 hommes, avec un important matériel d'artillerie de siège, fourni par la place de Pampelune. Le renfort d'infanterie et de cavalerie forma une 3ᵉ brigade de la division Verdier qui devenait ainsi un petit corps d'armée (2).

Se jugeant assez fort, Verdier donna l'ordre d'ouvrir le feu dans la nuit du 30 juin au 1ᵉʳ juillet, à minuit. Suivant les dispositions prévues, les batteries françaises prirent pour objectifs le château d'Aljaferia, le couvent des Augustins, le quartier de Cavalerie, les portes de Sancho, du Portillo, de Carmen et de Santa Engracia. Des bombes furent lancées aussi dans l'intérieur de la ville, pour terroriser les habitants. Les premières de ces bombes, une charge de poudre trop forte les fit tomber dans l'Ebre; puis, le tir fut rectifié et des incendies ne tardèrent pas à éclater, qui, dans cette vieille ville aux rues étroites, prirent tout de suite des proportions extraordinaires.

L'effroi fut grand tout d'abord, car si la population était bien décidée à lutter au couteau, ses nerfs n'étaient pas préparés aux angoisses d'un bombardement. Un grand nombre de ces braves gens, hommes, femmes ou enfants, s'enfuirent sur la rive gauche de l'Ebre. Même, des postes importants furent abandonnés parce que quelques obus heureux y avaient bouleversé les barricades, dispersé les sacs à terre et fait des victimes. Le sergent-major Renovales, promu colonel, eut beaucoup de peine à maintenir à leur poste les défenseurs du Portillo dont la défection était générale (3).

---

(1) Verdier à Berthier. Devant Saragosse, 30 juin (A. H. G., Corr. Mil., 6/9).
(2) Piré à Berthier. Devant Saragosse, 30 juin, midi (*ibid.*).
(3) Arteche, *loc. cit.*, t. II, p. 346.

Mais on ne tarda pas à s'apercevoir que les bombes françaises faisaient, au total, plus de bruit que de mal, sauf quand elles éclataient sur de vieilles maisons et bientôt, tout le monde s'y accoutuma. L'observateur de la Tour Neuve signalait les endroits où un projectile venait de faire explosion et, automatiquement, des secours affluaient sur le lieu du sinistre. Verdier sentait bien toute l'impuissance de ses canons, mais faute de moyens, il ne pouvait pas imprimer plus de vigueur au bombardement, et même, après trente heures de feu, 200 bombes de 12 pouces et plus de 1.000 obus de 8 pouces ayant été tirés, ses approvisionnements étaient à peu près épuisés. Il fallut donc bien se résoudre à tenter l'attaque, encore que le moral des assiégés ne parût nullement atteint et que les dommages matériels causés aux ouvrages militaires ne fussent pas appréciables.

Il y avait pourtant une brèche à l'enceinte du château d'Aljaferia et les défenses des portes de Sancho, du Portillo et de Carmen paraissaient bouleversées.

Les divisions Gomez Freyre (2e) et Lefebvre Desnoëttes (1re) ont formé chacune 3 colonnes d'assaut, fortes d'un bataillon de 500 ou 600 hommes et précédées de détachements de 50 hommes d'élite, porteurs de fascines, d'échelles, de haches et de pioches.

Les 3 colonnes de Gomez Freyre avaient pour objectifs : la première, par les bords de l'Ebre, le Portillo ; la seconde, la brèche du château d'Aljaferia ; la troisième, le couvent des Capucins et les bâtiments du Quartier de Cavalerie.

Celles de Lefebvre Desnoëttes : la première, la porte de Carmen ; la seconde, celle de Santa Engracia ; la troisième, conduite par le général Habert, le couvent de San Jose.

Trois escadrons de cuirassiers et de lanciers polonais étaient passés sur la rive nord de l'Ebre, avec la mission de surveiller les débouchés de l'Arrabal et de refouler dans la ville tout ce qui tenterait d'en sortir de ce côté. Un bataillon d'infanterie appuyait l'action de ces escadrons. Une réserve, constituée par les brigades de Piré et Bazancourt, restait à la disposition du général Verdier, pour faire face à l'imprévu (1).

(1) Verdier à Lefebvre Desnoëttes. Devant Saragosse, 30 juin (A. H. G., Corr. Mil., 6/9).

Le 2 juillet, à 6 heures du matin, le bombardement cessait et, au signal, toutes les colonnes se portaient en avant avec intrépidité. Mais à peine se montrèrent-elles à découvert que des murs, des créneaux et des fenêtres des maisons de bordure, une grêle de balles et de projectiles divers s'abattit sur elles. Les pièces que les Espagnols avaient disposées pour le flanquement du château, ainsi qu'aux portes, tirèrent à mitraille et causèrent des pertes sérieuses que les jeunes troupes françaises supportèrent mal. L'élan fut rompu.

La colonne du château ne put aborder la brèche que couvrait toujours le fossé, large et profond, parfaitement indemne.

La colonne lancée sur le Portillo fut sur le point de remplir sa mission. La batterie espagnole qui défendait cette porte était désemparée, la plupart des servants tués, l'obstacle démoli. Sous le feu des tirailleurs français qui précédaient la colonne d'assaut, les survivants, pris de panique, abandonnant leur poste, se réfugiaient dans les maisons voisines. Les assaillants étaient à moins de 100 mètres. Ils avançaient, il est vrai, assez mollement, parce que, n'entendant plus aucun bruit, ils redoutaient quelque embûche.

Une jeune fille d'une vingtaine d'années survient. Elle portait des rafraîchissements aux défenseurs de la porte, parmi lesquels se trouvait son fiancé. Elle voit les pièces abandonnées et celui qu'elle cherchait étendu parmi les morts, une mèche encore allumée à la main. Elle saisit cette mèche, met le feu et le coup de mitraille, tiré ainsi à courte distance, arrête les Français qui se hâtent de chercher des abris.

Électrisés, les survivants du poste accourent. Le tir recommence avec vigueur et la colonne d'assaut, prise en flanc au surplus par les canons du château d'Aljaferia, n'ose aborder cette porte ouverte.

L'héroïne s'appelait Maria Agustin. Le large boulevard qui longe ce côté de Saragosse, depuis le Portillo jusqu'à la porte de Carmen, porte aujourd'hui son nom.

La troisième colonne de Freyre, qui s'avançait à découvert, à travers la plaine des Aires du Roi, contre le Quartier de Cavalerie, ne put supporter non plus la violente fusillade qui l'accueillit de front, ni les feux de revers de l'artillerie du château d'Aljaferia. Elle subit des pertes, tourbillonna et se replia en désordre jusque sur les positions d'où elle était partie.

Les colonnes de la division Lefebvre Desnoëttes ne furent pas heureuses non plus, d'une manière générale. Partout, la préparation d'artillerie avait été tout à fait insuffisante. Nos artilleurs, au lieu de chercher à ouvrir de larges brèches dans le mur d'enceinte et à détruire les maisons de bordure, avaient surtout visé à frapper le moral de la population ; en quoi ils avaient d'ailleurs obtenu le résultat inverse de celui qu'ils cherchaient, à cause de l'insuffisance des moyens employés. L'enthousiasme général avait été porté à son comble par tout ce bruit hors de proportion avec la faiblesse des pertes. A part quelques mouvements de panique, ce fut surtout l'explosion des quelques magasins de poudre de la ville qui causa le plus d'effroi.

A l'extrême droite, la colonne du général Habert obtint d'abord des succès. Elle enleva le couvent Saint-Joseph et força le pont de la Huerba, défendu par deux pièces de canon. Puis, accueillie à la porte Quemada par une fusillade des plus meurtrières, elle fut mise en désordre, elle aussi, repassa la Huerba et alla se réfugier dans le couvent Saint-Joseph où elle se maintint. Mais devant l'échec des autres colonnes, le général Habert ne jugea pas pouvoir conserver cette conquête, d'autant plus que le couvent, dominé par la rive gauche du ruisseau, que des tirailleurs espagnols étaient venus occuper en foule, n'était pas tenable. Saint-Joseph fut donc évacué après moins d'une heure d'occupation, non sans avoir été incendié.

En définitive, l'assaut avait échoué sur tous les points. Partout, les assaillants s'étaient heurtés à des feux nourris de mousqueterie et d'artillerie, indiquant l'existence dans la place d'une énorme quantité d'armes à feu et d'au moins 40 pièces de canon.

Dans son rapport qui ne témoignait d'aucun découragement, mais bien d'un sens exact de la situation, Verdier observait que les brèches avaient été défendues « avec un acharnement peu croyable de la part d'une population non disciplinée ». Il observait aussi que ses troupes, « peu familiarisées avec la guerre », n'avaient pas fait preuve de l'élan et du mordant qui sont les caractéristiques du soldat français.

On avait perdu 200 tués et 300 blessés, et la retraite s'effectua généralement en bon ordre, sur les positions d'où l'on était parti, sans que les assiégés fissent une tentative quelconque pour l'inquiéter.

Verdier se rendit compte que l'annonce de cet échec allait sans doute être le signal du soulèvement de l'Aragon et les provinces du Nord. Il demanda en conséquence un renfort qui lui permît de détacher une colonne mobile de 2.000 hommes, pour assurer ses communications avec Pampelune, d'où venaient tous les approvisionnements nécessaires au corps de siège (1).

L'enthousiasme régnait en effet dans Saragosse. Palafox y était entré à 4 heures de l'après-midi, au moment où à peu près toutes les attaques françaises avaient été repoussées. Il arrivait avec 3.000 hommes d'infanterie et 60 chevaux, tout ce que le baron de Versages et Francisco Palafox avaient pu rallier, après la déroute d'Epila. Comme si le succès eût été son œuvre et non celle du farouche acharnement du peuple de Saragosse, la foule l'acclama avec transports et une proclamation, affichée le soir même, enregistrait une victoire « immortelle dans les annales de la Cité » (2).

Verdier n'était pas homme à rester sur un échec. Une action était nécessaire pour rétablir le moral de ses jeunes soldats; il la trouva tout de suite dans la nécessité de chasser de Calatayud un gros d'insurgés qui cherchaient à couper ses communications avec Pampelune.

Dans la nuit du 2 au 3 juillet, à peine les troupes qui avaient donné l'assaut étaient-elles revenues sur leurs positions, qu'il prescrivait au général Lefebvre Desnoëttes, encore un chef peu enclin au découragement, de marcher sur Calatayud avec 5 bataillons, le régiment des lanciers polonais et 4 pièces de canon. La mission de ce détachement, après avoir dispersé les rassem-

---

(1) Verdier à Berthier. Devant Saragosse, 2 juillet (A. H. G., Corr.Mil., 6/10).
(2) Proclamation de Palafox aux habitants de Saragosse, 2 juillet, (D. G.).

blements de Calatayud, que l'on disait l'œuvre du baron de Versages, était de se porter sur Tudela où le pont sur l'Ebre était aussi menacé. Un bataillon de la Garde nationale d'élite fut envoyé de Saragosse directement sur Tudela, avec deux pièces de canon prises à l'ennemi (1).

Verdier sentait bien aussi que le blocus de la place par l'occupation de la rive nord de l'Ebre était indispensable pour réduire Saragosse, mais ce blocus, il ne pouvait songer à le réaliser, faute d'effectifs. En attendant les renforts indispensables, il se mit en devoir, dès le 3 au matin, d'exécuter, sur la rive sud, avec le colonel Lacoste, les reconnaissances préparatoires à une attaque régulière.

Ces reconnaissances ayant révélé la possibilité de deux cheminements : l'un vers le château d'Aljaferia, l'autre vers le front sud de la place, le plan des premières approches était immédiatement arrêté et dans la nuit du 3 au 4 juillet, les travailleurs étaient à l'œuvre.

La possibilité a été étudiée aussi d'établir un pont sur l'Ebre, pour assurer au moins la permanence des communications entre les deux rives, en attendant mieux.

Il fallait de l'argent pour payer les travailleurs et aussi des espions : le général demanda 4.000 ou 5.000 francs. Toutes ces dispositions étaient conformes à celles que l'Empereur dictait de Bayonne, à peu près à l'instant même où elles s'exécutaient.

L'Empereur désapprouva, mais sans aigreur, la manière dont la dernière attaque sur Saragosse avait été dirigée. On avait exposé les flancs des colonnes d'assaut à des batteries non détruites. A son sens, il n'aurait fallu attaquer, ni le château d'Aljaferia, ni la ceinture des couvents environnant la ville, mais l'angle formé par l'enceinte, à hauteur de la Tour del Pino, entre les portes de Carmen et de Santa Engracia, un saillant auquel le fossé de la Huerba conduisait à couvert.

Croyant que le couvent Saint-Joseph était resté au pouvoir du

---

(1) Verdier à Berthier. Devant Saragosse, 3 juillet (A. H. G., Corr. Mil. 6/10).

général Habert, l'Empereur conseillait aussi d'y placer « une bonne batterie de brèche » dont l'action permît d'entrer dans la place et d'y progresser par un cheminement méthodique. Au surplus, il se rendait parfaitement compte que puisque Saragosse avait rejeté deux attaques brusquées, la prise de cette grande ville était une question de canon et il était nettement averti par le colonel de Piré que les moyens dont disposait le général Verdier étaient tout à fait insuffisants (1). Il insistait surtout sur la nécessité déjà indiquée, d'occuper solidement la rive nord de l'Ebre, pour empêcher toute communication des assiégés avec l'extérieur et surtout avec le foyer d'insurrection qu'était devenue la Catalogne. Il déclarait compter sur le blocus et sur la famine pour éteindre l'ardeur des assiégés, mais annonçait ne pouvoir encore envoyer au corps de siège d'autres renforts que ceux venus de Pampelune. Il accordait 7.000 francs au colonel Lacoste, à qui il donnait comme auxiliaires le commandant du génie Dabadie, 2 officiers d'artillerie et 40 canonniers (2).

Dans la nuit même du 2 au 3 juillet, une communication de Palafox vint prouver au général Verdier que Saragosse ne tomberait pas devant une simple intimidation et que, désormais, pour l'enlever, il faudrait déployer de grands moyens. Cette nuit-là, un parlementaire vint lui déclarer que « si les Français voulaient entrer dans la ville en amis, ils en étaient les maîtres, mais que s'ils voulaient y entrer de vive force, la population se défendrait jusqu'à extinction ». Interrogé sur le motif d'une communication aussi étrange, le parlementaire se refusa à toute explication.

Verdier répondit donc verbalement à cette rodomontade

---

(1) Piré à Berthier, 3 et 6 juillet (A. H. G., Corr. Mil., 6/10). Le colonel de Piré correspondait directement avec le major général comme ayant été son aide de camp. *De Piré de Rosyvinen*, né le 31 mars 1778, à Rennes. Garde du corps du Roi, émigré à Coblentz le 2 janvier 1792. Lieutenant en 1795 dans l'armée royaliste de Vendée, se bat et est blessé à Quiberon. Reste sous Puisaye jusqu'en 1796. Soldat aux hussards, le 22 mars 1800, maréchal des logis et capitaine la même année. Chef d'escadron en 1806 ; aide de camp du major général en 1807. Colonel au 7e chasseurs la même année. Chevalier de la Légion d'honneur du 30 mars 1807.

(2) Berthier à Verdier, Bayonne, 5 juillet (A. H. G., Corr. Mil., 6/10).

qu'il ne recevrait aucun autre parlementaire qui ne fût porteur d'un écrit signé de toutes les autorités de la ville, et contenant cette déclaration : « La ville de Saragosse a commis une faute en prenant les armes contre S. M. l'Empereur. Elle les dépose, se repent et implore la clémence de S. M. entre les mains de laquelle elle remet son sort (1). »

Résolution égale de part et d'autre. Verdier se disposa activement à agir d'après de nouvelles méthodes; les gens de Saragosse à résister jusqu'à la mort.

---

(1) Verdier à Berthier. Devant Saragosse, 3 juillet (A. H. G., Corr. Mil., 6/10).

CHAPITRE II

L'ATTAQUE RÉGULIÈRE

SOMMAIRE

A) Les préparatifs. — *Une sortie générale des Saragossains est enrayée. — Agitation dans la province. — Lefebvre Desnoëttes prend Calatayud et Tudela. — Travaux autour de la ville. — Cheminements. — Verdier menace la rive gauche de l'Ebre qu'il ne peut occuper, faute d'effectifs. — Combat sur le Gallego. — Rationnement des vivres à Saragosse. — Expédients pour se procurer de la poudre. — Le colonel Lacoste. — Difficulté des cheminements. — Efforts des assiégés pour entraver les travaux des assiégeants. — Combat d'Osera. — Renforts français. — Manque de cohésion et d'organisation du corps Verdier. — Souffrances et désordres dans Saragosse. Le gibet en permanence. — Sommation à Palafox. — Sa résolution.*

B) L'assaut du 4 août. — *Le plan d'attaque. — Le rôle de l'artillerie. — La mission des colonnes d'assaut. — L'ouverture des brèches et l'assaut (4 août). — Les Français arrivent jusqu'au Coso. — La lutte devient confuse et s'éparpille dans les maisons. — Palafox quitte Saragosse pour chercher des renforts. — Panique réprimée par Lazan. — « Guerre à mort ». — Verdier essaie de pousser jusqu'à l'Ebre. — Résistance acharnée. — Verdier blessé. — Les assaillants repoussés sur le Coso. — Le brigadier Torres dirige la défense. — Sa lettre à Palafox. — Palafox quitte Villamayor, pour revenir à Saragosse. — Lefebvre Desnoëttes le refoule mais ne peut le déloger de Villamayor. — Ordre de se tenir prêts à lever le siège. — Destructions de matériel. — Ordre de lever le siège s'il doit durer plus de quatre ou cinq jours. — Lefebvre Desnoëttes décide de le continuer.*

A. — *Les préparatifs.*

Le changement de méthode dans la manière de triompher de la résistance de Saragosse n'avait pas entraîné la moindre perte de temps dans les opérations. Les travaux de cheminement vers le château et vers le front sud de la place, entrepris vigoureusement dès la nuit du 2 au 3 juillet furent poussés avec activité et le 6 juillet, la tête des sapes était déjà à une centaine de mètres du château (1). Mais tout en se multipliant, ainsi que le colonel Lacoste, aiguillonné qu'il était par le souci d'annoncer très vite à l'Empereur un succès que ce dernier attendait impatiemment, le général Verdier, avec une liberté d'allures assez peu commune chez les généraux de l'armée d'Espagne, ne craignait pas de réclamer avec instances tous les moyens qui lui manquaient, en personnel du génie et de l'artillerie, en ouvriers, en matériel, en argent et en hommes.

Le 6, au matin, averti du départ de Lefebvre Desnoëttes, et par conséquent de l'affaiblissement du corps de siège français, Palafox qui avait justement reçu d'Aragon un renfort d'un millier d'hommes, ordonna une sortie générale. Cette sortie eut lieu par toutes les portes à la fois, avec un grand courage, mais aussi avec tout le désordre imaginable. Les Saragossains, aidés de leurs femmes et de leurs enfants, étaient redoutables dans leurs maisons et dans les rues de leur cité; en rase campagne, leur manque de discipline et d'instruction militaire leur faisait perdre tous leurs avantages.

Leur ruée fut donc enrayée sans peine, et ne coûta aux Français qu'un tué et 3 blessés. Elle obtint pourtant un résultat utile pour les assiégés : celui de démolir plusieurs maisons et de détruire des plants d'oliviers qui, respectés jusque-là, masquaient le feu de la place vers le sud-ouest (2).

Cependant, l'agitation était grande dans la région et si le mouvement eût été dirigé d'une manière ferme et clairvoyante, il eût certainement pu obtenir de grands résultats sur le corps français isolé devant Saragosse. Mais bien que général, il demeura incohérent et les mesures prises pour y parer, rapides et vigoureuses, suffirent provisoirement à le contenir.

Il y avait un gros d'insurgés à Calatayud; des désordres à Olite et à Sanguesa; des rassemblements appuyés par des troupes de ligne à Tauste. Le groupement de Tauste avait même poussé

---

(1) Verdier à Berthier. Devant Saragosse, 6 juillet (A. H. G., Corr. Mil., 6/10).
(2) Verdier à Bessières. Devant Saragosse, 6 juillet (*ibid.*).

un détachement sur Caparroso pour interdire aux convois de Pampelune, le passage de l'Aragon. Cette dernière menace, si le commandement local l'eût accentuée avec toutes les forces disponibles eût sans doute mis Verdier en difficulté, car c'est de Pampelune que lui arrivaient toutes ses ressources en matériel, en vivres et en munitions.

Mais la seule approche du détachement de Lefebvre Desnoëttes fit se disperser le rassemblement de Calatayud. Sans combat, les insurgés abandonnèrent même dans la localité 8.000 kilos de poudre, qui furent transportés devant Saragosse le 9 juillet.

Tudela ne tint pas non plus devant le seul bataillon des Gardes nationales d'élite, envoyé directement par Verdier sur ce point, et l'avant-garde de Caparroso fut bousculée par un faible détachement de cavalerie venu de Saint-Sébastien par Pampelune. Elle se replia sur le gros de Tauste qui se dispersa sans attendre d'être attaqué. C'est donc dans Saragosse que s'était concentrée toute l'énergie de la résistance de cette région, et c'est Saragosse qu'il fallait réduire pour obtenir un résultat.

Verdier s'y préparait activement. Sans arrêt, les cheminements continuaient par la vallée de la Huerba. Le 9 juillet, la sape atteignait le couvent des Capucins et était poussée vers l'enceinte, éloignée de moins de 150 mètres. Face au château, on progressait aussi et on commençait une parallèle, à une centaine de mètres de l'ouvrage, surtout pour attirer l'attention des assiégés de ce côté (1).

Réaliser le blocus complet de la rive gauche, qui eût amené les assiégés à composition, on n'y pouvait songer. Cependant, sur les instances de l'Empereur (2), qui fondait des espoirs illimités sur cette seule menace, Verdier jeta, le 11 juin, un pont volant sur l'Ebre, au coude de Saint-Lambert.

Cette opération que le colonel Robert avait été chargé de protéger avec le 3e bataillon du 70e, ne put d'ailleurs être exécutée qu'après un très vif combat. Mis en éveil par les préparatifs

---

(1) Verdier à Berthier. Devant Saragosse, 9 juillet (A. H. G., Corr. Mil., 6/10).
(2) Berthier à Verdier, Bayonne, 8 juillet (*ibid.*).

faits de ce côté depuis la nuit du 9 au 10, Palafox avait concentré, sur les hauteurs de Justibol, environ 3.000 hommes, avec de l'artillerie et toute la cavalerie disponible, sous le commandement de son frère Francisco.

Le détachement du colonel Robert franchit tout de même le fleuve : l'infanterie sur des radeaux, les lanciers polonais, à gué, tandis que les pontonniers travaillaient. Les tirailleurs espagnols furent refoulés, mais pour débusquer des hauteurs le gros de l'ennemi, il fallut l'intervention du 3e régiment de la Vistule que le général Verdier fit passer sur la rive nord. Le colonel de Piré prit le commandement de ces forces et l'ennemi, malgré une résistance vigoureuse, fut poursuivi, l'épée dans les reins, jusqu'au Gallego (1).

Un pont de fortune put être alors construit tandis que le colonel de Piré établissait, le long du Gallego, une ligne de résistance aussi solide que possible, et brûlait tous les ponts qui auraient pu permettre aux voitures de franchir ce cours d'eau. On comptait ainsi gêner les communications de Saragosse avec la Catalogne ; les gêner seulement mais non pas les couper car si le Gallego devient un torrent impétueux, un jour de pluie d'orage, il est, en temps ordinaire, un ravin desséché dont le franchissement ne nécessite aucun pont (2).

En revanche, un coup très sensible avait été porté aux assiégés, par la destruction des nombreux moulins qui se trouvaient sur les rives du Gallego et dont les approvisionnements étaient une précieuse ressource pour Saragosse (3).

Alors commença pour la ville une période de dures souffrances, mais grâce aux moines qui présentaient ces souffrances comme un moyen de gagner le paradis, l'enthousiasme en fut accru. Au surplus, Calvo prit des mesures énergiques. Il réquisitionna les vivres qui existaient chez certains particuliers, les fit mettre en commun et en régla minutieusement la consommation.

---

(1) Colonel de Piré à Berthier. Devant Saragosse, 13 juillet (A. H. G., Corr. Mil., 6/10).

(2) Verdier à Berthier. Devant Saragosse, 13 juillet (*ibid.*).

(3) Verdier à Berthier. Devant Saragosse, 16 juillet (*ibid.*). ARTECHE, *loc. cit.*, t. II, p. 367.

On allait manquer de poudre aussi, car, en même temps qu'il avait fait détruire les poudreries de la rive gauche, Verdier avait fait occuper l'importante fabrique de Villafeliches.

C'est le colonel Pépin qui avait été chargé de cette opération, avec un détachement composé des 4e et 6e bataillons de marche et de 100 lanciers polonais. Il l'avait exécutée sans combat et avec succès, avait fait enlever les poudres qu'il avait envoyées au corps de siège et brûlé les bâtiments (1).

Réduits à des expédients, en attendant les secours que Palafox leur préparait, les autorités de Saragosse réquisitionnèrent tout le soufre qui se trouvait dans la ville, chez les commerçants et chez les particuliers. On lava les rues pour en extraire du salpêtre et un moulin à huile qui se trouvait à l'embouchure de la Huerba, servit d'abord de fabrique.

Comme cet établissement était trop exposé, on transporta ateliers et matières premières dans le bâtiment de l'Inquisition où furent réunis les mortiers des confiseurs, des teinturiers et des épiciers. A la vérité, la poudre ainsi obtenue était des plus médiocres et si les Français avaient disposé des effectifs suffisants pour maintenir et rendre plus rigoureux le blocus de la rive gauche de l'Ebre, sans aucun doute, la résistance de Saragosse eût fléchi.

Malheureusement pour les assiégeants, ces effectifs n'existaient pas. Obligé de concentrer ses forces contre le front ouest de la ville, dont il voulait tenter l'attaque, Verdier dut bientôt rappeler une partie des troupes détachées au nord de l'Ebre. Dès le 16 juillet, il n'avait plus de ce côté que le régiment de la Vistule et 400 chevaux, sous les ordres du colonel de Piré, à qui il avait confié la mission difficile de surveiller les débouchés de l'Arrabal (2).

Pendant ce temps, le colonel Lacoste poussait les cheminements avec une grande activité, en dépit d'une résistance achar-

---

(1) Verdier à Berthier. Devant Saragosse, 21 juillet (A. H. G., Corr. Mil., 6/10).

(2) Verdier à Berthier. Devant Saragosse, 16 juillet (A. H. G., Corr. Mil., 6/11).

née des assiégés, qui défendaient pied à pied les approches de leurs murailles. Le couvent des Capucins, un amas de décombres, a dû être enlevé de haute lutte et en se retirant, les Espagnols ont mis le feu à ce qui en restait.

Le terrain, très difficile, se prête d'ailleurs à une défense désespérée. Ce sont des plants d'oliviers, des murs, des jardins, des maisons en ruines, partout des couverts favorables aux embûches et qui, tous, sont utilisés.

L'avance vers la porte Santa Engracia coûte cher, aussi, car chaque muraille est défendue et le couvent des Trinitaires où les Espagnols ont mis des canons, prend à revers toutes les attaques. Pourtant, dans la nuit du 17 au 18, on a pu atteindre des emplacements favorables à des batteries et la construction de ces batteries est commencée. Verdier, malgré son énergie et sa résolution, est impressionné par la multiplicité des obstacles qu'il rencontre et par le farouche acharnement des assiégés : « J'espère que bientôt, nous aurons un pied dans la ville, écrit-il à Berthier le 17 juillet ; puis... le reste dépendra de la résistance de l'ennemi. Mais s'il défend l'intérieur comme il défend les approches de la ville, ce sera long. »

A cette date, grâce aux envois presque journaliers de Pampelune, Verdier dispose de 24 canons de siège : 4 pièces de 16 et 4 de 8, chacune approvisionnée à 1.600 coups ; 4 mortiers de 12 et 8 obusiers de 8 pouces, approvisionnés à 250 coups (1).

Avec ces éléments, on arme 4 batteries de mortiers ou d'obusiers sur la rive droite de la Huerba, battant la partie sud de la ville, depuis la porte San Miguel jusqu'à la Torre del Pino, et 4 autres, à cheval sur la route de Madrid, à hauteur du couvent des Capucins.

Ces préparatifs qui se poursuivaient sous leurs yeux, les assiégés déployaient les plus grands efforts pour les entraver. A toute heure, de jour et de nuit, c'étaient des sorties furieuses qui, toujours repoussées avec de grandes pertes, ne laissaient pas de coûter des hommes au corps de siège. Même, le 22 juillet,

---

(1) Verdier à Berthier. Devant Saragosse, 17 juillet (A. H. G., Corr. Mil., 6/11).

le bataillon laissé sur le Gallego pour garder le passage du pont brûlé, fut mis en difficulté et dut son salut à l'héroïsme du commandant Laclède qui donna le temps au colonel de Piré de venir le dégager (1). Cette échauffourée fut suivie d'autres, dans la même région. Sentant bien que le blocus de la rive gauche de l'Ebre finirait, s'il pouvait être rigoureusement organisé, par triompher de toutes les résistances, Palafox cherchait à refouler les Français au sud du fleuve.

Couvert par un bataillon de volontaires d'Aragon solidement retranché à Osera, il avait appelé dans la région de Pina des contingents d'Aragon et de Catalogne. Il comptait prendre une offensive vigoureuse sur le Gallego, dès qu'il aurait été rejoint par un 2e bataillon d'Aragon dont la prochaine arrivée était annoncée et par tout le régiment de Mayorque, débarqué à Carthagène.

Mais, le 28 juin, Verdier fait franchir l'Ebre à des renforts et le général Habert se trouve bientôt, sur la rive nord, à la tête du 3e régiment de la Vistule et d'un bataillon du 47e, qu'appuient 200 lanciers polonais et 2 pièces de canon. Faisant surveiller l'Arrabal par 2 bataillons et un escadron de lanciers, sous le commandement du commandant Maisonneuve, le général Habert se porte tout de suite avec le gros de ses forces sur Osera.

Palafox accepte le combat. Osera est couvert par une avant-garde, que les Polonais attaquent avec leur fougue habituelle, chassant l'ennemi de ses positions et le poursuivant, l'épée dans les reins, jusqu'aux premières maisons de Pina.

Mais le général Habert n'ose pas pousser plus loin son succès. Devant le nombre croissant de ses adversaires, une tentative de débordement par le nord, et l'avis que les gens de Saragosse ont exécuté une vigoureuse sortie contre le détachement Maisonneuve, il craint d'être coupé et enveloppé. Il se retire donc et rejoint le corps d'armée le 31 juillet, ayant certainement infligé des pertes aux Espagnols et les ayant refoulés sur Pina, mais ne

---

(1) Colonel de Piré à Berthier. Devant Saragosse, 22 juillet (A. H. G., Corr. Mil., 6/11).

les ayant aucunement mis hors d'état d'agir, et laissant par conséquent le danger subsister de ce côté (1).

Le 1er août, une brigade composée de deux excellents régiments : le 14e et le 44e de ligne, arrivait de Pampelune, avec un dernier renfort d'artillerie (2). Cet appoint portait l'effectif du corps de siège à 15.000 hommes, ainsi que l'avait calculé très exactement l'Empereur et le transformait en un véritable corps d'armée. Mais ce nouveau corps d'armée, ramassis de brigades, de régiments de ligne ou provisoires et d'unités de marche de diverses provenances, françaises ou polonaises, manquait de cohésion.

Bien mieux, l'administration n'y existait pas. Chacune des unités groupées là continuait à être administrée par son dépôt, distant de plusieurs centaines de kilomètres, et il n'y avait, à l'état-major du général Verdier, aucun organe de centralisation administrative, même pas l'inspecteur aux revues ou le simple commissaire des guerres affecté habituellement à une division.

Le résultat immédiat de cette inorganisation, c'étaient des souffrances pour les soldats, que le manque de fonds et de magasins privait du nécessaire. Dans ce pays ruiné, la maraude journalière ne suffisait plus à nourrir d'aussi importants effectifs, et les vêtements étaient en loques. Il manquait 10.000 paires de chaussures et celles qui restaient étaient hors d'état de servir. L'aspect des troupes était lamentable (3).

A Saragosse aussi, à cause du demi-blocus, la situation était difficile et les rigoureuses mesures de restriction prises n'allaient pas sans imposer des souffrances. Des désordres se produisirent; des accusations de trahison furent portées contre de riches bourgeois; il y eut des assassinats. Un moment même, pour maintenir aux murailles un nombre suffisant de défenseurs, il fallut toute l'autorité des moines, l'ascendant personnel de Palafox et l'installation du gibet sur les places publiques...

---

(1) Verdier à Berthier. Devant Saragosse, 31 juillet 1808 (A. H. G., Corr. Mil., 6/11 *bis*).
(2) D'Agoult à Berthier, Pampelune, 27 juillet, 7 h. soir; Verdier à Berthier, devant Saragosse, 3 août (A. H. G., Corr. Mil., 6/11 *bis*).
(3) Verdier à Berthier. Devant Saragosse, 27 et 31 juillet (*ibid.*).

Les derniers préparatifs d'attaque terminés, le 30 juillet, Verdier avait envoyé un parlementaire à Palafox, pour le sommer de se rendre. Mais Palafox était déjà instruit du désastre de Bailen. Il éconduisit le parlementaire et par une proclamation qu'il fit afficher, il informa les habitants de l'assaut qui les menaçait :

> Cent canons, disait-il, tireront sans interruption sur la ville, à partir de demain. Mais que sont cent canons pour nous qui y sommes habitués et qui, à l'exemple de nos ancêtres, les Numantins, sommes résolus à nous ensevelir sous les cendres de la ville? Pourrions-nous nous rendre aujourd'hui, en voyant la victoire signalée des Andalous ? (1)

Des prêtres et des moines furent nommés officiers et dans la nuit du 3 au 4 août, comme les troupes françaises d'assaut garnissaient déjà les parallèles de départ, Palafox adressait l'avis suivant au colonel Renovales :

> Le capitaine général prévient don Mariano Renovales que, cette nuit, les Français doivent donner un assaut avec des échelles. Reconnaissez toute la ligne, depuis le fossé de San Miguel jusqu'au jardin potager de Campo Real. Vos moyens de défense sont des fusils, des lances, des pistolets et des pierres. Si vous y joignez le courage et le sang-froid, malheur à ceux qui vous attaqueront! Votre activité, non seulement vous empêchera de dormir, mais encore réveillera l'engourdissement de vos soldats. (2)

Saragosse veillait.

B. — *L'assaut du 4 août.*

Le 3 août au soir, toutes les dispositions en vue de l'attaque étaient prises. Les cheminements, entièrement terminés, permettaient de masser les colonnes d'assaut à une centaine de mètres des objectifs choisis : le couvent et la porte de Santa Engracia. Les batteries étaient prêtes à ouvrir le feu ; elles étaient approvisionnées de manière à tirer au besoin pendant dix heures (3).

---

(1) Proclamation de Palafox (D. G.).
(2) Palafox à Renovales, nuit du 3 au 4 août (D. G.).
(3) Verdier à Berthier. Devant Saragosse, 3 août (A. H. G., **Corr. Mil.**; 6/11 *bis*).

Le rôle de chacune de ces batteries était parfaitement défini et leurs missions réparties de manière que soit pratiquée une brèche d'une vingtaine de mètres à l'angle de l'enclos du couvent; que le mur du couvent de Santa Engracia, la Maison Carrée et sa batterie soient battus; que les canons qui s'y trouveraient soient réduits au silence, ainsi que la batterie de la porte Santa Engracia; que des projectiles soient lancés en arrière de cette zone, pour en isoler les défenseurs; que le château d'Aljaferia, le Portillo et leurs batteries soient tenus sous un feu qui les neutralise.

Les détails d'exécution prescrits par le commandement sont intéressants à connaître.

Pendant la première demi-heure de tir, les batteries devaient tirer à toute vitesse, puis ralentir le feu et laisser surtout la batterie n° 3, dite « batterie de brèche », forte de 6 pièces de 16 et de 4 obusiers de 8, faire la brèche au mur du couvent de Santa Engracia.

Pendant le tir de la batterie n° 3, celui des autres pièces était ainsi réglé :

Les mortiers de 12 pouces devaient tirer de 6 à 8 coups par heure;

Les obusiers de 8 pouces devaient tirer de 8 à 9 coups par heure;

Les obusiers de 6 pouces devaient tirer de 6 à 8 coups par heure;

Les pièces de 16 exécuter le tir le plus rapide que permette la solidité de leurs affûts.

Les pièces de 12 et de 8, tirer de 10 à 12 coups par heure.

Dès que la brèche sera faite, trois colonnes se porteront en avant :

A droite, sous le commandement du général Habert, les deux bataillons du 1er régiment de la Vistule. Ces deux bataillons polonais seront précédés d'une avant-garde, commandée par le colonel Robert, et comprenant les compagnies de grenadiers et de voltigeurs des 15e et 70e de ligne et du 1er régiment de la Vistule. Cette colonne occupera le couvent de Santa Engracia, puis en débouchera par toutes les issues pour prendre à revers la place Santa Engracia, située derrière le couvent et s'emparer des premières maisons de la rue Santa Engracia, qui conduit au Cosso. Le 44e régiment d'infanterie suivra cette colonne comme réserve et occupera solidement derrière elle le couvent de Santa Engracia.

Au centre, sous le commandement du général Bazancourt, les deux bataillons du 14e régiment de ligne, progressant derrière une avant-garde, constituée par les compagnies de grenadiers et de voltigeurs des 14e et 44e de ligne. Cette colonne doit, par le pont de la Huerba, gagner la porte de Santa Engracia, en enlever la batterie, puis, par la rue à gauche, prendre à revers la porte del Carmen. Le bataillon du 15e et celui du 70e de ligne suivant cette colonne, occuperont le verger du couvent de Santa Engracia, dès qu'elle s'en sera emparée.

A gauche, sous le commandement du général Grandjean, les deux bataillons polonais du 2e régiment de la Vistule, précédés d'une avant-garde conduite par le commandant Maisonneuve, et comprenant les compagnies de grenadiers et de voltigeurs des 1er et 2e régiments de la Vistule et du 47e de ligne. Débouchant de la vallée de la Huerba, cette colonne doit prendre pour objectif la brèche de la porte del Carmen; s'emparer de la tour del Pino, du couvent des Carmes et rallier la colonne du centre sur la place de Santa Engracia. Le 1er régiment des légions de réserve et le bataillon du 47e de ligne, marchant en réserve derrière elle, doivent s'établir solidement à la porte del Carmen, dès que cette porte sera au pouvoir des Français.

Une réserve générale, sous le commandement du colonel de Piré, composée des trois bataillons polonais du 3e régiment de la Vistule, doit se tenir sur les hauteurs, face au château d'Aljaferia, prête à se porter partout où sa présence sera nécessaire. La cavalerie sera à Monte Torrero, éclairant la droite du dispositif, moins 300 lanciers polonais laissés sur la rive gauche de l'Ebre, en face de l'embouchure du Gallego, pour charger tout ce qui voudrait entrer dans l'Arrabal ou en sortir.

Les troupes non employées : 9 bataillons des 119e de ligne, 4e, 6e et 7e bataillons de marche, 5e régiment portugais, bataillon de chasseurs portugais, resteront dans les parallèles de départ, prêtes à recueillir les troupes d'assaut et à s'opposer à toute sortie de l'ennemi (1).

Le 4 août, à 6 heures du matin, les 40 pièces des batteries françaises entraient en action, et dès midi, deux brèches à peu près praticables étaient ouvertes : l'une à l'angle est du mur du couvent de Santa Engracia, devant notre colonne de droite ; l'autre au saillant du mur d'enceinte, entre les portes de Santa Engracia et del Carmen, devant la colonne de gauche (2).

Le général Verdier ordonne l'assaut sur ces deux brèches et les colonnes Habert et Grandjean se portent en avant avec intrépidité.

Les soldats de Habert franchissent la Huerba avec de l'eau jusqu'à la poitrine, traversent sans résistance l'enclos de Santa Engracia, débouchent sur la place, et malgré une grêle de balles et de pierres lancées des fenêtres et des toits de toutes les maisons, s'engagent dans la rue de l'Hôpital, que coupent trois énormes barricades garnies de canons.

Les artilleurs espagnols, terrifiés de cette audace, n'osent pas tirer ; ils s'enfuient, abandonnant 15 pièces.

Les nôtres, sans souci des pertes, arrivent d'un trait jusqu'au Coso, où ils doivent s'arrêter pour se reformer, sous un feu violent venant des maisons d'en face, toutes barricadées.

La colonne Grandjean, entrée par la brèche, s'est emparée de la Tour del Pino « sorte de camp retranché entouré d'un parapet et d'un fossé de vingt pieds ». Puis, elle s'est divisée : une partie attaque le couvent del Carmen qui résistera longtemps à tous les efforts ; l'autre va prendre à revers les défenseurs de la porte de Santa Engracia devant laquelle la colonne Bazancourt est arrêtée.

Aucun des défenseurs de cette porte ne voulut se rendre ; il fallut les exterminer.

Les soldats des deux fractions de la colonne Grandjean s'engouffrèrent alors dans la rue del Azogue, des détachements

---

(1) Plan d'attaque du général Verdier, joint à la lettre du 3 août au major général (citée) (A. H. G., Corr. Mil., 6 /11 bis).
(2) Adjudant commandant Grundler à Berthier, 5 août (ibid.).

encerclant les couvents de l'Incarnation, de Santa Rosa, l'hôpital des convalescents et le quartier de Santa Fé, où des moines avaient organisé de puissants centres de résistance et se défendaient désespérément. Les Français s'en emparèrent, et aussi de 13 canons.

Mais quand ces unités disloquées vinrent se mélanger, sur la promenade du Coso à celles de la colonne Habert, et que la colonne Bazancourt fut venue les y rejoindre, toute cette cohue dut stopper sous un feu de mousqueterie qui partait des maisons d'en face et rendait impossible le débouché des rues de l'Hôpital et del Azogue. En outre, des balles venaient de l'arrière, où les maisons n'avaient pas été visitées et contenaient des gens bien résolus à se défendre.

Les assaillants durent s'éparpiller en des centaines de détachements...

Il y avait eu jusque-là un certain ordre dans les opérations; les unités obéissaient à peu près à la voix de leurs chefs. A partir de ce moment, tous les liens tactiques furent rompus et plus de la moitié des effectifs des trois colonnes disparut dans les maisons.

Les habitants, hommes, femmes ou enfants, se battaient au couteau et il fallait les tuer jusqu'au dernier pour faire cesser tout danger... La chaleur était accablante. Les soldats, échappant entièrement à l'action du commandement, descendirent dans les caves, burent du vin et s'enivrèrent...

Verdier sentit que la direction du combat ne lui appartenait plus, et s'il signale au major général la belle conduite de quelques officiers, il ajoute :

Quant aux troupes, leur premier mouvement a été beau, mais ce moment a été court (1).

Le résultat obtenu était pourtant considérable, puisque les Français tenaient toute la moitié sud de la ville. Palafox, sentant l'inutilité de la résistance, si Saragosse n'était pas promptement

---

(1) Verdier à Berthier. Devant Saragosse, 5 août (A. H. G., Corr. Mil. 6/11 *bis*).

secourue, avait gagné Osera avec une faible escorte et il cherchait à y grouper quelques forces. Les paniques folles succèdent souvent, dans les masses, à des excès d'héroïsme. Terrorisée, cette foule qui se battait tout à l'heure farouchement, s'écrasait maintenant pour fuir à l'entrée du pont del Angel. Le marquis de Lazan, après avoir vainement essayé d'établir un barrage dans la rue Santa Engracia, entraîné par le flot des fuyards, dut franchir le fleuve et se réfugia dans l'Arrabal, avec son frère Francisco.

Des canons purent être braqués sur le pont et l'exode fut ainsi arrêté, mais il y eut là des scènes atroces. Un grand nombre de ces malheureux, parmi lesquels des femmes et des enfants, pour échapper à la mort dont les menaçaient amis et ennemis, se précipitèrent dans le fleuve et y périrent. Pourtant quelques officiers, quelques hommes énergiques, et des moines, le crucifix à la main, réussirent à ramener le calme et à ranimer les courages.

Des combattants étaient restés aux barricades et aux fenêtres des maisons bordant le Coso; peu à peu, on les y renforça et le moral se raffermit. De sorte que, quand le général Verdier, établi à Santa Engracia, et croyant bien, cette fois, Saragosse conquise, adressa cette sommation laconique à Palafox :

« *Une capitulation :* »

il reçut la réponse suivante :

« *Guerra a cuchillo.* » (Guerre à mort.)

Les Français s'entassaient au débouché des rues sur le Coso. De proche en proche, ils occupèrent les maisons de bordure, et des deux côtés de la promenade, large d'une quarantaine de mètres, on se fusilla.

Le général Verdier jugea qu'un arrêt des opérations pourrait être funeste à ses régiments disloqués, et malgré la ténacité de la résistance, il décida de pousser, sans désemparer, son succès jusqu'à l'Ebre.

Sur son ordre, trois nouvelles colonnes furent constituées.

La première, tournant à droite, dut longer le Coso pour gagner d'abord la place de la Madeleine, puis la Puerta del Sol.

La seconde, tournant à gauche, dut prendre pour objectif la place d'Estravedes où allaient converger les fractions qui descendaient la rue del Azogue. Toutes ces forces devaient ensuite se diriger vers la porte San Ildefonse.

La troisième, abordant de front l'obstacle, devait forcer la barricade de la rue Saint-Gil et par là, descendre directement jusqu'à la porte del Angel.

Mais les Espagnols s'étaient ressaisis et les unités n'avaient plus la cohésion nécessaire pour exécuter avec succès une pareille manœuvre. En outre, défiler tout le long du Coso, constituait une grave imprudence.

Au prix de pertes importantes, la colonne de droite arriva cependant jusqu'à la place de la Madeleine ; mais là, elle se heurta à de solides barricades défendues par du canon et elle fut bloquée par une foule innombrable, surgie de toutes les rues avoisinantes. Les défenseurs de la Puerta del Sol accoururent, par la rue de la Trinité, avec du canon. Sous la conduite du brigadier Torres et du colonel Obispo, les Espagnols construisirent même des barricades au débouché de toutes les rues, pour bloquer les nôtres. Heureusement, il y avait, à l'entrée de la rue del Medio, des ruines où les Français purent pénétrer et s'établir solidement. Ils y tinrent jusqu'au soir, donnant le temps à des renforts de venir les dégager.

La colonne de gauche, qui refoulait une foule compacte vers la place d'Estravedes, fut prise en flanc et sur ses derrières par les défenseurs du Portillo, accourus sous le commandement du prêtre Sas. Elle subit de lourdes pertes et dut rétrograder.

Quant à la colonne du centre, elle s'égara. Elle devait descendre la rue Saint-Gil ; elle s'engagea dans la rue de l'Arc-de-Cineja, qui la ramena à son point de départ.

Partout, sur leur trajet, les soldats avaient pénétré dans les maisons, d'où on les accablait de pierres, d'eau et d'huile bouillante. Encore une fois, les effectifs fondirent, car il arrivait fréquemment que ceux qui réussissaient à entrer dans les maisons n'en sortaient pas.

La nuit venait. Le désordre était à son comble et le moral des Espagnols à qui le tocsin des églises et des couvents sonnant à toute volée, rappelait leur devoir, paraissait se raffermir. Les pertes connues des Français étaient énormes; un état les porte à 462 tués et 1.506 blessés. Le général Verdier était atteint d'une balle à la cuisse, le général Bazancourt était grièvement blessé. Peu à peu, les colonnes avaient reflué sur le Coso. Elles s'y fortifièrent pendant la nuit, tandis que les Espagnols élevaient des barricades pour les y bloquer, construisant de nouvelles batteries dans la rue Saint-Gil, dans la rue del Azogue et à l'hôpital des Convalescents, pour interdire l'accès de l'Ebre et du Portillo.

En l'absence de Palafox et de Lazan, le brigadier Torres avait tout dirigé. C'est lui qui avait présidé au rétablissement d'une situation un moment désespérée. A 10 heures du soir, il adressait à Palafox une lettre assez aigre :

Lorsque l'ennemi eut passé la croix du Coso, écrivait-il, et que la troupe se fut retirée dans le faubourg, je me rendis à la maison de V. E. pour avoir des ordres, mais vous n'y étiez, ni vous, ni vos frères. En conséquence, je crus devoir prendre momentanément le commandement.

... V. E. n'ignore pas que je manque des choses les plus nécessaires pour la défense... Une partie de la ville est au pouvoir de l'ennemi. Il est tranquille maintenant, mais seulement jusqu'à demain matin et ma position, la plus critique où un militaire se soit jamais trouvé, me fait espérer que V. E. ne m'oubliera pas. Ainsi donc, demain matin, V. E. ou un de ses honorables frères m'amènera, je pense, des secours et des vivres, sans lesquels ni moi, ni personne ne pourrions sauver la ville du danger où V. E. l'a exposée, en l'abandonnant à la merci de ses cruels ennemis (1).

En aucun cas on ne saurait admettre que le commandant d'une place assiégée abandonne cette place au fort du danger, même dans l'intention louable d'aller chercher des renforts indispensables à la résistance; et ce commandant est encore moins excusable s'il part, comme Palafox, sans avoir assuré la direction de la défense. Mais Palafox était né sous une bonne étoile : l'héroïsme et la constance des habitants de Saragosse répondaient de sa gloire.

Le 5 août, de Villamayor, il s'excusait auprès du brigadier Torres, protestant de l'impossibilité où il avait été d'agir autre-

---

(1) Citée par BELMAS, *loc. cit.*, t. II, p. 108.

ment qu'il l'avait fait, et annonçant que, maintenant, il était en état de tenir la campagne et d'intervenir efficacement contre les corps de siège français.

> Tenez ferme, ajoutait-il, le salut de la ville est mon unique soin. Tout espoir était perdu pour moi, mais maintenant j'admire les prodiges que V. S. a opérés. S'il arrivait quelque chose de nouveau, faites-le moi savoir, et demandez-moi tout ce dont vous aurez besoin (1).

Au moment où le dictateur écrivait ces lignes, il ne disposait pas encore de plus de 4.000 hommes (2). Il envoya cependant le 5 août au matin, vers Saragosse, avec le marquis de Lazan, les Gardes wallonnes escortant 2 voitures de poudre et 3 pièces d'artillerie. C'était peu. Ce fut cependant assez pour exciter l'enthousiasme des assiégés, résolus à se défendre jusqu'à la mort.

Ému d'ailleurs sans doute par la lettre de Torres, Palafox quittait Villamayor dans la journée même du 5, décidé à conduire à Saragosse toutes les forces qu'il avait pu réunir.

Le général Lefebvre Desnoëttes, à qui le général Verdier avait dû remettre le commandement du corps de siège, averti par des espions, se porta lui-même au devant de Palafox avec deux bataillons de la Vistule et les lanciers polonais. Le général espagnol évita le combat et revint prendre position à Villamayor.

Lefebvre Desnoëttes n'avait que 800 hommes. Il attaqua cependant et refoula l'avant-garde ennemie qui laissa du matériel et une vingtaine de prisonniers entre les mains des Français, impuissant tout de même à déloger le gros des forces qui avait eu le temps de se retrancher. Il appela à l'aide, mais, en réponse à cet appel, reçut de Verdier, dans la nuit du 6 au 7, communication de graves nouvelles de Madrid (3).

Une dépêche venait en effet d'arriver le 6 (4), datée du 28 juillet,

---

(1) Palafox au brigadier Torres, Villamayor, 5 août 1808 (D. G.).

(2) TORENO, *loc. cit.*, t. II, p. 291. C'étaient un bataillon de volontaires de Calatayud, 550 gardes wallonnes, 2 compagnies de volontaires de Lerida et une foule de paysans sans instruction militaire.

(3) Lefebvre Desnoëttes à Berthier, Saragosse, 7 août (A. H. G., Corr. Mil., 6/12).

(4) Verdier à Belliard, Saragosse, 6 août (*ibid.*). Cette dépêche avait mis huit jours à parvenir de Madrid à Saragosse.

qui annonçait la défaite du corps d'armée de Dupont à Bailen et la décision prise d'évacuer la capitale ; elle prescrivait au général Verdier de se tenir prêt à lever le siège de Saragosse. Le général devait diriger sur Pampelune, avec toutes les pièces de siège et les malades, 2.000 hommes de garnison et se porter avec le gros de ses forces par Logroño sur Tudela. Si de nouvelles instructions ne lui parvenaient pas dans les vingt-quatre heures, cet ordre conditionnel devenait exécutoire. Le major général exposait que l'intention du Roi était de diriger sur Burgos par Cuanda les corps qu'il avait à Madrid, et de concentrer là ceux de Bessières et de Verdier pour livrer bataille à l'ennemi venant d'Andalousie (1).

Nos soldats tenaient la moitié de Saragosse et étaient toujours sur le Coso, au contact d'un ennemi dont l'enthousiasme et l'audace ne faisaient que grandir. En attendant l'ordre du repli, et pour ne pas abandonner aux Espagnols les canons qui leur avaient été enlevés le 4 juillet, Verdier fit détruire ces canons et une partie des munitions.

Le 7, une nouvelle dépêche arrive. Celle-ci est datée du 29 juillet. Le capitaine de Villoutreys a porté à Madrid le texte officiel de la capitulation de Bailen et l'ordre est donné de lever le siège de Saragosse, si Verdier ne croit pas pouvoir enlever la ville dans cinq ou six jours. Si la victoire peut être escomptée avant ce délai, les opérations peuvent continuer, mais il est entendu que, la ville prise, on l'évacuera, après avoir détruit fortifications et approvisionnements, et on rejoindra l'armée (2).

Tempérament ardent, Lefebvre Desnoëttes sent qu'il a une revanche à prendre et étant donnés les résultats obtenus par le premier effort sérieux qui ait été tenté, il compte bien dans cinq ou six jours, avoir triomphé de la constance des assiégés. Au surplus, il sent ceux-ci désorganisés et un peu abandonnés à leurs seuls moyens.

---

(1) Belliard à Verdier, Madrid, 28 juillet (A. H. G. 6 *a*/13, registre de correspondance du général Belliard).
(2) Belliard à Verdier, Madrid, 29 juillet 1808 (Registre de correspondance de Belliard, A. H. G. 6 *a*/13).

Pour le moment, les nécessités de la situation et la simple prudence imposent une reconstitution des unités éparpillées dans la moitié sud de la ville. Les régiments sont donc ralliés et reportés sur leurs positions de départ, où ils se retranchent. Des postes importants ont été laissés dans les maisons bordant le Coso, derrière les barricades fermant les avenues qui y aboutissent et dans les églises ou couvents susceptibles de servir de réduits. Quand ses approvisionnements auront été complétés, le général Lefebvre Desnoëttes compte reprendre l'opération au point où on l'a laissée et jeter définitivement dans l'Ebre les défenseurs de Saragosse (1).

---

(1) Lefebvre Desnoëttes à Belliard, Saragosse, 7 août (A. H. G., Corr. Mil., 6/12).

ANNEXE

CONVENTION D'ANDUJAR

Leurs Excellences Monsieur le Comte de Tilly et Monsieur de Castaños, général en chef de l'armée d'Andalousie, voulant donner une preuve de leur haute estime à Son Excellence Monsieur le Général Dupont, Grand Aigle de la Légion d'honneur, commandant en chef le corps d'observation de la Gironde, ainsi qu'à l'armée sous ses ordres, pour la belle et glorieuse défense qu'ils ont faite contre une armée infiniment supérieure en nombre et qui les enveloppait de toutes parts;

Et Monsieur le Général Chabert, Commandant de la Légion d'honneur, chargé de pleins pouvoirs de Son Excellence le général en chef de l'armée française, Son Excellence Monsieur le Général Marescot, Grand aigle de la Légion d'honneur, et premier inspecteur général du Génie, présent,

Sont convenus des articles suivants :

Article 1.

Les troupes sous les ordres de Son Excellence Monsieur le Général Dupont sont prisonnières de guerre, la division Vedel et les autres troupes françaises en Andalousie exceptées.

Article 2.

La division Vedel et toutes les troupes généralement en Andalousie; n'étant point dans la position des troupes comprises dans l'article précédent, évacueront l'Andalousie.

Article 3.

Les troupes comprises dans l'article second conserveront généralement tous leurs bagages, et, pour éviter tout sujet de trouble pendant la marche, elles remettront leur artillerie, train et autres armes à l'armée espagnole, qui s'engage à les leur rendre au moment de l'embarquement.

Article 4.

Les troupes comprises dans le premier article du traité sortiront de leur camp avec les honneurs de la guerre, chaque bataillon ayant deux canons en tête, les soldats armés de leurs fusils, qui seront déposés à quatre cents toises du camp.

Article 5.

Les troupes du général Vedel et autres ne devant pas poser les armes, les placeront en faisceaux sur leur front de bandière; elles y laisseront aussi leur artillerie et train, et il en sera dressé procès-verbal par des officiers des deux armées et le tout leur sera remis ainsi qu'il est convenu dans l'article troisième.

Article 6.

Toutes les troupes françaises en Andalousie se rendront à San Lucar et et Rota par journées d'étape, qui ne pourront excéder quatre lieues de poste, avec les séjours nécessaires, pour être embarquées sur des vaisseaux avec équipages et transportées en France au port de Rochefort.

Article 7.

Les troupes françaises seront embarquées aussitôt leur arrivée et l'armée espagnole assurera leur traversée contre toute expédition hostile.

Article 8.

Messieurs les officiers généraux, supérieurs et autres, conserveront leurs armes, et les soldats leurs sacs.

Article 9.

Les logements, vivres et fourrages, pendant la marche et la traversée, seront fournis à MM. les officiers généraux et autres ayant droit, ainsi qu'à la troupe, dans la proportion de leurs grades, et sur le pied des troupes espagnoles en temps de guerre.

Article 10.

Les chevaux de Messieurs les officiers généraux, officiers supérieurs et d'état-major, dans la proportion de leurs grades, seront transportés en France, et nourris sur le pied de guerre.

Article 11.

Messieurs les officiers généraux conserveront chacun une voiture et un fourgon; Messieurs les officiers supérieurs et d'état-majr, une voiture seulement, sans être soumis à aucun examen.

Article 12.

Sont exceptés de l'article précédent les voitures prises dans l'Andalousie dont l'examen sera fait par Monsieur le général Chabert.

Article 13.

Pour éviter la difficulté d'embarquer les chevaux des corps de cavalerie et d'artillerie compris dans l'article second, lesdits chevaux seront laissés en Espagne et seront payés d'après l'estimation de deux commissaires français et espagnol, et acquittés par le commissaire espagnol.

Article 14.

Les blessés et malades de l'armée française, laissés dans les hôpitaux, seront traités avec le plus grand soin, et seront transportés en France sous bonne escorte et sûre, aussitôt leur guérison.

Article 15.

Comme dans plusieurs endroits, et notamment à l'assaut de Cordoue, plusieurs soldats malgré les ordres de Messieurs les Généraux et les soins de Messieurs les officiers, se sont portés à des excès qui sont une suite inévitable des villes prises d'assaut, Messieurs les officiers généraux et autres officiers prendront les mesures nécessaires pour découvrir les vases sacrés qui peuvent avoir été enlevés, et les rendre s'ils existent.

Article 16.

Tous les employés civils attachés à l'armée française ne sont point considérés comme prisonniers de guerre, et jouiront cependant, pendant leur transport en France, de tous les avantages de la troupe, dans la proportion de leurs emplois.

Article 17.

Les troupes françaises commenceront à évacuer l'Andalousie le 23 juillet à quatre heures du matin. Pour éviter la grande chaleur, la marche des troupes s'effectuera la nuit, et se conformera aux journées d'étapes qui seront réglées par Messieurs les chefs d'État-major français et espagnol, en évitant le passage des troupes dans les villes de Cordoue et de Séville.

Article 18.

Les troupes françaises, pendant leur marche, seront escortées par les troupes de ligne espagnoles, à raison de trois cents hommes par colonne de trois mille hommes, et Messieurs les officiers généraux seront escortés par des détachements de cavalerie de ligne.

Article 19.

Les troupes, dans leur marche, seront toujours précédées par des commissaires français et espagnols, qui devront assurer les logements et vivres nécessaires, d'après les états qui leur seront fournis.

Article 20.

La présente capitulation sera portée de suite à Son Excellence M. le duc de Rovigo, commandant en chef les armées en Espagne, par un officier français, qui devra être escorté par des troupes de ligne espagnoles.

Article 21.

Il est convenu par les deux armées qu'il sera ajouté, comme articles supplémentaires, à ladite capitulation, ce qui peut avoir été omis et qui pourrait augmenter le bien-être des troupes françaises pendant leur séjour en Espagne et leur traversée.

Arrêté et fait double à Andujar, le 22 juillet 1808.

> Signé : Xavier de Castaños, general en jefe del ejercito de Andalusia;
> El Conde de Tilly, representente y bocal de la Junta de Espana y Indias, residente en Sevilla;
> Ventura Escalante, capitan general del ejercito y Reyno de Grenada;
> Le général Chabert;
> Comme témoin, le général de division Marescot.

Es copia a la letra de las originales firmadas por los sujetos expresados anteriormente.

Bailen y Julio 24 de 1808.

> Xavier de Castaños. El Conde de Tilly.

ARTICLES SUPPLÉMENTAIRES

Article 1.

Il sera fourni deux charrettes par bataillon, pour servir au transport des portemanteaux de Messieurs les officiers.

Article 2.

Messieurs les officiers de cavalerie sous les ordres de Son Excellence Monsieur le Général Dupont, conserveront leurs chevaux pour la route seulement et les laisseront à Rota, lieu de l'embarquement, à un commissaire espagnol qui sera chargé de les recevoir. La gendarmerie servant à la garde de Monsieur le Général en chef jouira de la même faculté.

Article 3.

Les malades qui sont dans la Manche, ainsi que ceux qui peuvent se trouver en Andalousie, seront conduits dans les hôpitaux d'Andujar, ou autres qui paraîtraient plus convenables. Les convalescents les accompagneront; ils seront, au fur et à mesure de leur guérison, conduits à Rota, où ils seront embarqués pour être transportés en France, sous la même garantie mentionnée dans l'article septième de la Capitulation.

Article 4.

Leurs Excellences Monsieur le comte de Tilly et Monsieur le général Castaños, commandant en chef de l'armée espagnole en Andalousie, promettent d'intercéder leurs bons officiers pour que Monsieur le général Exelmans, Monsieur le colonel Lagrange et Monsieur le lieutenant-colonel Rosetto, prisonniers de guerre à Valence, soient mis en liberté et transportés en France, sous la même garantie mentionnée dans l'article précédent.

Arrêté et fait double à Andujar, le 22 juillet 1808.

Signé : Xavier DE CASTAÑOS, general en jefe del ejercito de Andalusia;
El conde DE TILLY, representente y bocal de la suprema Junta de Espana y Indias residente en Sevilla;
Ventura ESCALANTE, capitan general del ejercito y Reyno de Grenada;
Le général CHABERT;
Comme témoin, le général de division MARESCOT.

Es copia a la letra de las originales firmadas por los sujetos expresados anteriormente.
Bailen y Julio 24 de 1808.

Xavier DE CASTAÑOS. El Conde DE TILLY.

INDEX ALPHABÉTIQUE

Pages

AFFRY (D'), commandant	122, 127 à 130, 228, 230.
AGOULT (D'), général gouverneur de Pampelune	261.
AGUSTIN Maria	248.
ALBE (duc D')	3.
ALEXANDRE	64.
ALTAMIRA (comte), ministre	74.
ANNIBAL	64.
ARRIBAS, ministre	10.
AUBRÉE, général	236.
AUGEREAU, général	232.
AZANZA, ministre	11, 13, 66, 237.
BACIERO, colonel	199.
BALLAND, commandant	169.
BARÈRE, colonel	61.
BARBOU, général	2, 79, 82, 94, 104, 125, 142, 143, 150, 180, 183 à 188, 222, 225, 228, 230.
BARBARIN, capitaine	178, 184, 190, 192, 196.
BASTE, capitaine de frégate	76, 78, 80, 81, 91, 117, 118, 136, 138, 142, 185.
BAZANCOURT, général	247, 264, 269.
BEAUPRÉ, lieutenant	162.
BELLIARD, général	*Passim.*
BERTHOIS DE LA ROUSSELIÈRE (Mlle).	120.
BERTHET, commandant	191, 225.
BERTHIER, maréchal, prince de Neuchâtel	*Passim.*
BERTON, commandant	91.
BERTRAND, général	35.
BESINES, lieutenant-colonel	197, 199.
BESSART, major	143.
BESSON, capitaine	162.
BESSIÈRES, maréchal, duc d'Istrie . . .	2, 15, 19, 23 à 88, 188, 220 à 222, 229 à 231, 243, 271.
BLAKE, général	15, 20 à 26, 42, 46 à 59.
BOISCHEVALIER, capitaine	184.

Pages

BONAPARTE, général	53, 64.
BONNET, général	29, 58, 61.
BOURCIER, général	78.
BOURGEAT, général	50.
BOUSSART, général	173, 177.
BOUVIER, commandant	184.
BUQUET, général	135.
BUREAU, major	162.
BUSTAMENTE, colonel	239, 241.
CABALLERO, ministre	70.
CABARRUS, ministre	73.
CAGIGAL, général	21, 24, 26, 48.
CALVO, moine	239, 241, 257.
CAMBACÉRÈS, archichancelier de l'Empire	64.
CAMPO ALANGE, ministre	74.
CARO, général	199.
CAROLINE BONAPARTE	13.
CARRÈRE VANTAL, commandant	151, 172, 197.
CASTAÑOS, général	75, 88, 90, 97 à 102, 108, 116, 126, 135, 136, 144, 146, 150 à 153, 160 à 162, 166, 167 à 171, 177 à 179, 182 à 197, 221, 230, 235, 273 à 277.
CASSAGNE. général	91, 92, 94.
CASTELFRANCO, ministre	9, 72.
CAULAINCOURT, général	36, 71, 84, 86, 212 à 221, 226, 235.
CAVROIS, général	84, 85, 140, 142, 148.
CAZALS, général	202.
CERBELLON, ministre	200, 206, 209.
CEVALLOS, ministre	237.
CESAR	64.
CHABERT, général	94, 118, 151, 153, 158, 161 à 163, 166, 167, 183 à 192, 273, 277.
CHABOT, général	61, 62,
CHABRAN, général	2, 204, 218.
CHAMPAGNY, duc DE CADORE, ministre	5, 10, 13, 65, 69, 70, 73.
CHARLES III, roi d'Espagne	39.
CHARLES IV, roi d'Espagne	VI.
CHARLES-QUINT, Empereur	8, 41.
CHOISEUL, capitaine	185.
CHRISTOPHE, colonel	130, 132, 173.
CLARKE, comte d'HUNEBOURG, ministre	62, 190, 195, 197.

INDEX ALPHABÉTIQUE

Pages

COLBERT, général.	53.
COPONS, général	171.
CORRAL, capitaine	179.
COUPIGNY, général	98, 100, 103, 108, 109, 111, 119, 125 à 127, 132, 135, 136, 144.
COX WILLIAM, agent britannique.	196.
CRUZ MOURGEON, colonel	102, 117, 119, 125, 161.
CUESTA (dom Gregorio DE LA), général.	15 à 58, 85, 220.
DABADIE, général.	117.
DALRYMPLE, général	193, 194, 196.
DAMPIERRE, général.	120.
DARMAIGNAC, général.	27, 49, 53, 60.
DAUGIER, capitaine de vaisseau.	94, 151, 164.
DEBRON, commandant.	144.
DENNIÉE, intendant général	232, 236.
DESAIX, général	196.
DESFONTAINES, capitaine	119 à 121.
DESTREZ, lieutenant.	162.
DROUOT, général	5.
DUCOS, général.	27 à 31, 49, 81.
DUFOUR, général	84, 109, 128, 133 à 142, 146 à 148, 172, 226.
DUGAZON, commandant	147.
DUHESME, général.	2, 59.
DUMOURIEZ, général.	120.
DUPONT, général	68 à 197, 211 à 213, 217 à 228, 229 à 234, 273, 276.
DUPRÉ, général.	153, 157 à 162, 166 à 169.
DUZAS, commandant	169.
ESCALANTE, général.	99, 187, 276.
EXELMANS, général	277.
FALCON, lieutenant-colonel.	243.
FÉNELON (DE), capitaine.	188.
FERDINAND, prince des Asturies	VI, 28, 69.
FERDUT, colonel	221.
FILANGHERI, général	21, 24, 28,
FOURNIER, lieutenant-colonel.	132.
FRÈRE, général.	2, 35, 36, 78, 80, 83 à 86, 120, 204, 211 à 216, 219 à 223, 226, 234, à 237.
FREYRE, général	247, 248.
FRESIA, général.	2, 94, 157, 158, 180, 183, 186 à 188, 196, 222, 226.

Pages

FRIAS (duc DE), grand maître des cérémonies. . . . . 74.

GAULOIS, général. . . . . 27, 29, 30, 37, 57.
GELO (marquis DE). . . . . 171.
GILLE, soldat. . . . . 135, 173.
GIRARDIN (de), diplomate. . . . . . 69.
GLEIZE, commandant. . . . . 147.
GOBERT, général . . . . 2, 34 à 36, 67, 84, 86, 94, 95, 105, 109 à 112, 116, 119 à 133, 136, 137, 174, 187, 188, 192, 221 à 228, 230.
GODINOT, général. . . . . 232.
GRANDJEAN, général . . . . 61, 264, 265.
GRIMAREST, général. . . . . 156.
GRIVEL, amiral. . . . . 87.
GROUCHY, général. . . . . 3, 53, 204, 226, 233, 236.
GRUNDLER, commandant . . . . . . 265.
GUILLEMINOT, général. . . . . 50, 55, 60.

HABERT, général . . . . 247, 249, 260, 263 à 266.
HENRI IV. . . . . 72.
HIJAR (duc DE), grand d'Espagne. . . 13.
HOCHE, général. . . . . 95.
INFANTADO (duc DE L'), général. . . . 72.

JONES, général. . . . . 98, 102, 103, 108, 116, 118, 144, 171, 180, 182.
JOSEPH BONAPARTE, roi d'Espagne. . *Passim.*
JOURDAN, maréchal, comte. . . . . . 9, 38, 71, 72, 220, 224.
JUNOT (duc d'ABRANTÈS), général. . . v, 195.

LA BOURDONNAYE, général. . . . . . 197.
LACLÈDE, commandant . . . . 260.
LACOSTE, général. . . . . 244, 251 à 255, 258.
LA FOREST, ambassadeur . . . . . . 5, 6, 10, 13, 65, 68 à 72.
LAGRANGE, général . . . . 109, 121, 128 à 132, 173, 225, 277.
LAMARTILLIÈRE, général sénateur. . . 62.
LANDOLT, colonel suisse. . . . . . . 168, 170.
LANUSSE, commandant . . . . 120, 122, 133, 134.
LARIBOISIÈRE, général. . . . . 233, 236.
LA ROCHE, lieutenant. . . . . 169.
LASALLE, général. . . . . 25 à 32, 42, 44, 49, 50, 54 à 57 60.

Pages

Laval, général.	211, 229, 231.
Lazan (marquis de), général.	239, 242, 245, 254, 267, 269.
Leblanc, commandant	147.
Le Clercq, lieutenant-colonel	158, 162.
Lefebvre, général	34, 57, 58.
Lefebvre-Desnoëttes, général	81, 239 à 250, 254 à 256, 270 272.
Lefranc, général.	84, 85, 96, 105, 111, 117, 172 à 174, 197.
Legendre, général.	187, 189.
Le Knyff, lieutenant.	185.
Léry, général	3.
Liger Belair, général.	78, 97, 108, 110 à 115, 122, 126 à 128, 138.
Llamas, général	199, 206, 209, 212.
Loison, général.	28, 29, 58.
Lomet, adjudant commandant.	62.
Maceda, général.	21, 26, 46 à 48, 52, 53.
Mairesse, commandant.	91.
Maisonneuve, capitaine.	260, 264.
Marescot, général.	135, 182, 183, 187, 188, 273, 276.
Maret, duc de Bassano, ministre.	8, 73.
Martial Thomas.	187, 189.
Maurice Mathieu, général	38, 72.
Marie-Luise, reine d'Espagne.	70.
Martinengo, général.	21, 24, 26.
Mazaredo, ministre.	66, 72, 237.
Menacho, général	170.
Mendizabal, général	54.
Mercier, capitaine.	142.
Merle, général.	27 à 33, 42, 44, 49, à 55, 60, 81.
Merlin, général	37, 38, 40.
Meunier, commandant	177, 178, 184.
Mier (de), colonel.	199.
Miquel, commandant.	62.
Miranda, général.	199.
Moncey, maréchal, duc de Conegliano.	vi, 2, 4, 28, 34, 35, 59, 67, 68, 81 à 84, 93, 120, 188, 199 à 226, 229, 235, 236.
Montgardi (de), colonel.	158, 162.
Moreno.	102.
Morla (don Tomas), gouverneur	197, 198.
Morlot, général.	2, 34, 222, 226, 234 à 237.

Pages

Moscoso, officier d'état-major . . . .   23.
Mouton, général. . . . .   27, 31, 32, 42, 44, 49, 50, 54 à
                                         56, 60.
Mortier, maréchal, duc de Trévise. .   151, 164.
Murat, grand duc de Berg. . . . . .   Passim.
Musnier, général. 2, 203, 204, 208, 211, 219, 222,
                                         223, 226, 228, 234 à 237.

Napoléon. . . . .   Passim.

O'Farrill, général, ministre. . . . .   6, 66, 237.

Palafox, dictateur de Saragosse. . .   9, 239 à 242, 250 à 255, 258 à
                                         262, 266, 269, 270.
Palafox (Francisco), général. . . . .   250.
Pannetier, général. . . . .   118, 160, 164 à 166.
Parque (duc del), général. . . . . .   74.
Pedro, général. . . . .   98, 99, 171.
Peña (La), général 98, 102, 103, 108, 116, 125, 126,
                                         144, 170 à 174, 179 à 183,
                                         186, 189.

Pépin, colonel. . . . .   258.
Perdrau, capitaine. . . . .   158.
Pesino, colonel espagnol. . . . . .   241.
Philippe V, roi d'Espagne. . . . . .   72.
Piñuela, ministre . . . .   237.
Piré, général. . . . .   246, 248, 252, 257, 260.
Pieton, colonel. . . . .   53.
Plauzolle, commissaire ordonnateur.   197.
Plicque, commandant . . . .   191, 226, 227, 228, 230.
Poinsot, général. . . . .   80, 91, 115, 138, 173, 177.
Portago, général. . . . .   21, 26, 48, 49.
Porzon, sous-lieutenant. . . . . . .   172.
Pradt (de), abbé. . . . .   9.
Preux, colonel. . . . .   168.
Privé, général. 2, 94, 117, 143, 146, 153, 157,
                                         160 à 166, 183, 190, 191, 196.

Puisaye, chef vendéen. . . . . . .   252.

Quesnel, général. . . . .   28.

Reboulleau, capitaine . . . .   172, 190.
Reding, (Charles), colonel. . . . .   168.
Reding (Nazaire), colonel . . . . .   92, 100, 156, 168.
Reding (Teodore), général . . . .   100 à 103, 108 à 110, 114, 122,
                                         125 à 133, 144, 147, 152 à
                                         154, 160 à 166, 170, 171, 177 à
                                         179, 186, 187, 190.

INDEX ALPHABÉTIQUE

Pages

René, général	80.
Renovales, colonel.	246, 262.
Rey, général.	37, 40, 234, 236.
Reynaud, général	49.
Rigaud, général	226, 235.
Riquelme, général	21, 26.
Robert, colonel	256, 263.
Roca (marquis de), notable de Valence	208.
Roche, commandant	156.
Roize, général	78.
Romsé (comte de), notable de Valence.	199, 207.
Rosetto, colonel	277.
Rosily, amiral.	196.
Rostolland, général	211.
Saavedra, président de la Junte de Séville.	99, 198.
Sabatier, général.	27 à 30, 49 à 54, 60.
Salligny, général.	38, 71.
San Geniz, colonel.	239, 241.
Sas, prêtre.	268.
Savary, duc de Rovigo, général.	1 à 7, 27, 31 à 36, 40, 65 à 71, 75, 79 à 88, 93, 96, 105 à 108, 118, 124, 135 à 138, 182, 188, 190, 193, 199, 210 à 225, 229 à 231, 234, 276.
Sazachaga, colonel.	199.
Schramm, général.	167 à 170.
Serrurier, général.	196.
Tabuenca, architecte	241.
Teulet, major.	152, 153, 156, 167, 169.
Thouvenot, général	61.
Tilly, (comte de)	187, 189, 273, 276.
Torres, général	269, 270.
Traxler, colonel suisse	203.
Treille, docteur.	169.
Urquijo, ministre	66, 237.
Valdecañas, colonel	102, 103, 121, 125, 183, 184, 190.
Valle, colonel.	199.

	Pages
Vedel, général.	2, 34, 36, 75 à 84, 90 à 97, 104, 105, 111 à 119, 121 à 126, 132 à 143, 146 à 150, 153, 164 à 167, 170 à 179, 181 à 197, 222, 226, 230, 273, 274.
Venegas, général.	97, 98, 108, 110, 153, 154, 157, 165.
Verdier, général.	28, 29, 81, 231, 232, 239 à 271.
Vernerey, capitaine.	163.
Versages (baron de), commandant de dépôt	240, 251.
Villadares (marquis de), colonel	21.
Villoutreys (de), capitaine.	135, 160, 170, 171, 179, 182, 184, 187, 191, 220, 226, 233, 271.
Vosgien, commissaire des guerres.	80.
Wagré, soldat.	197.
Warenghien (de), capitaine.	188.
Wattier, général.	226, 236.
Wittingham.	185, 193.
Wouillemont, général	62.
Zayas, colonel.	16, 23, 24.

TABLE DES MATIÈRES

	Pages
Introduction.	v
Abréviations.	ix

LIVRE VII

Medina de Rio Seco.

Chapitre I.	— Savary, général en chef, à Madrid.	1
Chapitre II.	— La Constitution de Bayonne.	8
Chapitre III.	— L'effort insurrectionnel de l'Espagne du Nord.	15
Chapitre IV.	— Les précautions, face à la Galice	27
Chapitre V.	— Bataille de Medina de Rio Seco.	42
Chapitre VI.	— Joseph à Madrid	65

LIVRE VIII

Bailen.

Chapitre I.	— Dupont à Andujar.	75
Chapitre II.	— Le déploiement de l'armée espagnole d'Andalousie sur le Guadalquivir.	105
Chapitre III.	— La manœuvre d'Andujar	126
Chapitre IV.	— La bataille de Bailen.	153
Chapitre V.	— La convention d'Andujar.	181
Chapitre VI.	— Le maréchal Moncey échoue devant Valence.	199
Chapitre VII.	— Le roi Joseph évacue Madrid.	220

LIVRE IX

Le premier siège de Saragosse.

Chapitre I.	— Nouvel essai d'attaque brusquée sur Saragosse.	239
Chapitre II.	— L'attaque régulière.	254

ANNEXE

La Convention d'Andujar.	273
Index alphabétique des noms propres	279

CROQUIS DANS LE TEXTE

	Pages
Organisation de la défense de la province des Asturies.	17
Medina de Rio Seco. — Situation le 13 juillet 1808, au soir	45
Bataille de Medina de Rio Seco (14 juillet 1808).	51
Itinéraire du 2ᵉ corps de la Gironde, de Madrid à Cadix.	77
Positions indiquées par Dupont à la division Vedel, le 28 juin 1808.	89

La manœuvre d'Andujar :

Situation générale le 11 juillet	101
— 13 juillet	107
— 14 juillet, au soir	113
— 15 juillet, au soir	123
— 16 juillet (2 heures après-midi)	129
Champ de bataille de Mengibar (croquis trouvé dans les papiers du général Vedel).	131

La manœuvre d'Andujar :

Situation le 16 juillet, à minuit.	139
— 17 juillet (10 heures soir).	145
— 18 juillet (10 heures matin).	149
— 19 juillet (2 heures matin).	155
— 19 juillet (5 heures matin) commencement de la bataille de Bailen.	159
Croquis du champ de bataille, pris de 150 mètres ouest des Alamices.	175
Croquis du champ de bataille, près de la grande batterie centrale espagnole.	176

CROQUIS HORS TEXTE

Croquis d'ensemble de la bataille de Bailen	180-181
Plan des environs de Valence.	206-207

PORTRAITS

Le roi Joseph.	Frontispice
Le maréchal Bessières, duc d'Istrie	74-75
Le général Lasalle	126-127
Castaños	220-221

ÉDITIONS BERGER-LEVRAULT

Commandant BALAGNY

Campagne de l'Empereur Napoléon en Espagne (1808 - 1809)

Publié sous la direction de la Section historique de l'Etat-major de l'armée

Tome 1. **Durango. Burgos. Espinosa.** 499 pages avec 14 cartes, plans et croquis .... 20 fr.

Tome 2. **Tudela. Somosierra. Madrid.** 719 pages avec 9 cartes, plans et croquis, broché .... 27 fr.

Tome 3. **Napoléon à Chamartin. La maneuvre de Guadarrama.** 707 pages avec 5 cartes et croquis, broché .... 27 fr.

Tome 4. **La course de Benavente. La poursuite de la Corogne.** 556 pages avec 8 cartes, plans et croquis .... 20 fr.

Tome 5. **Almaraz. Uclès. Départ de Napoléon.** 571 pages avec 5 cartes et croquis .... 20 fr.

Les 5 volumes, 3052 pages, avec 43 cartes, plans et croquis .... 114 fr.

Capitaine J. VIDAL DE LA BLACHE
Détaché à la Section historique

L'Évacuation de l'Espagne et l'Invasion dans le Midi

(Juin 1813 - Avril 1814)

Publié sous la direction de la Section historique
Couronné par l'Académie française

Tome 1. *L'évacuation de l'Espagne.* 600 pages avec 5 cartes .... 18 fr.
Tome 2. *L'invasion dans le Midi.* 615 pages avec 2 cartes ...... 18 fr.

Chef d'escadrons BOPPE

Les Espagnols à la Grande-Armée

Le corps de la Romana (1807-1808).
Le régiment Joseph-Napoléon (1809-1813).

Un volume de 267 pages avec 3 planches d'uniformes en couleurs et une carte .... 10 fr.

www.ingramcontent.com/pod-product-compliance
Lightning Source LLC
Chambersburg PA
CBHW071336150426
43191CB00007B/750